Jenaer Beiträge zur Politikwissenschaft

herausgegeben von
Prof. Dr. Carl Deichmann
Prof. Dr. Klaus Dicke
Prof. Dr. Helmut Hubel
Prof. Dr. Karl Schmitt

Band 8

Andreas Hallermann

Partizipation in politischen Parteien

Vergleich von fünf Parteien in Thüringen

 Nomos Verlagsgesellschaft
Baden-Baden

Die Bände 1–6 der Schriftenreihe sind erschienen bei Böhlau Verlag Köln u.a.

Die Deutsche Bibliothek verzeichnet diese Publikation in
der Deutschen Nationalbibliografie; detaillierte bibliografische
Daten sind im Internet über http://dnb.ddb.de abrufbar.

Zugl.: Jena, Univ., Diss., 2002

ISBN 3-8329-0143-4

1. Auflage 2003
© Nomos Verlagsgesellschaft, Baden-Baden 2003. Printed in Germany. Alle Rechte, auch die des Nachdrucks von Auszügen, der photomechanischen Wiedergabe und der Übersetzung, vorbehalten. Gedruckt auf alterungsbeständigem Papier.

Vorwort

Die vorliegende Arbeit ist die leicht geänderte und aktualisierte Form meiner Dissertation, auf deren Grundlage ich im Jahre 2002 von der Fakultät für Sozial- und Verhaltenswissenschaften der Friedrich-Schiller-Universität Jena promoviert wurde.

Den beiden Gutachtern der Arbeit, Professor Dr. Karl Schmitt und Professor Dr. Heinrich Best, gilt mein besonderer Dank für zahlreiche Anregungen und intensive Betreuung der Arbeit. Die von Professor Schmitt unterstützte inhaltliche Anknüpfung an das von ihm geleitete DFG-Forschungsprojekt „Parteien in Thüringen – Gründung, Transformation und Konsolidierung 1989-1999" bereits in der Konzeptionsphase hat diese Arbeit erst ermöglicht.

Die Nerven zahlreicher Freunde und Kollegen habe ich mit Gesprächen über Parteimitglieder und Rational-Choice-Theorie strapaziert. Für sehr hilfreiche Hinweise sei den Herren Dres. Joachim Behnke, Jürgen Maier, Torsten Oppelland, Thomas Sauer und Frau Cornelia Weins gedankt. Die Herren Dres. Michael Edinger, Manuel Fröhlich und Antonius Liedhegener haben darüber hinaus verschiedene Entwürfe dieser Arbeit gelesen und kommentiert, was entscheidend zum Gelingen beigetragen hat.

Der Konrad-Adenauer-Stiftung bin ich zu Dank für finanzielle Unterstützung in Form eines Promotionsstipendiums verpflichtet. Der Thüringer Landtag hat die Veröffentlichung dieses Buches mit einem großzügigen Druckkostenzuschuss ermöglicht, wofür ich vor allem dem Direktor, Herrn Dr. Joachim Linck, zu danken habe. Dem Institut für Politikwissenschaft der Friedrich-Schiller-Universität Jena und seinem Förderverein danke ich für die Auszeichnung und Förderung durch den von ihnen verliehenen Promotionspreis.

Der größte Dank für Zuspruch und Geduld gebührt meiner Mutter Heidrun Hallermann und meiner Freundin Steffi Geyer.

Jena, im Februar 2003   Andreas Hallermann

Inhaltsverzeichnis

Tabellenverzeichnis 9
Abbildungsverzeichnis 11

Einleitung 13

1. Kapitel: Theoretischer Hintergrund und Stand der Forschung 19

   1.1   Politische Partizipation 19
       1.1.1 Formen und Typen politischer Partizipation 19
       1.1.2 Besonderheiten der Partizipation in Parteien 25

   1.2   Partizipation von Parteimitgliedern 28
       1.2.1 Aktivität und Partizipation 28
       1.2.2 Kennzeichen aktiver Parteimitglieder 35
       1.2.3 Erklärungsansätze innerparteilicher Partizipation 37

   1.3   Problemstellung und Modellentwurf 46

   1.4   Datengrundlage 52

2. Kapitel: Parteien und ihre Mitglieder in Thüringen 55

   2.1   Die Entwicklung der Parteien in Thüringen seit 1989/90 55
   2.2   Partizipation der Parteimitglieder in Thüringen 60
       2.2.1 Aktivitätsformen 60
       2.2.2 Aktivitätstypen 67
       2.2.3 Partizipation inner- und außerhalb der Partei 72
       2.2.4 Zusammenfassung 74

2.3	Sozialprofil und politische Einstellungen der Parteimitglieder im Vergleich	75
2.3.1	Das Sozialprofil der Mitgliedschaft	75
2.3.2	Persönliches Umfeld der Mitglieder	80
2.3.3	Politische Einstellungen der Mitglieder	83
2.3.4	Einschätzung der eigenen Parteiorganisation	93
2.3.5	Kosten und Nutzen der Parteimitgliedschaft	96
2.3.6	Zusammenfassung	100

3. Kapitel: Die Erklärung innerparteilicher Partizipation   103

3.1	Erklärungsfaktoren für innerparteiliche Partizipation	103
3.1.1	Sozialstruktur und Ressourcen	103
3.1.2	Persönliches Umfeld	106
3.1.3	Intrinsische Motivationen	107
3.1.4	Extrinsische Motivationen	109
3.1.5	Kosten, Nutzen und Wirksamkeit des Engagements	112
3.2	Die Gewichtung der fünf Komponenten des Modells	115
3.3	Ein Pfadmodell innerparteilicher Partizipation	124
3.4	Zusammenfassung	130

Fazit und Ausblick   133

Literaturverzeichnis   139

Anhang   155

Tabellenverzeichnis

Tab. 1:	Die Unterscheidung von Typen politischer Partizipation	23
Tab. 2:	Partizipationsformen des parteiorientierten Partizipationstyps	25
Tab. 3:	Übersicht über den Rücklauf der Parteimitgliederbefragung	53
Tab. 4:	Organisationsgrad der Parteien im Bund und in Thüringen 1998	60
Tab. 5:	Häufig ausgeübte innerparteiliche Aktivitäten der Mitglieder (in Prozent)	65
Tab. 6:	Zusammenhang der Summe ausgeübter Parteiaktivitäten mit weiteren Indikatoren innerparteilicher Partizipation (Abweichungen vom Mittelwert 0)	66
Tab. 7:	Faktorenanalyse der Aktivitäten (Faktorladungen)	68
Tab. 8:	Inhaltliche und formale Aktivitäten der Parteimitglieder (Abweichungen vom Mittelwert 0)	69
Tab. 9:	Anteil inhaltlich und formal aktiver Parteimitglieder (in Prozent)	71
Tab. 10:	Bereitschaft der Parteimitglieder zu Partizipation außerhalb der Partei, getrennt nach Intensität innerparteilicher Partizipation (Mittelwerte)	72
Tab. 11:	Bereitschaft zu politischer Partizipation: Vergleich zwischen Parteimitgliedern und Bevölkerung (Mittelwerte)	73
Tab. 12:	Parteimitglieder nach Berufsgruppen (in Prozent)	77
Tab. 13:	Mitgliedschaft der Parteimitglieder in sonstigen Organisationen (in Prozent)	81
Tab. 14:	Abweichungen der Positionen der Parteimitglieder von ihren Parteien auf der Links-Rechts-Skala (in Prozent)	84
Tab. 15:	Einschätzung von eigener Kompetenz und Reaktionsbereitschaft des politischen Systems (Political Efficacy) (Zustimmung in Prozent)	92
Tab. 16:	Zufriedenheit mit dem eigenen Ortsverband (in Prozent)	93
Tab. 17:	Kosten und Nutzen der Parteimitgliedschaft (Zustimmung in Prozent)	96
Tab. 18:	Einschätzung der Wirksamkeit verschiedener Aktivitäten für eine erfolgreiche Arbeit der Partei (Mittelwerte)	99
Tab. 19:	Zusammenhang zwischen Ressourcen und Aktivität (Anteil der Mitglieder mit hoher Aktivität in Prozent, Korrelationen)	104
Tab. 20:	Zusammenhang zwischen persönlichem Umfeld und Aktivität (Anteil der Mitglieder mit hoher Aktivität in Prozent, Korrelationen)	106
Tab. 21:	Zusammenhang zwischen intrinsischen Motivationen und Aktivität (Anteil der Mitglieder mit hoher Aktivität in Prozent, Korrelationen)	108
Tab. 22:	Zusammenhang zwischen extrinsischen Motivationen und Aktivität (Anteil der Mitglieder mit hoher Aktivität in Prozent, Korrelationen)	111

Tab. 23: Zusammenhang zwischen Kosten / Nutzen und Aktivität
(Anteil der Mitglieder mit hoher Aktivität in Prozent, Korrelationen) 113

Tab. 24: Minimales Varianzaufklärungspotenzial der Bestandteile des additiven
Modells nach Parteien (in Prozent) 117

Tab. 25: Erklärung der formalen und der inhaltlichen Partizipation
(standardisierte Regressionskoeffizienten) 120

Tab. 26: Vergleich der Erklärungsleistungen von additivem Modell und
Pfadmodell (in Prozent) 127

Tab. 27: Totale Effekte der Variablen des Pfadmodells 128

Abbildungsverzeichnis

Abb. 1:	Entwurf eines Modells zur Erklärung innerparteilicher Partizipation	52
Abb. 2:	Stimmenanteile der Parteien in Thüringen 1990 bis 1999 (Prozent der gültigen (Zweit-)Stimmen)	56
Abb. 3:	Mitgliederzahlen der Thüringer Parteien 1989-2000 (Stand jeweils 31. 12.)	58
Abb. 4:	Häufigkeit des Veranstaltungsbesuchs (in Prozent)	61
Abb. 5:	Durchschnittlicher Zeitaufwand der Mitglieder für die Partei (in Stunden pro Monat)	62
Abb. 6:	Anteil der Parteimitglieder mit mindestens einem Parteiamt bzw. Wahlmandat (in Prozent)	63
Abb. 7:	Häufigkeit von Parteiaktivitäten der Mitglieder (in Prozent)	64
Abb. 8:	Zusammenhang von formalem und inhaltlichem Engagement mit sozialstrukturellen Merkmalen (Abweichungen vom Mittelwert 0)	70
Abb. 9:	Parteimitglieder nach Altersgruppen (in Prozent)	76
Abb. 10:	Anteil Konfessionsangehöriger (in Prozent)	78
Abb. 11:	Anteil ehemaliger Mitglieder von SED oder Blockparteien (Altmitglieder) und Westdeutscher (in Prozent)	79
Abb. 12:	Parteipolitische Homogenität des persönlichen Umfelds (in Prozent)	81
Abb. 13:	Selbsteinstufung und Einstufung der eigenen Partei durch die Parteimitglieder auf der Links-Rechts-Skala (Mittelwerte)	83
Abb. 14:	Inhaltliche Differenzen der Parteimitglieder (Mittelwerte)	85
Abb. 15:	Selbsteinschätzung und Einschätzung der eigenen Partei bei fünf politischen Streitfragen (Mittelwerte)	87
Abb. 16:	Stärke der Parteiverbundenheit (in Prozent)	90
Abb. 17:	Einschätzung der Häufigkeit der Informationen vom Bundes-, Landes- und Kreisverband (in Prozent)	94
Abb. 18:	Das Pfadmodell innerparteilicher Partizipation	125

Einleitung

Das Parteiensystem, das sich in Ostdeutschland nach der Wende etabliert hat, unterscheidet sich nicht nur auf den ersten Blick stark vom westdeutschen. Nach dem Aufkommen der Grünen Anfang der achtziger Jahre konsolidierte sich bis zur Wende in Westdeutschland ein Parteiensystem mit zwei großen (CDU und SPD) und zwei kleinen Parteien (FDP und Grüne). Nach der Wende in Ostdeutschland schien es zunächst so, als werde das westdeutsche Parteiensystem einfach auf die neuen Länder übertragen. In den ersten ostdeutschen Landtagen saßen die CDU, SPD, FDP und Grüne. Einziger Unterschied zu den bekannten westdeutschen Landtagen war die Existenz der PDS, die zwar stärker war als die kleinen, aber deutlich schwächer als die beiden bisherigen großen Parteien. Nach den zweiten Landtagswahlen 1994 entwickelte sich das Parteiensystem in den ostdeutschen Landtagen zu einem Drei-Parteien-System: Die PDS wurde flächendeckend stärker, und die beiden kleinen Parteien FDP und Bündnis 90/Die Grünen (mit Ausnahme von Sachsen-Anhalt) wurden nicht wieder in die Landtage gewählt. Seither verfestigt sich das Drei-Parteien-System in Ostdeutschland, wobei die PDS weiter zulegen und in Sachsen und Thüringen bei den dritten Landtagswahlen gar die SPD vom zweiten Platz in der Wählergunst verdrängen konnte. Aber nicht nur die Existenz der PDS als ostdeutsche Regionalpartei, sondern auch der deutlich andere Inhalt bei gleichem Parteinamen in Ost und West zeigen: Ostdeutsche Parteien sind anders.[1]

---

[1] Zur Entwicklung des Parteiensystems in Ostdeutschland nach der Wende vgl. *U. v. Alemann* 2000: Das Parteiensystem der Bundesrepublik Deutschland. Bonn; *U. Birsl / P. Lösche* 1998: Parteien in Ost- und Westdeutschland: Der gar nicht so feine Unterschied, in: Zeitschrift für Parlamentsfragen 29, S. 7-24; *B. Boll* 1996: Das Parteiensystem Sachsen-Anhalts, in: *O. Niedermayer* (Hrsg.): Intermediäre Strukturen in Ostdeutschland. Opladen, S. 263- 287; *B. Boll u.a.* 1999: Sozialprofil und Einstellungen der Mitglieder von Parteien in Ostdeutschland am Beispiel Sachsen-Anhalts, in: Aus Politik und Zeitgeschichte B12, S. 34-45; *J. Dittberner* 1997: Neuer Staat mit alten Parteien? Die deutschen Parteien nach der Wiedervereinigung. Opladen; *K.-H. Dittrich* 1992: Das Bild der Parteien im vereinten Deutschland. Für welche Bevölkerungsgruppen setzen sie sich ein?, in: Aus Politik und Zeitgeschichte, B 34-35, S. 26-35; *O. W. Gabriel / O. Niedermayer* 2001: Parteimitgliedschaften: Entwicklung und Sozialstruktur, in: *Dies. / R. Stöss* (Hrsg.): Parteiendemokratie in Deutschland. 2. Aufl. Bonn, S. 274-296; *S. Grönebaum* 1997: Wird der Osten rot? Das ostdeutsche Parteiensystem in der Vereinigungskrise und vor den Wahlen 1998, in: Zeitschrift für Parlamentsfragen 28, S. 407-424; *E. Holtmann / B. Boll* 1995: Sachsen-Anhalt. Eine politische Landeskunde. Magdeburg; *H. Klatt* 1993: Die Parteienstruktur in den neuen Ländern, in: Politische Studien Sonderheft 4, S. 34-51; *R. Linnemann* 1994: Die Parteien in den Neuen Bundesländern. Konstituierung, Mitgliederentwicklung, Organisationsstrukturen. Münster / New York; *B. Möller* 1994: Parteien im lokalen Raum: Empirische Befunde aus Jena und Frankfurt (Oder), in: *O. Niedermayer / R. Stöss* (Hrsg.): Parteien und Wähler im Umbruch, Opladen, S. 195-213; *K. Niclauß* 2002: Das Parteiensystem der Bundesrepublik Deutschland. Eine Einführung. 2. Aufl. Paderborn u.a.; *O. Niedermayer* 1994: Politische Repräsentation auf lokaler Ebene: Parteimitglieder und Funktionäre in Leipzig, in: *O. Niedermayer / R. Stöss* (Hrsg.): Parteien und Wähler im Umbruch. Opladen, S. 214-226; *O. Niedermayer* 1996: Intermediäre Strukturen in Ostdeutschland. Opladen; *O. Niedermayer* 2001a: Von der Hegemonie zur Pluralität: Die Entwicklung des ostdeutschen Parteiensystems, in: *H. Bertram / R. Kollmorgen* (Hrsg.): Die Transformation Ostdeutschlands. Opladen; *O. Niedermayer* 2001c: Nach der Vereinigung: Der Trend zum fluiden Fünfparteiensystem, in: *Gabriel, Oscar W. / Ders. / Stöss, Richard* (Hrsg.): Parteiendemokratie in Deutschland. 2. Aufl. Bonn, S. 107-127; *S. Padgett* (Hrsg.) 1993: Parties and Party Systems in the New Germany, Aldeshot; *W. J. Patzelt / K. Algasinger* 1996: Das Parteiensystem Sachsens, in: *O. Niedermayer* (Hrsg.): Intermediäre Strukturen in Ostdeutschland. Opladen, S. 237-262; *G. Pollach / J. Wischermann /*

Die Eigenheiten der ostdeutschen Parteienlandschaft sind einerseits extern, durch die DDR-Vergangenheit bestimmt: Traditionelle Bindungen von sozialen Gruppen an Parteien konnten seit 1933 nicht mehr bestätigt werden, die Ausbildung neuer Gruppen und neuer Bindungen nach der Wende ist noch nicht abgeschlossen. Der auch im Westen zu beobachtende Rückgang der Mitgliederzahlen wird in Ostdeutschland zusätzlich durch den Rückzug ins Private verstärkt, der sowohl eine Folge der Zwangspolitisierung der DDR-Gesellschaft als auch der notwendigen (beispielsweise beruflichen) Neuorientierung der Ostdeutschen nach der Wende ist. Zu den internen Faktoren ist die Entwicklung der Parteien selbst zu zählen: Mangelnde Professionalität und sich überschlagende Ereignisse im Zusammenhang mit den Wahlen[2] 1990, grundsätzliche Neuorientierung in

---

B. Zeuner 2000: Ein nachhaltig anderes Parteiensystem. Profile und Beziehungen von Parteien in ostdeutschen Kommunen. Ergebnisse einer Befragung von Kommunalpolitikern. Opladen; *J. Schmid u.a.* (Hrsg.) 1994: Probleme der Einheit. Organisationsstrukturen und Probleme von Parteien und Verbänden, Marburg; *U. Schmidt* 1991: Die Parteienlandschaft in Deutschland nach der Vereinigung, in: Gegenwartskunde 40, S. 515-544; *U. Schmidt* 1998: Sieben Jahre nach der Einheit. Die ostdeutsche Parteienlandschaft im Vorfeld der Bundestagswahl 1998, in: Aus Politik und Zeitgeschichte B 1-2, S. 37-53; *K. Schmitt* 1993: Politische Landschaften im Umbruch. Das Gebiet der ehemaligen DDR 1928-1990, in: *O. W. Gabriel / K. Troitzsch* (Hrsg.): Wahlen in Zeiten des Umbruchs. Frankfurt am Main, S. 403-441; *K. Schmitt* 1994a: Thüringen: Umbrüche einer politischen Landschaft, in: *W. Jäger u.a.* (Hrsg.): Republik und Dritte Welt. Festschrift für Dieter Oberndörfer zum 65. Geburtstag. Paderborn u.a., S. 383-392; *K. Schmitt* 1994b: Im Osten nichts Neues? Das Kernland der deutschen Arbeiterbewegung und die Zukunft der politischen Linken, in: *W. P. Bürklin / D. Roth* (Hrsg.): Das Superwahljahr. Bonn, S. 185-218; *K. Schmitt* 1995b: Systemwandel und Wandel politischer Einstellungen in den neuen Bundesländern, in: *M. Benkenstein* (Hrsg.): Politische und wirtschaftliche Entwicklungen in Osteuropa - Perspektiven für die Neuen Bundesländer. München, S. 133-159; *K. Schmitt* (Hrsg.), 1996b: Thüringen. Eine politische Landeskunde, Weimar / Köln / Wien; *N. Werz / H.-J. Hennecke* (Hrsg.) 2000: Parteien und Politik in Mecklenburg-Vorpommern. München; *H.-J. Veen u.a.,* 1990: DDR-Parteien im Vereinigungsprozeß. Profil und Organisationsstruktur der SPD, der Liberalen, der Grünen/Bündnis 90 und der PDS. Interne Studie Nr. 20 der Konrad-Adenauer-Stiftung, St. Augustin; *A. Volkens / H.-D. Klingemann* 1992: Die Entwicklung der deutschen Parteien im Prozeß der Vereinigung, in: *E. Jesse / A. Mittag* (Hrsg.), Die Gestaltung der deutschen Einheit, Bonn, S. 189-214.

2   Zu den Wahlen in Ostdeutschland und speziell in Thüringen seit 1990 vgl. *Forschungsgruppe Wahlen* 1990: Wahl in den Neuen Bundesländern Mecklenburg-Vorpommern, Brandenburg, Sachsen-Anhalt, Thüringen, Sachsen. Eine Analyse der Landtagswahlen vom 14. Oktober 1990 (Berichte der Forschungsgruppe Wahlen Nr. 60), Mannheim; *Forschungsgruppe Wahlen* 1994: Wahl in Thüringen. Eine Analyse der Landtagswahl vom 16. Oktober 1994 (Berichte der Forschungsgruppe Wahlen Nr. 78), Mannheim; *Forschungsgruppe Wahlen* 1999: Wahl in Thüringen. Eine Analyse der Landtagswahl vom 12. September 1999 (Berichte der Forschungsgruppe Wahlen Nr. 98), Mannheim; *W. G. Gibowski* 1990: Demokratischer (Neu-)beginn in der DDR. Dokumentation und Analyse der Wahl vom 8. März 1990, in: Zeitschrift für Parlamentsfragen 21, S. 5-22; *INFAS* 1990: Die fünf neuen Bundesländer 1990. Landtagswahlen am 14. Oktober 1990, Bonn-Bad Godesberg; *M. Jung* 1990: Parteiensystem und Wahlen in der DDR. Eine Analyse der Volkskammerwahl vom 18. März 1990 und der Kommunalwahlen vom 6. Mai 1990, in: Aus Politik und Zeitgeschichte, B 27, S. 3-15; *D. Roth* 1991: Die Volkskammerwahl in der DDR am 18. März 1990. Rationales Wählerverhalten beim ersten demokratischen Urnengang, in: *U. Liebert / W. Merkel* (Hrsg.), Die Politik zur deutschen Einheit. Probleme - Strategien - Kontroversen, Opladen, S. 115-138; *D. Roth / Th. Emmert* 1994: Wählerentscheidungen und Wählereinstellungen in Ostdeutschland vor und nach der ersten gesamtdeutschen Bundestagswahl, in: *O. Niedermayer / R. Stöss* (Hrsg.), Parteien und Wähler im Umbruch. Parteiensystem und Wählerverhalten in der ehemaligen DDR und den neuen Bundesländern, Opladen, S. 239-265; *K. Schmitt* 1995a: Die Landtagswahlen 1994 im Osten Deutschlands. Früchte des Föderalismus: Personalisierung und Regionalisierung, in: Zeitschrift für Parlamentsfragen 26, S. 261-295; *K. Schmitt* 1996a: Wahlergeb-

Inhalt und Rolle sowie Konflikte zwischen Alt- und Neumitgliedern bei den Altparteien, Überforderung der wenigen Mitglieder durch die vielen Aufgaben bei den Neuparteien.

Den Mitgliedern kommt die zentrale Rolle zu, damit die Parteien ihren gesellschaftlichen Funktionen gerecht werden können, und um in der zwischenparteilichen Konkurrenz bestehen zu können. Für die Erfüllung ihrer gesellschaftlichen Funktionen, Zielfindung, Aggregation und Artikulation von gesellschaftlichen Interessen, Mobilisierung und Sozialisierung der Bürger sowie die Elitenrekrutierung, sind die Parteien auf eine breite Mitgliederbasis angewiesen.[3] Sie können gesellschaftlich relevante Probleme einerseits in die Partei hineintragen und einer politischen Behandlung zuführen, andererseits vermitteln sie politische Entscheidungen an ihr Umfeld. Somit tragen Parteimitglieder unmittelbar zum im Grundgesetz verankerten Auftrag der Parteien bei, indem sie an der politischen Willensbildung des Volkes mitwirken. Innerhalb der Parteien sind Mitglieder notwendig, um diese im zwischenparteilichen Wettbewerb zu stärken.[4] Sie sind die Basis für die Rekrutierung von politischem Führungspersonal, ihr Engagement wird für einen wirksamen Wahlkampf gebraucht und sie tragen maßgeblich zur Finanzierung der Parteien bei. Über die Mitgliederrekrutierung können Parteien Innovationspotenzial gewinnen. Ein großer Mitgliederstamm unterstreicht die Legitimität ihres Anspruchs auf gesellschaftliche Mitwirkung.[5] Kurz und gut: „Mitglieder sind das Kapital einer Partei."[6]

---

nisse: Kontinuität und Umbruch, in: *ders.* (Hrsg.): Thüringen. Eine politische Landeskunde. Weimar u.a., S. 68-84; *K. Schmitt* 2000a: Die Landtagswahlen in Brandenburg und Thüringen vom 5. und 12. September 1999: Landespolitische Entscheidungen im Schlagschatten der Bundespolitik, in: Zeitschrift für Parlamentsfragen 31, S. 43-68; *K. Schmitt* 2001: Wählt der Osten anders? Eine Zwischenbilanz zehn Jahre nach der deutschen Wiedervereinigung, in: *U. Eith / G. Mielke* (Hrsg.): Gesellschaftliche Konflikte und Parteiensysteme. Länder- und Regionalstudien. Wiesbaden, S. 96-110; *H.-J. Veen* 1994: Schluß, Neubeginn und Übergang - Die erste gesamtdeutsche Wahl und die Veränderungen der Wähler und Parteistrukturen in Deutschland, in: *E. Hübner / H. Oberreuter* (Hrsg.): Parteien in Deutschland zwischen Kontinuität und Wandel, München, S. 125-168. Diverse Wahlstatistiken für Thüringen veröffentlicht das Thüringer Landesamt für Statistik nach jeder Wahl.

3   Eine Quintessenz aus zahlreichen Funktionskatalogen findet sich bei *K. v. Beyme* 2001: Funktionswandel der Parteien in der Entwicklung von der Massenmitgliederpartei zur Partei der Berufspolitiker, in: *O. W. Gabriel / O. Niedermayer / R. Stöss* (Hrsg.) 2001, S. 315-339, hier S. 317.

4   Vgl. *S. E. Scarrow* 1996: Parties and their Members. Organizing for Victory in Britain and Germany. Oxford, S. 40ff.

5   Vgl. *P. Haungs* 1994: Plädoyer für eine erneuerte Mitgliederpartei. Anmerkungen zur aktuellen Diskussion über die Zukunft der Volksparteien, in: Zeitschrift für Parlamentsfragen 25, S. 108-115. Diese Funktion von Parteimitgliedern wird auch von den Verfechtern der in der Parteienforschung kontrovers diskutierten Kartelltheorie nicht bestritten, die ansonsten der "atomisierten Mitgliedschaft" keine besondere Bedeutung beimessen: "Character of membership: Neither rights nor obligations important", vgl. *R. Katz / P. Mair* 1995: Changing Models of Party Organization and Party Democracy. The Emergence of the Cartel Party, in: Party Politics 1, S. 5-28, hier S. 18. Bei einer vergleichenden Untersuchung einiger westeuropäischer Parteien(systeme) ist Deutschland zwar als "positiver Fall" auf dem Weg zu Kartellparteien herausgearbeitet worden, allerdings konnte gerade die in der Kartelltheorie angenommene Marginalisierung der Mitgliederorganisation bei CDU und SPD nicht festgestellt werden. Die beiden untersuchten Parteien sind bei der Involvierung der Mitglieder vom Typus der Kartellpartei weit entfernt, vgl. *K. Detterbeck* 2002: Der Wandel politischer Parteien in Westeuropa. Eine vergleichende Untersuchung von Organisationsstrukturen, politischer

Aber nicht nur die Anzahl der Mitglieder ist für die Parteien entscheidend, sondern vor allem deren innerparteiliche Aktivität. Die Anforderungen an die Aktivität der Mitglieder sind dabei von Funktion zu Funktion durchaus unterschiedlich: „If parties are to reap labour benefits from membership enrolment, members must be actively and visibly engaged within their local parties. [...] Parties can reap other rewards, such as legitimacy benefits, whether or not members ever show up at party meetings."[7] Während also passive Mitglieder ebenfalls einen gewissen Beitrag zur Erfüllung der Parteifunktionen leisten können, ist insgesamt doch davon auszugehen, dass der Beitrag aktiver Mitglieder deutlich stärker wiegt. Auch wenn im „Medienzeitalter" wahrscheinlich nicht mehr unmittelbar davon auszugehen ist, dass „die Aktivisten [...] die Mitglieder, die Mitglieder die Sympathisierenden, die Sympathisierenden die Wähler"[8] lenken, so tragen doch „aktive Mitglieder [...] mehr zur Linkagefunktion der Mitgliederorganisation bei als passive."[9] Die Aktivitäten der Parteimitglieder können sich nicht nur auf die Wahlkampfzeiten beschränken. Mitarbeit an der Formulierung und Umsetzung von Politik ist dauerhaft geboten. Das gilt auch für organisatorische Arbeiten, die zwar im Wahlkampf verstärkt werden, aber ebenfalls dauerhaft notwendig sind. Susan Scarrow macht in ihrer Untersuchung von CDU und SPD sowie der britischen Labour Party und der Conservative Party auf die besonderen Aufgaben der Parteimitglieder zwischen den Wahlen aufmerksam: „Organizers in all four parties now proclaim that local efforts to win votes can only be effective if they begin long before the date of the national election."[10]

Trotz der Relevanz für die Funktion der Parteien liegen über die innerparteiliche Partizipation von Parteimitgliedern bislang nur wenige Erkenntnisse der Politikwissenschaft vor. Das liegt wohl nicht zuletzt daran, dass eine formale Parteimitgliedschaft in den USA nicht existiert, und daher dieses Forschungsfeld dort (fast) nicht bearbeitet wird.

Erste Ergebnisse von Parteimitgliederuntersuchungen in Deutschland haben zum Teil deutliche Unterschiede zwischen Ost- und Westparteien zutage gefördert:[11] Ostdeutsche Parteimitglieder sind durchschnittlich jünger, weniger konfessionsgebunden und weniger

---

Rolle und Wettbewerbsverhalten von Großparteien in Dänemark, Deutschland, Großbritannien und der Schweiz, 1960-1999. Opladen 2002.

6   *W. P. Bürklin / V. Neu / H.-J. Veen* 1997: Die Mitglieder der CDU. Interne Studie Nr. 148 der Konrad-Adenauer-Stiftung. St. Augustin, S. 9.
7   *S. E. Scarrow* 1996, S. 46.
8   *M. Duverger* 1959: Die politischen Parteien (hrsg. von Siegfried Landshut). Tübingen, S. 132. Allerdings war diese Ansicht *Duvergers* auch damals nicht unumstritten. So kommt *Rose* bei seiner Untersuchung britischer Parteien nur drei Jahre nach *Duverger* zu dem Schluss: „party activists cannot and should not make party policy, or even influence it greatly." Vgl. *R. Rose* 1962: The Political Ideas of English Party Activists, in: American Political Science Review 56, H. 2, S. 360-371, hier S. 360.
9   *Th. Poguntke* 2000: Parteiorganisation im Wandel. Gesellschaftliche Verankerung und organisatorische Anpassung im europäischen Vergleich, Wiesbaden, S. 217.
10 Vgl. *S. E. Scarrow* 1996, S. 111f.
11 Vgl. *B. Boll u.a.* 1999; *W. P. Bürklin / V. Neu / H.-J. Veen* 1997; *W. Koch / O. Niedermayer* 1991: Parteimitglieder in Leipzig. Leipzig / Mannheim; *O. Niedermayer* 2001b: Entwicklung und Sozialstruktur der Parteimitgliedschaften im ersten Jahrzehnt nach der Vereinigung, in: Zeitschrift für Parlamentsfragen 32, S. 434-439; *W. J. Patzelt / K. Algasinger* 1996; *H.-J. Veen / V. Neu* 1995: Politische Beteiligung in der Volkspartei. Erste Ergebnisse einer repräsentativen Untersuchung unter CDU-Mitgliedern. Interne Studie Nr. 113 der Konrad-Adenauer-Stiftung. Sankt Augustin.

in Milieus verankert als die westdeutschen. Rekrutierungen entlang der (früheren) westdeutschen Konfliktlinien sind zumindest für CDU und SPD im Ansatz erkennbar. Die Unterschiede zwischen den Parteien scheinen in Bezug auf die innerparteiliche Partizipation eher gering zu sein. Nach der Durchsicht der relevanten Literatur kommt Poguntke zu folgender Einschätzung: „Auch Parteien, die sich die Verwirklichung der partizipatorischen Demokratie auf die Fahnen geschrieben hatten, konnten keine deutlich höhere Partizipationsrate ihrer Mitglieder verzeichnen als ihre als oligarchisch apostrophierte Konkurrenz [...]. Es gibt also keine empirischen Hinweise darauf, dass sich die Aktivitätsniveaus zwischen Parteien unterschiedlicher organisatorischer und ideologischer Provenienz systematisch unterscheiden."[12] Diesen Schluss zu ziehen scheint gewagt, da eingehende Untersuchungen über die Aktivität von Parteimitglieder verhältnismäßig selten sind und die bisher vorliegenden sich beinahe ausnahmslos auf die Analyse einer Partei beschränken. Diese Behauptung wird in der vorliegenden Untersuchung auf der Grundlage einer repräsentativen Befragung der Mitglieder von CDU, SPD, PDS, FDP und Bündnis 90/Die Grünen in Thüringen überprüft, wobei über die Aktivitätsniveaus hinaus vor allem die Motivationen für innerparteiliche Aktivität der Mitglieder im Mittelpunkt stehen.

Unter innerparteilicher Partizipation sollen im Folgenden alle Aktivitäten verstanden werden, die Parteimitglieder ausüben, um dadurch Einfluss auf die innerparteilichen Entscheidungen und/oder die Vermittlung dieser Entscheidungen im zwischenparteilichen Wettbewerb zu nehmen.[13]

Im Anschluss an eine kurze Darstellung der Entwicklung der Parteien seit 1989/90 wird in Kapitel 2 die Messung der innerparteilichen Partizipation mit verschiedenen Indikatoren eingehend diskutiert. Damit kann dann zunächst die Frage nach den Niveauunterschieden zwischen den Parteien beantwortet werden. Das Profil der Thüringer Parteimitglieder wird anschließend eingehend untersucht, wobei die Sozialstruktur und die politischen Einstellungen die zentralen Vergleichskriterien sind. Der Zusammenhang dieser Faktoren mit der innerparteilichen Partizipation wird in Kapitel 3 überprüft. Die sozialstrukturellen Korrelate innerparteilicher Partizipation werden Partei für Partei untersucht. Außerdem soll hier festgestellt werden, ob sich der Zusammenhang zwischen politischen Einstellungen und innerparteilicher Partizipation zwischen den Parteien unterscheidet, oder ob man von generellen, partizipationsfördernden Dispositionen der Mitglieder aller Parteien sprechen kann. Abschließend wird versucht, dass Ausmaß der innerparteilichen Partizipation der Parteimitglieder auf der Grundlage der zuvor erläuterten Faktoren zu erklären. Ziel dieser multivariaten Analyse ist es, Aussagen über die Zusammenhänge der Erklärungsfaktoren mit der innerparteilichen Partizipation zu treffen und das jeweilige Gewicht der einzelnen Faktoren zu bestimmen.

Grundlage für die Erklärung innerparteilicher Partizipation ist ein Modell, das in Kapitel 1 aus der Partizipationsforschung abgeleitet wird. Daher wird zunächst der Stand der Forschung zu (innerparteilicher) Partizipation diskutiert. Hier geht es zu Beginn

---

12 *Th. Poguntke* 2000, S. 218.
13 Ein ähnliches Verständnis innerparteilicher Partizipation legt *Becker* zugrunde, vgl. *B. Becker* 1996: Wozu denn überhaupt Parteimitglieder? Zum Für und Wider verstärkter parteiinterner Partizipationsmöglichkeiten, in: Zeitschrift für Parlamentsfragen 27, S. 712-718, hier S. 713. Weitere, zum Teil abweichende Definitionen werden in Kapitel 1.2.1 diskutiert.

darum zu ermitteln, welchen Stellenwert das Engagement in politischen Parteien in der politikwissenschaftlichen Partizipationsforschung einnimmt und welche Besonderheiten die Partizipation in Parteien auszeichnen. Nach einem Überblick über die Erkenntnisse der allgemeinen Partizipationsforschung für die Erklärung politischer Beteiligung wird das Interesse auf die Partizipation von Parteimitgliedern fokussiert. Die in der bisherigen Forschung verwendeten Varianten der Messung innerparteilicher Partizipation werden vorgestellt und diskutiert, um dann die Merkmale eines typischen aktiven Parteimitglieds herauszufiltern. Schließlich werden verschiedene Theorieansätze zur Erklärung innerparteilicher Partizipation und ihre empirische Bewährung dargestellt. Von besonderem Interesse ist hier der Rational-Choice-Ansatz, der in jüngerer Zeit auch in diesem Kontext verstärkt zur Anwendung kommt. Auf der Grundlage dieser Ergebnisse wird ein Modell zur Erklärung innerparteilicher Partizipation entwickelt, das zentrale Erkenntnisse der Partizipationsforschung integriert und zugleich den Besonderheiten innerparteilicher Partizipation gerecht wird.

1. Kapitel: Theoretischer Hintergrund und Stand der Forschung

1.1 Politische Partizipation

1.1.1 Formen und Typen politischer Partizipation

In der politikwissenschaftlichen Partizipationsforschung wird im allgemeinen ein instrumentelles von einem normativem Partizipationsverständnis unterschieden. Dem instrumentellen Verständnis nach ist Partizipation immer zielgerichtet und beinhaltet „those activities by private citizens that are more or less directly aimed at influencing the selection of governmental personnel and/or the actions they take".[14] Im Unterschied dazu schließt das normative Partizipationsverständnis auch solche Aktivitäten ein, die nicht ausschließlich einem bestimmten Ziel dienen. Politische Beteiligung hat diesem Verständnis nach einen Wert an sich, daher sind auch symbolische Akte als Partizipation zu werten. Milbrath und Goel definieren in diesem Sinne Partizipation als „those actions of private citizens by which they seek to influence or to support government and politics.[...] it includes not only active roles that people pursue in order to influence political outcomes but also *ceremonial* and *support* activities".[15]

Politische Partizipation umfasst viele Aktivitäten, vom Wählen bis zur politisch motivierten Gewalt gegen Sachen oder Personen. Die verschiedenen Beteiligungsformen[16] erfordern unterschiedlich viel Aufwand vom Einzelnen, weshalb man diesen Aufwand zunächst für die Strukturierung der Aktivitäten nutzte. 1965 ging Milbrath noch von einer eindimensionalen hierarchischen Struktur der Partizipationsformen aus. Wenn ein Bürger eine relativ aufwendige und schwierige Form wählte, etwa die aktive Parteimitgliedschaft, so sollte er auch alle leichteren Formen, etwa Wählen, ausführen. Bestimmte Formen wie die politische Gewalt können auf dieser Hierarchieleiter nicht angeordnet werden, da sie nur von speziellen gesellschaftlichen Gruppen genutzt werden.[17]

Nachfolgende Untersuchungen in den 70er Jahren zeigten jedoch, dass Partizipationsformen nicht nur danach unterschieden werden können, wie aufwendig sie sind, sondern auch danach, in welcher Art und Weise die Bürger Einfluss nehmen wollen: Partizipa-

---

14 S. *Verba / N. H. Nie* 1972: Participation in America: Social Equality and Political Democracy. New York u.a., S. 2. Diese Definition von politischer Partizipation wird auch in der Political-Action-Studie übernommen, vgl. *M. Kaase / A. Marsh* 1979a: Political Action: A Theoretical Perspective, in: *S. H. Barnes / M. Kaase u.a.*: Political Action. Mass Participation in Five Western Democracies. Beverly Hills / London, S. 27-56, hier S. 42, ebenso wie von *H. M. Uehlinger* 1988: Politische Partizipation in der Bundesrepublik. Opladen. S. 2. und *G. Parry / G. Moyser / N. Day* 1992: Political Participation and Democracy in Britain. Cambridge, S. 16 und S. 39f.

15 *L.W. Milbrath / M.L. Goel* 1977: Political Participation. 2. Aufl. Chicago, S. 2. (Kursiv im Original). Bei *M. M. Conway* 1991a: Political Participation in the United States. 2. Aufl. Washington, S. 3f. wird in der Definition zwar die instrumentelle Seite der Partizipation betont, aber symbolische und unterstützende Aktivitäten sind ausdrücklich eingeschlossen. Außerdem erscheint ihr eine strikte Trennung nicht sinnvoll zu sein: „Some forms of political participation generally regarded as instrumental may also be symbolic", vgl. *M. M. Conway* 1991a, S. 12.

16 Im Anschluss an *Uehlinger* werden im Folgenden die einzelnen Aktivitäten Beteiligungsformen genannt, die Zusammenfassungen der Formen zu Gruppen werden Beteiligungstypen genannt, vgl. *H.-M. Uehlinger* 1988, S. 135.

17 Vgl. *L. W. Milbrath / M. L. Goel* 1977, S. 11ff. in einer Rückschau auf die erste Auflage des Buches von 1965.

tion ist multidimensional.[18] Die Forschergruppe um Sidney Verba hat politische Partizipation durch fünf Kriterien charakterisiert. Nach der Art des beabsichtigten Einflusses unterteilen sie zunächst zwischen der Vermittlung der eigenen Präferenzen in die Politik und der Ausübung von Druck auf die Politik(er), diesen Präferenzen entsprechend zu handeln. Zweitens unterscheiden sie danach, ob das angestrebte Resultat der Beteiligung nur wenige oder alle Bürger betrifft. Die weiteren Kriterien sind das Ausmaß der Konflikte und der notwendigen Kooperation mit anderen Bürgern und schließlich der notwendige Aufwand (vor allem die Zeit).[19] Die verschiedenen Beteiligungstypen ihrer Untersuchung(en) (vgl. unten Tab. 1) sind durch unterschiedliche Kombinationen der Dimensionen gekennzeichnet. Ihre theoretischen Annahmen über die Strukturen politischer Partizipation konnten sie mit der Auswertung von Umfragedaten aus sieben Ländern empirisch erhärten.[20] Allerdings beschäftigten sich Verba u.a. nicht mit den Formen der unkonventionellen Partizipation.

Diesen Begriff benutzen Milbrath und Goel, um die Besonderheit von politischem Protest zu umschreiben.[21] Durch die starke Anlehnung an die Untersuchung von Verba und Nie ähneln sich die vorgefundenen Strukturen weitgehend (vgl. unten Tab.1).[22] Neben der empirischen Überprüfung der Strukturen werden hier auch die Erklärungen von politischer Partizipation in der bis dahin erschienen relevanten Literatur systematisch aufgearbeitet. Ebenso wie Milbrath und Goel, allerdings ohne den Begriff unkonventionelle Partizipation zu gebrauchen, ordnen Buse und Nelles Protestaktionen in ihr Schema politischer Partizipation ein. Sie unterteilen die verschiedenen Beteiligungsmöglichkeiten anhand zweier Kriterien: direkte vs. indirekte und verfasste vs. unverfasste Partizipation.[23] Direkte Partizipation zielt im Gegensatz zur indirekten auf die Beeinflussung einer bestimmten politischen Entscheidung, verfasste Beteiligungsformen wie Bürgerbegehren sind institutionell verankert, unverfasste wie Bürgerinitiativen hingegen nicht. Die in dieser Untersuchung behandelte Partizipation in politischen Parteien ist diesen Unterscheidungsmerkmalen zufolge verfasste und in der Regel indirekte Beteiligung.

Die Aufteilung der Partizipationsformen in konventionelle und unkonventionelle politische Partizipation wird in der Political-Action-Studie von Barnes und Kaase zum primären Ordnungskriterium.[24] Konventionelle Partizipation bezieht sich direkt oder

---

18 Vgl. *L. W. Milbrath / M. L. Goel* 1977, S. 12.
19 Vgl. *S. Verba / N. H. Nie* 1972, S. 47-51.
20 Vgl. *S. Verba / N. H. Nie / J. Kim* 1978: Participation and Political Equality. A Seven-Nation Comparison. Chicago / London.
21 Vgl. *L.W. Milbrath / M.L. Goel* 1977.
22 Der Band von *Milbrath* und *Goel* ist in erster Linie ein Literaturbericht. Sie übernehmen die Unterscheidung der Partizipationstypen von *Verba* und *Nie*. Die Daten zur Überprüfung dieser Unterscheidung wurden dann zum Teil ebenfalls übernommen, zum Teil haben *Milbrath / Goel* aber auch eigene Umfragedaten hinzugezogen. Die genaue Herkunft einzelner Daten bleibt dabei manchmal im Unklaren. Vgl. *L. W. Milbrath / M. L. Goel* 1977, S. ix und Fußnote (a) S. 19.
23 Vgl. *M. J. Buse / W. Nelles* 1978: Formen und Bedingungen der Partizipation im politisch-administrativen Bereich, in: *U. v. Alemann* (Hrsg.) 1978: Partizipation – Demokratisierung – Mitbestimmung. Problemstellung und Literatur in Politik, Wirtschaft, Bildung und Wissenschaft. Eine Einführung. 2. Aufl. Opladen, S. 41-111, hier S. 87 ff.
24 Vgl. *S. H. Barnes / M. Kaase u.a.* 1979: Political Action. Mass Participation in Five Western Democracies. Beverly Hills / London.

indirekt auf den Wahlprozess,[25] während unkonventionelle Partizipation immer etwas mit Protest zu tun hat und den Normen von Recht und Gesetz nicht entspricht.[26] Konventionelle und unkonventionelle Partizipation werden hier mit zwei eindimensionalen Skalen gemessen, auf denen die jeweiligen Partizipationsformen hierarchisch angeordnet sind. Aus der Kombination der beiden Skalen ergibt sich dann ihre Typologie,[27] die zwischen inactives, conformists, reformists, activists und protesters unterscheidet.[28] Die Angepassten (conformists) beteiligen sich beinahe ausschließlich konventionell, die Protestierer fast ausschließlich unkonventionell; Reformer und Aktivisten stellen Mischformen dar. Diese beiden Gruppen nutzen alle Möglichkeiten der konventionellen Beteiligung, aber nur die Aktivisten nutzen die Skala unkonventioneller Partizipation vollkommen aus (bis zu Verkehrsblockaden und wilden Streiks), Reformer beteiligen sich nur eingeschränkt unkonventionell. Die Arbeit für eine politische Partei oder einen Kandidaten findet sich auf der konventionellen Skala im oberen Bereich.[29]

Das Kriterium der strikten Trennung von konventioneller und unkonventioneller politischer Partizipation wurde aber zunehmend problematischer, da sich das Partizipationsrepertoire der Bürger in Demokratien seit den 60er Jahren stark erweitert hat. Daher unterscheidet Muller (1982) zunächst zwischen demokratischer (legaler) und aggressiver (illegaler) politischer Partizipation. Demokratische lässt sich dann weiter unterteilen in konventionelle (beispielsweise Wählen, kommunale oder Parteiaktivitäten) und unkonventionelle (beispielsweise Boykott oder Demonstrationen). Unter aggressiver Partizipation versteht er zivilen Ungehorsam oder Gewalt.[30] Uehlinger verabschiedet sich schließlich vollständig vom Begriff der Konventionalität und fragt zurecht: „Wie lange muss eine ‚unkonventionelle' Partizipationsform wie etwa die Bürgerinitiative politische Realität darstellen, bis sie den ‚Makel' des Unkonventionellen verliert?"[31] Ähnliche Fragen lassen sich zurecht auch bei anderen Partizipationsformen stellen, die Barnes und Kaase und auch Muller als unkonventionell eingestuft haben, etwa bei Demonstrationen, die heute ein nahezu alltägliches Mittel zur politischen Beteiligung sind.[32] In Anlehnung

---

25   Vgl. *A. Marsh / M. Kaase* 1979: Measuring Political Action, in: *S. H. Barnes / M. Kaase u.a.*: Political Action. Mass Participation in Five Western Democracies. Beverly Hills / London, S. 57-96, hier S. 84.
26   Vgl. *M. Kaase / A. Marsh* 1979a, S. 41.
27   Im Unterschied zu den übrigen Partizipationstypen handelt es sich um eine Typologie, bei der diejenigen, die partizipieren, zu Typen zusammengefasst werden.
28   Vgl. *M. Kaase / A. Marsh*, 1979b: Political Action Repertory: Changes Over Time and a New Typology, in: *S. H. Barnes / M. Kaase u.a.*: Political Action. Mass Participation in Five Western Democracies. Beverly Hills / London, S. 137-166, hier S. 153ff.
29   Die Reihenfolge der einzelnen Fragen in den Skalen wurde für jedes Land anders vorgenommen. Für Deutschland wurde nur die Arbeit zur Lösung kommunaler Probleme und der Kontakt zu Politikern höher eingestuft, d.h. als mit mehr Aufwand verbunden oder „schwieriger" im Sinne der Guttman-Skalierung, die hier verwendet wurde. Vgl. *S. H. Barnes / M. Kaase* 1979, S. 543.
30   Vgl. *E. N. Muller* 1982: An Explanatory Model for Differing Types of Participation, in: European Journal of Political Research 10, S. 1-16, hier S. 1.
31   *H.-M. Uehlinger* 1988, S. 219-220.
32   Vgl. *S. Verba / K. L. Schlozman / H. E. Brady* 1995: Voice and Equality. Civic Voluntarism in American Politics. Cambridge / London, S. 47. Sie unterscheiden unkonventionelle und mainstream-Partizipation, deren Abgrenzung gegeneinander aber je nach Zeit und Ort variiert. Protest-Aktivitäten und Demonstrationen zählen sie zu mainstream-Partizipation, da sie von vielen unterschiedlichen Gruppen praktiziert werden. Die Unterscheidung nach dem Ort trägt dem Ein-

an Muller verwendet Uehlinger das Merkmal Legalität bzw. Illegalität zur ersten grundsätzlichen Unterscheidung der politischen Aktivitätsformen. Die illegalen unterteilt er wie Muller anhand der Anwendung von Gewalt. Die legalen sind entweder problemzentriert oder richten sich auf Parteien, während Wählen[33] als eine Partizipationsform ganz eigener Art getrennt betrachtet wird.[34]

Die Forschergruppe um Parry in Großbritannien unterscheidet 1992 sechs Partizipationstypen, die denen von Verba u.a. sehr ähneln, allerdings um unkonventionelle Partizipationsformen erweitert.[35] Ihre Unterteilung ist im Vergleich mit den oben erwähnten in der folgenden Tabelle wiedergegeben.[36]

---

fluss des politischen Systems Rechnung, da viele in Demokratien übliche Partizipationsmöglichkeiten in autoritären Systemen verboten sind.

33 Wählen und Meinungsäußerungen im Bekanntenkreis und am Arbeitsplatz subsummiert *Uehlinger* unter dem Begriff Staatsbürgerrolle, vgl. *H.-M. Uehlinger* 1988, S. 76.

34 Vgl. *H.-M. Uehlinger* 1988, S. 134.

35 Den Begriff unkonventionelle Partizipation verwerfen *Parry u.a.* aber mit dem Argument, dass eine ihrer Partizipationsformen (Collective Action) Bestandteile von konventioneller und unkonventioneller Beteiligung enthält, vgl. *G. Parry / G. Moyser / N. Day* 1992, S. 52.

36 Sehr ähnliche Aufteilungen (häufig mit etwas anderen Bezeichnungen) treffen außerdem: *S. Verba / K. L. Schlozman / H. E. Brady* 1995; *D. Fuchs* 1995: Die Struktur politischen Handelns in der Übergangsphase, in: *H.-D. Klingemann / L. Erbring / N. Diederich* (Hrsg.): Zwischen Wende und Wiedervereinigung. Analysen zur politischen Kultur in West- und Ost-Berlin 1990. Opladen, S. 135-147. Selbstverständlich finden sich in der Literatur zahlreiche andere Kriterien, anhand derer die Partizipationsformen unterschieden werden können. Die Civic-Culture-Studie etwa unterscheidet zwischen politischen Informationen aus Massenmedien, politischen Gespräche, Wählen, Parteizugehörigkeit, Zugehörigkeit zu einer anderen formalen Organisation, direkte Kontakte zu Politikern und politischer Gewalt, vgl. *G. A. Almond / S. Verba* 1963: The Civic Culture. Political Attitudes and Democracy in Five Nations. Princeton / New Jersey, S. 526ff. *Conway* macht ihre Entscheidungskriterien nicht deutlich. Der Schwerpunkt ihrer Untersuchung liegt auf dem Wählen. Darüber hinaus betrachtet sie am Rande Aktivitäten wie Kontakte zu Medien und gewählten Vertretern, kommunale Arbeit und Protestverhalten, *M. Conway* 1991a.

Tab. 1: Die Unterscheidung von Typen politischer Partizipation

L.W. Milbrath / M.L. Goel 1977, S. 18f.	S. Verba / N.H. Nie / J. Kim 1978, S. 58f.	H.-M. Uehlinger 1988, S. 129f.	G. Parry / G. Moyser / N. Day 1992, S. 51
Voters and Patriots	Voting	Staatsbürgerrolle	Voting
Contact Specialists[37]	Particularized contacts	—	Contacting
Communicators	—	—	—
Party and Campaign Workers	Campaign activity	Parteiorientierte Partizipation	Party campaigning
Community Activists	Communal activity		
		Problemorientierte Partizipation	Collective action[38]
Protestors	—	Ziviler Ungehorsam	Direct action
—	—	Politische Gewalt	Political violence

Anmerkung: Die Einordnung der verschiedenen Partizipationstypen auf gleiche Ebenen bedeutet nicht, dass alle Fragen zur Messung der Typen bei allen Autoren die gleichen sind, sondern lediglich, dass sehr ähnliche Formen in den jeweiligen Typen enthalten sind.

Bei der Beschreibung der „Aktiven" und der Erklärung politischer Partizipation zeigen sich allerdings deutliche Unterschiede. Seit den ersten Untersuchungen gilt die Erklärung politischer Aktivität mit sozioökonomischen Ressourcen als „Standardmodell"[39] politischer Partizipation: „According to this model, rising levels of socio-

---

37 Kontakt zu Funktionären / Beamten spielt bei *Milbrath / Goel* eine untergeordnete Rolle, da es eine sehr spezielle und seltene Form der Partizipation ist, mit den anderen Formen nur wenig zusammenhängt und laut *Milbrath / Goel* eigentlich nicht politischer Natur ist, vgl. *L. W. Milbrath / M. L. Goel* 1977, S. 14.

38 Unter Collective action subsummieren die Autoren sowohl problemorientierte politische Aktivitäten in Gruppen als auch Unterschriftensammlung und Teilnahme an Protestversammlungen, vgl. *G. Parry / G. Moyser / N. Day* 1992, S. 51-53. Daher steht Collective action genau zwischen konventioneller und unkonventioneller Partizipation und zurecht mit der Kategorie Problemorientierte Partizipation *Uehlingers* (die u.a. die Teilnahme an öffentlichen Diskussionen, aber auch Demonstrationen und Streik enthält) auf einer Stufe, der diese Unterscheidung ohnehin nicht verwendet. Die Community-Partizipation von *Milbrath / Goel* und *Verba u.a.* bezieht jedoch lediglich die konventionelle Seite der beiden auftritt ein, und steht daher nicht auf der gleichen Stufe.

39 Vgl. *S. Verba / N. H. Nie* 1972, S. 125ff. Der starke Einfluss der Sozialstruktur auf politische Entscheidungen wurde zuerst in der Wahlforschung entdeckt. Den Anfang machte eine Untersuchung von *Paul F. Lazarsfeld u.a.* anlässlich des Präsidentschaftswahlkampfs 1940, in der sie den enormen Einfluss der Sozialstruktur auf die Wahlentscheidung beinahe beiläufig entdeckten. Die Studie zielte auf die Rolle der persönlichen und massenmedialen Kommunikation für die Wahlentscheidung. Schlussendlich war jedoch der Effekt der Sozialstruktur, gemessen in einem „Index of Political Predisposition" (zusammengesetzt aus der Einschätzung des sozioökonomischen Status der Befragten durch den Interviewer, der Konfessionszugehörigkeit und dem Wohnort der Befragten, vgl. *P. F. Lazarsfeld / B. Berelson / H. Gaudet* 1968: The People's Choice. How the Voter makes up his Mind in a Presidential Campaign. 3. Aufl. New York / London [1944], S. 25 ff., zur Indexkonstruktion: Ebd. S. 174) weitaus gewichtiger. Das Hauptergebnis der Studie spiegelt sich in

economic status – in particular increased education, but also higher income and higher-status occupations – are accompanied by increased civic orientations such as interest and involvement in politics, sense of efficacy, and norms that one ought to participate. This leads to participation."[40] Über die Ressourcen hinaus enthält dieses Standardmodell also auch einige politische Einstellungen. Dieses Modell ist durch vergleichende Untersuchungen empirisch gut bestätigt: „In it's broadest outline, the data clearly confirm a generalization that is already well established in the literature: Citizens of higher social and economic status participate more in politics."[41] Politische Einstellungen sowie Werte und Normen werden von allen Autoren als wichtige Einflussgrößen für politische Partizipation genannt.[42] Seltener sind der persönliche oder politische Kontext und politische Themen als Rahmenbedingungen untersucht worden.[43] Erst in jüngster Zeit gewinnt der Rational-Choice-Ansatz, die Untersuchung von Kosten und Nutzen der Beteiligung, an Bedeutung.[44] Diese Bestandteile sind in unterschiedlichsten Kombinationen als Erklärungsansätze für politische Partizipation herangezogen worden. In jüngeren Veröffentlichungen, die (teilweise ohne eigene empirische Analysen) die vorhandene Partizipationsliteratur referieren, finden sich übereinstimmend fünf Grundbestandteile zur Erklärung politischer Partizipation:[45]

1. Sozialstatus und Ressourcen (socioeconomic status)
2. Persönliches Umfeld (social context) und Beteiligungsmöglichkeiten (opportunities)
3. Einstellungen, Werte und Normen (psychological motivations)
4. Motivationen von außen[46] (external motivations)
5. Abwägung von Kosten und Nutzen (rationality)

Diese Erklärungsmuster finden auch im Falle der parteiorientierten Partizipation Anwendung, die eine Variante der politischen Partizipation ist.

---

zwei viel zitierten Sätzen wieder: „a person thinks, politically, as he is, socially. Social characteristics determine the political preference." Ebd. S. 27.

40 *S. Verba / N. H. Nie / J. Kim* 1971: The Modes of Democratic Participation: A Cross-National Comparison. Beverly Hills, S. 55.

41 *S. Verba / N. H. Nie* 1972, S. 125.

42 Mit verschiedenen Variablen geht dieser Ansatz etwa in die folgenden Analysen ein, vgl. *L. W. Milbrath / M. L. Goel* 1977; *S. Verba / N. H. Nie / J. Kim* 1978; *H. M. Uehlinger* 1988; *M. M. Conway* 1991a; *G. Parry / G. Moyser / N. Day* 1992.

43 Vgl. *L. W. Milbrath / M. L. Goel* 1977; *M. M. Conway* 1991a; *G. Parry / G. Moyser / N. Day* 1992.

44 Vgl. *M. M. Conway* 1991a; *G. Parry / G. Moyser / N. Day* 1992. *Verba* und *Nie* haben die Wichtigkeit von Kosten und Nutzen speziell für die Erklärung parteiorientierter Partizipation betont, hatten aber keine Daten zur Überprüfung zur Verfügung, vgl. *S. Verba / N. H. Nie* 1972, S. 114ff.

45 Diese Aufteilung ist einem der neueren Literaturberichte über politische Partizipation von *J. E. Leighley* 1995: Attitudes, Opportunities and Incentives: A Field Essay on Political Participation, in: Political Research Quarterly 48, S. 181-209, zu entnehmen. Sehr ähnliche Faktoren finden sich bei *G. Parry / G. Moyser / N. Day* 1992; *M. M. Conway* 1991a; *M. M. Conway* 1991b: The Study of Political Participation: Past, Present, and Future, in: *W. Crotty*: Political Science: Looking to the Future. Vol. 3: Political Behavior. Evanston, S. 31-50, und auch in der etwas älteren Monographie von *L. W. Milbrath / M. L. Goel* 1977 (hier aber ohne Rational-Choice-Ansatz), in der die Literatur bis 1977 zusammengefasst ist.

46 Zum Beispiel erhöhte Wahlbeteiligung durch großen Wahlkampfaufwand der Parteien oder durch die Erwartung eines knappen Wahlausgangs, vgl. *J. E. Leighley* 1995, S. 189.

1.1.2 Besonderheiten der Partizipation in Parteien

Die parteiorientierte politische Partizipation wird zwar stets als ein besonderer Partizipationstyp genannt,[47] aber inhaltlich ist er durchaus unterschiedlich besetzt. Die folgende Tabelle gibt die Partizipationsformen wieder, die in dem jeweiligen Partizipationstyp Parteiorientierung enthalten sind.

Tab. 2: Partizipationsformen des parteiorientierten Partizipationstyps

L.W. Milbrath / M.L. Goel 1977, S. 18f.	S. Verba / N.H. Nie / J. Kim 1978, S. 55f.	H.-M. Uehlinger 1988, S. 33	G. Parry / G. Moyser / N. Day 1992, S. 43
Persuade others how to vote	Persuade others for a candidate	—	—
		—	Been involved in fund-raising for a party or candidate
Give money to party or candidate	Given money in a campaign	—	
Attend meetings, rallies	Attended political meetings or rallies	—	Attend a campaign meeting or rally
	Display or distribute campaign posters or leaflets		Canvassed or knocked on doors for a party or candidate
Actively work for party or candidate	Ever worked for a party	Als Wahlhelfer Kandidaten unterstützen	Done clerical, or office work for a party or candidate
—	—	In einer politischen Gruppierung mitmachen	—
Join and support political party	Member of a political club or organization	In irgendeine Partei eintreten, aktiv mitarbeiten	—
Be a candidate for office	—	—	—
—	—	Ein politisches Amt übernehmen	—

Die Partizipationsformen sind in dieser Tabelle grob nach der Stärke der Involvierung in die Parteiarbeit sortiert. Die größte Bandbreite findet sich nach diesem Sortierungskriterium bei Milbrath und Goel, die Partizipationsformen bei Verba u.a. entsprechen diesen in weiten Teilen. Uehlinger und Parry u.a. konzentrieren sich auf ein engeres

---

[47] Das gilt sowohl für die einzelnen Studien als auch für die untersuchten Länder. *Nie* und *Verba* sprechen mit Verweis auf ihre Vergleichsstudie aus sieben Ländern von „similarity in the ‚meaning' of campaign activity to participants across the several nations", vgl. *N. H. Nie / S. Verba* 1975: Political Participation, in: *F. I. Greenstein / N. W. Polsby* (Hrsg.): Handbook of Political Science. Vol. 4: Nongovernmental Politics. Reading, S. 1-74, hier S. 18.

Spektrum der Parteiarbeit.[48] Uehlingers parteiorientierter Partizipationstyp beinhaltet vor allem „schwierige" Aktivitäten, die hohe Anforderungen an den Einzelnen stellen. Diese Partizipationsformen zeichnen sich besonders dadurch aus, dass sie langfristiges Engagement des Einzelnen erfordern. Die Partizipationsformen von Parry u.a. hingegen sind fast durchgehend kurzfristiger Natur und damit „leichter" im Sinne der Involvierung in die Parteiarbeit. In dieser Untersuchung fehlt darüber hinaus die formale Mitgliedschaft in einer Partei als Indikator für parteiorientierte Partizipation.[49] Alle anderen Untersuchungen enthalten diesen Indikator,[50] allein Uehlinger verknüpft sie aber mit einer aktiven Mitarbeit.[51]

Die parteiorientierte politische Partizipation wird durchgehend als ein eher „schwieriger" Partizipationstyp angesehen.[52] Die relative „Schwierigkeit" der parteiorientierten Partizipation zeigt sich bereits in der geringen Beteiligung der Bevölkerung bei diesem Typ. Je nach Fragestellung antworten zwischen drei und fünfzig Prozent der Befragten, dass sie parteiorientierte Partizipation bereits getan haben bzw. sich vorstellen können.[53] Die niedrigsten Werte ergeben sich jeweils, wenn nach konkreten Handlungen in der Vergangenheit gefragt wurde, die höchsten bei der Frage, ob man sich vorstellen kann eine Handlung zukünftig auszuüben.

Parteiorientierte politische Partizipation hat sich in allen bisherigen Untersuchungen als Partizipationstyp eigener Art herausgestellt, der eine besondere Stellung einnimmt. Verba, Nie und Kim charakterisieren „Campaign Activity" als einen Partizipationstyp, mit dem man seine eigenen Präferenzen gut in die Politik vermitteln und großen Druck auf politische Entscheidungsträger ausüben kann. Das angestrebte Resultat der Beteiligung betrifft immer viele oder alle Bürger und erfordert ein gewisses Maß an eigener

---

48   Auch wenn *Uehlinger* davon spricht, diese Aktivitäten hätten eine „große Spannweite", vgl. *H.-M. Uehlinger* 1988, S. 76.
49   Angesichts der Organisation der britischen Parteien als Mitgliederparteien ist das sehr verwunderlich.
50   Durch die internationale Perspektive der Studie haben die Autoren in der Zusammenfassung den Terminus „political club or organization" gewählt. In Ländern mit Mitgliederparteien (in den Niederlanden und Österreich) wurde allerdings explizit nach Parteimitgliedschaft gefragt, vgl. *S. Verba / N. H. Nie / J. Kim* 1978, Anhang A.
51   Zumindest in der Frageformulierung kommt die aktive Mitarbeit vor (vgl. *H.- M. Uehlinger* 1988, S. 33), an anderer Stelle spricht er aber davon, dass diese Aktivitäten „vom Eintreten in eine Partei bis zur Übernahme eines politischen Amtes" reichen, vgl. *H.- M. Uehlinger* 1988, S. 76f.
52   Vgl. *S. Verba / N. H. Nie* 1972, S. 36.
53   *Verba u.a.* fragen danach, ob man eine der Aktivitäten bereits einmal getan hat, und finden zwischen vier und 50 Prozent Zustimmung. Diese Raten unterscheiden sich deutlich nach Nation, wobei die Rolle von Parteien im jeweiligen politischen System den größten Unterschied machen dürfte, vgl. *S. Verba / N. H. Nie / J. Kim* 1978, S. 58f. und S. 341f. *Milbrath* und *Goel* lassen die Fragestellung im Dunkeln und dokumentieren zwischen drei und 35 Prozent parteiorientierte Partizipation, vgl. *L. W. Milbrath / M. L. Goel* 1977, S. 18f. *Uehlinger* fragt ab, ob sich die Befragten die einzelnen Aktivitäten vorstellen könnten, und erhält zwischen neun und 36 Prozent Zustimmung. Deutlich weniger Befragte (zwischen drei und acht Prozent) geben an, dieselben Aktivitäten bereits einmal ausgeführt zu haben, vgl. *H.-M. Uehlinger* 1988, S. 140. *Parry u.a.* fragen schließlich danach, ob jemand an den Aktivitäten in den vergangenen fünf Jahren teilgenommen hat, daher bejahen nur zwischen 3,5 und 8,6 Prozent der Befragten, vgl. *G. Parry / G. Moyser / N. Day* 1992, S. 44. *Brady* zieht in seiner Analyse den Schluss, dass bei der Frage nach bereits ausgeübten Aktivitäten ein möglichst kurzer und begrenzter Zeitraum gewählt werden sollte, vgl. *H. E. Brady* 1999: Political Participation, in: *J. P. Robinson / P. R. Shaver / L. S. Wrightsman* (Hrsg.): Measures of Political Attitudes. San Diego u.a., S. 737-801, hier S. 795.

Initiative. Auf der einen Seite ist relativ viel Kooperation mit anderen (Gleichgesinnten) erforderlich, auf der anderen Seite sind Konflikte mit politischen Gegner unausweichlich.[54] Für Uehlinger zeichnet sich parteiorientierte politische Partizipation gegenüber den anderen Partizipationstypen vor allem dadurch aus, dass „nicht eine Einzelfrage im Vordergrund [steht], sondern der Ausdruck einer allgemeineren politischen Richtung, einer Ideologie"[55]. Für Milbrath und Goel sind „Party and Campaign Workers" schließlich der Prototyp des politisch Aktiven: „These people are the 'gladiators' in political contests; they do most of the work while the majority of the population sits in the spectator grandstands and decides who has won the contest (by voting for their favorite)."[56]

Die Charakterisierung derjenigen, die sich parteiorientiert engagieren, fällt den allgemeinen Partizipationsuntersuchungen schwer.[57] Vor allem die international vergleichende Studie von Verba, Nie und Kim liefert keine eindeutigen Ergebnisse, sondern unterschiedliche Muster von Land zu Land. „The data show the wide cross-national variation we have come to expect in relation to this act [campaign activity, A.H.]."[58] Dennoch hängt ein verstärktes Engagement in "campaign activity" tendenziell mit hohem sozioökonomischem Ressourcenlevel und hohem Sozialstatus zusammen und wird von Männern eher ausgeübt als von Frauen.[59] Parry u.a. bestätigen diese Ergebnisse im Hinblick auf die Ressourcen[60] und fügen hohe Bildung und mittleres Alter als Kennzeichen der „party campaign activists" hinzu. Sie sind häufig in sonstigen Organisationen eingebunden und trauen sich selbst eine politische Rolle überdurchschnittlich oft zu. Außerdem machen Parry u.a. auf die Unterschiede zwischen den Anhängern verschiedener Parteien aufmerksam, die in der vorliegenden Untersuchung von besonderem Interesse sein werden.[61] Für die parteiorientierte Partizipation in Deutschland findet Uehlinger die subjektiv wahrgenommenen Einflusschancen auf das politische System und die politische Involviertheit als zentrale Erklärungsgrößen. Die soziale Position des Einzelnen ist indirekt über diese beiden Variablen mit diesem Partizipationstyp verbunden.[62]

Aus den dargestellten allgemeinen Untersuchungen politischer Partizipation lassen sich detailliertere Aussagen über parteiorientierte Partizipation nur schwerlich ableiten. Den unterschiedlichen Partizipationsformen innerhalb dieses Typs wurde mit unterschiedlichen Fragestellung nachgegangen und die Fallzahlen derjenigen, die parteiorientierte Partizipation angeben, ist häufig zu gering, um sie eingehend zu analysieren.[63] Für

---

54   Vgl. *S. Verba / N. H. Nie / J. Kim* 1978, S. 55 und S. 313.
55   *H. M. Uehlinger* 1988, S. 130.
56   *L. W. Milbrath / M. L. Goel* 1977, S. 13.
57   Manche versuchen auch gar nicht, die einzelnen Partizipationstypen getrennt zu untersuchen, sondern sprechen generell von politischer Aktivität, z. B. *L. W. Milbrath / M. L. Goel* 1977.
58   *S. Verba / N. H. Nie / J. Kim* 1978, S. 288.
59   Vgl. *S. Verba / N. H. Nie / J. Kim* 1978, S. 114ff. und Tab. 14-1, S. 287.
60   Allerdings finden sich bei dieser Untersuchung überdurchschnittlich häufig Frauen unter den Aktiven, vgl. *G. Parry / G. Moyser / N. Day* 1992, S. 234.
61   Vgl. *G. Parry / G. Moyser / N. Day* 1992, S. 112ff und S. 225ff.
62   Vgl. *H. M. Uehlinger* 1988, S. 210ff.
63   Das trifft für parteiorientierte Partizipation als „schwieriger" Partizipationstyp in besonderem Maße zu, denn in den Umfragen wurde politische Aktivität allgemein bereits nur von einem kleinen Teil der Bevölkerung angegeben, vgl. beispielsweise *S. Verba / N. H. Nie* 1972, S. 128; *G. Parry / G. Moyser / N. Day* 1992, S. 60.

die Untersuchung der Partizipation von Parteimitgliedern gilt das im Besonderen, da sie sehr stark abhängig ist vom jeweiligen politischen System und der Rolle, die Parteien darin spielen und die Mitglieder in Parteien spielen.[64] Außerdem hat der Vergleich der Partizipationsformen des parteiorientierten Partizipationstyps (vgl. Tab. 2) gezeigt, dass innerparteiliche Partizipation als Spezialfall dieses Typs angesehen werden muss. Bei der Erklärung dieses Spezialfalls muss daher auf Untersuchungen von Parteimitgliedern zurückgegriffen werden.

Ziel der vorliegenden Untersuchung ist es, die Partizipation von Mitgliedern in ihren Parteien zu beschreiben und zu erklären. Die Ergebnisse zur parteiorientierten politischen Partizipation sind dabei aus den genannten Gründen nur bedingt hilfreich. Gegenstand der angeführten Untersuchungen ist nämlich weniger (fast nie) die Partizipation in Parteien, sondern höchstens der Parteibeitritt als Möglichkeit politischer Partizipation. Dennoch können auch die referierten allgemeinen Untersuchungen wichtige Hilfestellungen leisten, nämlich dann, wenn es um die Strukturen für die Erklärung von Partizipation geht. Wenn sich diese Erklärungsmuster bei politischer Partizipation im Allgemeinen als geeignet erwiesen haben, sollten sie ebenso zweckmäßig bei der Untersuchung von Partizipation von Mitgliedern in Parteien sein. Im Folgenden soll der Frage nachgegangen werden, welche Erklärungsmuster bei Parteimitgliedern bisher mit welchen Ergebnissen gefunden wurden. Dabei ist zu beachten, dass innerparteiliche Partizipation durchaus unterschiedlich operationalisiert werden kann.

1.2 Partizipation von Parteimitgliedern

1.2.1 Aktivität und Partizipation

Für die Messung innerparteilicher Partizipation[65] von Mitgliedern stehen zahlreiche Möglichkeiten zur Verfügung. Die am häufigsten verwendeten Indikatoren sind

- die Teilnahme an Parteiveranstaltungen als Selbsteinschätzung der Mitglieder[66]

---

64 Bei der Partizipation von Parteimitgliedern fallen die Vereinigten Staaten als Referenzgröße vollends aus, da Parteien dort vollkommen anders organisiert sind und beispielsweise keine formale Mitgliedschaft mit Parteibuch kennen, vgl. beispielsweise *H. Klumpjan* 1998: Die amerikanischen Parteien. Von ihren Anfängen bis zur Gegenwart. Opladen, S. 20ff. In der von *Duverger* eingeführten Unterscheidung zwischen Rahmenpartei und Massenpartei fallen die amerikanischen Parteien eindeutig in die erste Kategorie. Diese Unterscheidung beruht auf dem Begriff des Mitglieds: "Der Begriff des Mitglieds ist das Ergebnis jener Entwicklung, die von der 'Rahmenpartei' zur 'Massenpartei' geführt hat." *M. Duverger* 1959, S. 81. Für eine weiterführende Analyse dieses Unterschieds und einen Vergleich zwischen europäischen und amerikanischen Parteien vgl. *L. D. Epstein* 1993: Political Parties in Western Democracies. New Brunswick / London.

65 Die folgenden Ausführungen beziehen sich ausschließlich auf innerparteiliche Partizipation, Parteibeitrittsmotive werden außer acht gelassen, vgl. dazu etwa *S. J. Eldersveld* 1983: Motivations for Party Activism. Multi-National Uniformities and Differences, in: International Political Science Review 4, S. 57-70; *O. Niedermayer* 2001: Beweggründe des Engagements in politischen Parteien, in: *O. W. Gabriel / O. Niedermayer / R. Stöss* (Hrsg.): Parteiendemokratie in Deutschland. 2. Aufl. Bonn, S. 297-311. Außerdem werden solche Untersuchungen vernachlässigt, in denen nur eine spezielle Aktivität untersucht wird, ohne davon auf innerparteiliche Partizipation zu schließen, vgl. etwa *J. Fisher* 1997: Donations to Political Parties, in: Parliamentary Affairs, Vol. 50, No. 2, S. 235-245; *J. Fisher* 1999: Modelling the Decision to Donate by Individual Party Members. The case of British Parties, in: Party Politics 5, S. 19-38.

1. Kapitel: Theoretischer Hintergrund und Stand der Forschung 29

- die Teilnahme der Mitglieder an Parteiveranstaltungen, eingeschätzt von Parteifunktionären[67]
- der Status als Amts- oder Mandatsträger[68]
- der durchschnittliche Zeitaufwand pro Monat[69]
- die Selbsteinschätzung der Gesamtaktivität durch die Mitglieder[70]
- die Teilnahme an Arbeitsgemeinschaften[71]

Außerdem sind zahlreiche Kombinationen dieser Indikatoren zu Aktivitätsskalen gebräuchlich.[72] Anhand zweier Fragen über das eigene Rollenverständnis und die

---

[66] Vgl. *K. Schmidt-Urban* 1981: Beteiligung und Führung in lokalen Parteieinheiten. Eine Studie zur organisationsbezogenen „Apathie" von Parteimitgliedern, durchgeführt in zwei Ortsvereinen der SPD. Frankfurt am Main; *R. Meyenberg* 1978: SPD in der Provinz. Empirische Untersuchung über die soziale Struktur, die politische Aktivität und das gesellschaftliche Bewußtsein von SPD-Mitgliedern am Beispiel des Unterbezirks Oldenburg (Oldb). Frankfurt am Main; *A. Widfeldt* 1995: Party Membership and Party Representativeness, in: *H.-D. Klingemann / D. Fuchs* (Hrsg.): Beliefs in Government. Vol. 1: Citizens and the State. New York, S. 134-182; *A. Widfeldt* 1999: Loosing Touch? The Political Representativeness of Swedish Parties, 1985-1994, in: Scandinavian Political Studies 22, S. 307-326. *Widfeldt* beschäftigt sich in diesen Beiträgen mit der Repräsentativität der Parlamentarier und der politischen Übereinstimmung zwischen Aktivisten, Mitgliedern und Wählern von Parteien. Daher wird er im Folgenden nicht weiter beachtet.

[67] Vgl. *N. Diederich* 1968: Party Member and Local Party Branch. Some Initial Findings of a Pre-Study on Membership Participation and Branch Meetings in Berlin Parties, in: *O. Stammer* (Hrsg.): Party Systems, Party Organizations, and the Politics of New Masses. Parteiensysteme, Parteiorganisationen und die neuen politischen Bewegungen (als Manuskript gedruckt). Berlin, S. 107-115; *H. Becker u.a.* 1983: Die SPD von innen. Bonn; *H. Becker u.a.* 1998: NRW-SPD von innen – die wichtigsten Ergebnisse, in: *E.-M. Walsken / U. Wehrhöfer* (Hrsg.): Mitgliederpartei im Wandel. Veränderungen am Beispiel der NRW-SPD. Münster u.a. Offenbar verwendet *Tan* ebenfalls eine Einschätzung der Partizipation durch Funktionäre, schlussendlich deutlich wird das aus seinem Beitrag aber nicht, vgl. *A. C. Tan* 1998: The Impacts of Party Membership Size: A Cross-National Analysis, in: The Journal of Politics 60, S. 188-198, hier S. 193. Bei diesem Indikator können natürlich keine Aussagen über die Beteiligungsmotivationen gemacht werden, sondern lediglich etwas über den Umfang und vielleicht die Zusammensetzung der Aktiven. Eine Auflistung der Anteile aktiver Mitglieder aus verschiedenen Untersuchungen findet sich bei *O. Niedermayer* 1989: Innerparteiliche Partizipation. Opladen, S. 44f.

[68] *Birsl* und *Lösche* bezeichnen Amts- und Mandatsträger als Parteiaktivisten, vgl. *U. Birsl / P. Lösche* 1998, S. 13. Sie untersuchen allerdings nur die Anteile von Parteiaktivisten im Vergleich von Ost- und Westdeutschland. *Narud* und *Skare* bezeichnen Parteitagsdelegierte als Parteiaktivisten, vgl. *H. M. Narud / A. Skare* 1999: Are Party Activists the Party Extremists? The Structure of Opinion in Political Parties, in: Scandinavian Political Studies 22, S. 45-65, hier S. 53. Dieser Beitrag beschäftigt sich mit politischen Positionen von Wählern und Parteimitgliedern in Norwegen im Vergleich und wird daher im Folgenden nicht weiter verwendet.

[69] Vgl. *O. Niedermayer / H. Schmitt* 1983: Sozialstruktur, Partizipation und politischer Status in Parteiorganisationen, in: Politische Vierteljahresschrift 24, S. 293-310.

[70] Vgl. *R. Meyenberg* 1978.

[71] Vgl. *R. Meyenberg* 1978.

[72] *Güllner* und *Marvick* verwenden eine Kombination aus der Teilnahme an Parteiveranstaltungen und Ämterübernahme, vgl. *M. Güllner / D. Marvick* 1976: Aktivisten in einer Parteihochburg: Zum Beispiel Dortmund, in: Wahlforschung. Sonden im politischen Markt (Reihe transfer). Opladen, S. 121-132, hier S. 123. *Greven* verknüpft Angaben über Parteiämter mit der Selbsteinstufung auf einer Aktivitätsskala zu einem Aktivitätsindex, vgl. *M. Th. Greven* 1987: Parteimitglieder. Ein empirischer Essay über das politische Alltagsbewußtsein in Parteien. Opladen, S. 39. In der weiteren Untersuchung benutzt Greven die Aktivität jedoch nur als erklärende und nicht als zu erklärende Variable. *Niedermayer* kombiniert die Veranstaltungsteilnahme, Übernahme von Aufgaben für die Partei und programmatische Arbeit zu einer Partizipationsskala, vgl. *O. Niedermayer* 1987: Inner-

Teilnahmehäufigkeit an Parteiveranstaltungen unterteilt Falke die Mitglieder der CDU in Aktive, Teilnehmende und Passive. Der starke Zusammenhang zwischen beiden Variablen ermöglicht die Einteilung von knapp sechzig Prozent der Mitglieder in diese Kategorien: Jeweils ein gutes Fünftel der Mitglieder sind Aktive und Teilnehmende, etwa ein Zehntel sind Aktive.[73] Gut vierzig Prozent der Mitglieder sind jedoch nicht eindeutig zuzuordnen und werden in den folgenden Analysen von Falke schlicht ausgeschlossen. Neben methodischen Problemen[74] zieht das die Eignung der Frage nach dem eigenen Rollenverständnis für die Einschätzung der Aktivität der Mitglieder in Zweifel.[75] Hinzu kommt, dass durch die Koppelung von Aktivität und Amtsübernahme eine saubere Trennung zwischen Status und Aktivität nicht mehr möglich ist, ganz zu schweigen von einer inhaltlichen Differenzierung der Aktivität.

In neueren Untersuchungen, die sich mit Erklärungen für die Partizipation von Parteimitgliedern beschäftigen, hat sich die Frage nach der Häufigkeit der Teilnahme an innerparteilichen Aktivitäten als Indikator durchgesetzt. Die Vorteile dieses Indikators im Vergleich zu anderen liegen auf der Hand.

Zunächst erreicht man eine saubere Trennung zwischen Status und Aktivität eines Mitglieds. Diese Trennung ist beim Indikator Parteiamt (und/oder Wahlmandat) nicht gegeben, dem die implizite Annahme zugrunde liegt, dass Mitglieder mit Parteiämtern automatisch auch die aktiven Mitglieder sind. Diese Annahme ist zwar plausibel, aber die Verwendung von Parteistatus als Indikator „ersetzt eine empirisch zu überprüfende Hypothese durch ein Axiom"[76]. Der Vorteil der Verwendung von Parteiaktivitäten hat gegenüber dem Zeitaufwand für Parteiarbeit und der häufig verwendeten Selbsteinschätzung der Aktivität durch die Mitglieder neben methodischen[77] auch inhaltliche Vorteile. Inhaltlich bietet sich der Vorteil, die Aktivitäten auch benennen zu können und somit ein sehr viel klareres Bild von der innerparteilichen Aktivität zu gewinnen. Diese inhaltliche Benennung bietet die Möglichkeit einer Trennung von Aktivitätsformen, die gerade im

---

parteiliche Partizipation der neuen Mitglieder, in: *O. Niedermayer / K.-H. Reif / H. Schmitt* (Hrsg.): Neumitglieder in der SPD. Ergebnisse einer empirischen Untersuchung im Bezirk Pfalz. Neustadt, S. 49. *Clarke u.a.* verwenden einen Faktorscore, der aus Zeit für die Parteiarbeit und Anzahl ausgeübter Aktivitäten besteht, vgl. *H. D. Clarke u.a.* 2000: Not for Fame or Fortune. A Note on Membership and Activity in the Canadian Reform Party, in: Party Politics, Vol. 6, S. 75-93, hier S. 85.

73   Vgl. *W. Falke* 1982: Die Mitglieder der CDU. Berlin, S. 75.
74   Bei der deskriptiven Analyse der Unterschiede zwischen diesen drei Gruppen ist der Indikator problemlos verwendbar, für viele leistungsfähige statistischen Verfahren wäre diese trichotome abhängige Variable jedoch aufgrund des Skalenniveaus weniger gut geeignet.
75   Immerhin 16,5 Prozent aller CDU-Mitglieder versteht die eigene Rolle als „Unterstützung der Partei durch Mitgliedschaft, ohne selber an irgendwelchen Aktivitäten teilzunehmen", geben aber gleichzeitig an, Parteiveranstaltungen einmal im Monat oder wenigstens alle zwei bis drei Monate zu besuchen, vgl. *W. Falke* 1982, S. 75. Allerdings fragt *Falke* auch eine Reihe von Aktivitäten der Mitglieder ab, unterzieht sie dann aber getrennten Faktorenanalysen für Aktive, Teilnehmende und Passive. Zudem sind die Ergebnisse dieser Analyse nicht vollständig dokumentiert, vgl. *W. Falke* 1982, S. 162f.
76   *O. Niedermayer* 1989, S. 15.
77   Methodisch ist zunächst der allgemeine Vorteil der Messung mit multiplen Indikatoren im Hinblick auf Validität und Reliabilität des Instruments gegenüber der Messung mit nur einem Indikator zu nennen, vgl. *R. Schnell / P. B. Hill / E. Esser* 1999: Methoden der empirischen Sozialforschung. 6. Aufl. München / Wien, S. 125ff.; ferner bietet eine solche Messung eine größere Präzision, Differenzierbarkeit und Varianz, wodurch die Bandbreite anwendbarer statistischer Verfahren zur Analyse erheblich verbreitet wird.

1. Kapitel: Theoretischer Hintergrund und Stand der Forschung

hier angestrebten Vergleich zwischen verschiedenen Parteien große Vorzüge hat. Wie noch zu zeigen sein wird unterscheidet sich die innerparteiliche Aktivität von Partei zu Partei nicht nur quantitativ, sondern auch und vor allem qualitativ.

Von der Möglichkeit der inhaltlichen Trennung innerparteilicher Aktivitäten haben dann auch die meisten Autoren Gebrauch gemacht.[78] Niedermayer geht bei seiner Dreiteilung (Politikformulierungspartizipation, Personalrekrutierungspartizipation und Politikvermittlungspartizipation) der innerparteilichen Partizipation zunächst von den Funktionen bzw. Tätigkeitsbereichen politischer Parteien aus, bei denen jeweils unterschiedliche Aktivitäten von Mitgliedern erforderlich bzw. hilfreich sind. Den theoretischen Anknüpfungspunkt findet er in der Parteienforschung, genauer in der von Wiesendahl 1980 in die Diskussion eingebrachten Unterscheidung von Strukturformen politischer Parteien. In diesen drei Paradigmen der Parteienforschung, dem Integrations-, Konkurrenz- und Transmissionsparadigma hat die innerparteiliche Mitgliederbeteiligung jeweils einen anderen Stellenwert. Den drei Paradigmen lässt sich jeweils eine innerparteiliche Partizipationsform zuordnen,[79] die den Anforderungsbedürfnissen im Hinblick auf die Organisationsstruktur und Funktionen der Parteien am besten gerecht werden. Die theoretisch sinnvolle Trennung in Politikformulierungspartizipation, Personalrekrutierungspartizipation und Politikvermittlungspartizipation[80] lässt sich mit dem Indi-

---

[78] Einzige Ausnahme ist hier eine Untersuchung der britischen Parteimitglieder von *Whiteley, Seyd* und *Richardson*. In dieser Untersuchung der Mitglieder der konservativen Partei verwenden sie eine Faktorenanalyse zur Trennung zwischen „Activist Scale" und „Supporter Scale", wobei letztere bei den nachfolgenden Untersuchungen keine Rolle mehr spielt. Vgl. *P. F. Whiteley / P. Seyd / J. Richardson* 1994: True Blues. The Politics of Conservative Party Membership. Oxford, S. 101ff. In ihren anderen Untersuchungen britischer Parteimitglieder benutzen sie einen Summenscore aller Parteiaktivitäten, vgl. *P. Seyd / P. F. Whiteley* 1992: Labour's Grass Roots. The Politics of Party Membership. Oxford, S. 86ff.; *P. F. Whiteley u.a.* 1993: Explaining Party Activism. The Case of the British Conservative Party, in: British Journal of Political Science 24, S. 79-94, hier S. 81ff.; *P. F. Whiteley / P. Seyd* 1996: Rationality and Party Activism: Encompassing Tests of Alternative Models of Political Participation, in: European Journal of Political Research 29, S. 215-234, hier S. 223ff.; *P. F. Whiteley / P. Seyd* 1998: The Dynamics of Party Activism in Britain: A Spiral of Demobilization?, in: British Journal of Political Science 28, S. 113-137, hier S. 122ff. Die Gruppierung von *Heidar* wird hier bewusst außer acht gelassen, da hier die Aktivitäten in der Faktorenanalyse auf drei Faktoren gezwungen wurden. Das Verfahren erscheint unsinnig, da als Grund nicht etwa ein theoretisches Konzept angeboten wird, sondern das zweifelhafte methodische Argument „to provide the fullest information", vgl. *K. Heidar* 1994: The Polymorphic Nature of Party Membership, in: European Journal of Political Research 25, S. 61-86, hier S. 74.

[79] Vgl. *O. Niedermayer* 1989, S. 22ff. Im konkurrenzparadigmatischen Parteimodell ist die Politikvermittlungspartizipation die ideale Form der Mitgliederbeteiligung, da sie die Stellung der Partei im Parteienwettbewerb stärkt. Politikformulierungs- und Personalrekrutierungspartizipation sind „als dysfunktional anzusehen" (Ebd. S. 27), da sie unnötig Ressourcen binden, die in der Parteienkonkurrenz sinnvoller einsetzbar wären. Dem Integrationsparadigma liegt der Gedanke der repräsentativen innerparteilichen Demokratie zugrunde. Die Willensbildung innerhalb einer Partei besteht demnach vor allem in der Wahl und Kontrolle der Repräsentanten, folglich steht die Personalrekrutierungspartizipation im Mittelpunkt. Dem Transmissionsparadigma zufolge ist eine Partei vor allem Willensbildungsinstrument. Auf der Grundlage eines basisdemokratischen Leitbilds verläuft die Willensbildung bei allen Entscheidungen von unten nach oben, die Politikformulierungspartizipation ist daher von zentraler Bedeutung. Während Politikvermittlung hier unwichtig wird, ist der Status der Personalrekrutierung abhängig von der Stellung der Repräsentanten. „Werden Repräsentanten schließlich zu vollständig weisungsgebundenen [...] Vollzugsagenten des Basiswillens, so kommt der Personalrekrutierungspartizipation nur noch geringe Bedeutung zu." (Ebd. S. 31).

[80] Vgl. *O. Niedermayer* 1989.

kator „Häufigkeit der Teilnahme an innerparteilichen Aktivitäten" auch empirisch nachweisen.[81] Die Politikvermittlungspartizipation beinhaltet Wahlkampf- und organisatorische Aktivitäten, die Politikformulierungspartizipation die Mitwirkung an Diskussionen und der Erarbeitung von Beschlüssen und die Personalrekrutierungspartizipation die Mitwirkung bei Diskussion und Abstimmung über die Besetzung von Ämtern und Mandaten.[82]

Niedermayer geht in seiner Analyse von einem instrumentellen Partizipationsverständnis aus, das einige Formen der Teilnahme am innerparteilichen Geschehen von vorne herein ausschließt. Sein Interesse gilt den „politisch-partizipatorischen Aktivitäten", die „nichtpartizipatorischen Aktivitäten"[83] berücksichtigt er nicht; ebenso schließt er passive Mitglieder (Formalmitglieder) von seiner empirischen Untersuchung aus. Damit entwirft Niedermayer eine Definition der innerparteilichen Partizipation, die (bewusst) von der Realität in den Parteien abstrahiert, denn „erst die Hinzunahme der nichtpartizipatorischen Aktivitäten [bildet] die Organisationswirklichkeit von Parteien adäquat [ab]".[84] Somit grenzt er das ohnehin schmale Untersuchungsfeld innerparteilicher Partizipation stark ein. Die hier vorgenommene scharfe Trennung zwischen zielgerichteten und nicht-zielgerichteten Aktivitäten, wobei letztere implizit als weniger bedeutend für das Funktionieren von Parteien angesehen werden, scheint problematisch.

Im Gegensatz dazu argumentiert Bürklin mit Blick auf die Forschungen zu „sozialem Kapital"[85], dass es sinnvoll sei, „den Begriff der innerparteilichen Partizipation im weiten Sinne für alle *Parteiaktivitäten* zu verwenden"[86]. Durch die Teilnahme an geselligen Aktionen der Partei könne ein Mitglied die Erfahrungen und Fähigkeiten (soziales Kapital) erwerben, die für weitergehende Aktivitäten innerhalb der Partei notwendig oder nützlich seien. Diese Rolle als Mobilisierungsreserve wird auch in der allgemeinen Partizipationsforschung häufig hervorgehoben.[87]

Mithilfe einer Faktorenanalyse bestimmt Bürklin aus einer Reihe von innerparteilichen Aktivitäten zwei unterschiedliche Sorten der innerparteilichen Partizipation.[88] Die

---

81 Vgl. die Bestätigung mittels Faktorenanalyse bei *O. Niedermayer* 1989, S. 230.
82 Vgl. *O. Niedermayer* 1989, S. 227ff.
83 Darunter z.B. Mitgliederwerbung oder Geldspenden, vgl. *O. Niedermayer* 1989, S. 17. Diese Aktivitäten werden aber in der Literatur häufig völlig anders bewertet: "Under certain circumstances, party members' most important contributions to organizational maintenance may be the money they donate to the coffers of the local and national party." Vgl. *S. E. Scarrow* 1996, S. 114, ähnlich *H. Naßmacher* 1994: Politikwissenschaft. München / Wien, S. 28: „Die Kleinspende muß also durchaus als Mittel der Partizipation gesehen werden."
84 *O. Niedermayer* 1989, S. 17.
85 Vgl. *R. D. Putnam* 1995: Bowling Alone: America's Declining Social Capital, in: Journal of Democracy 6, S. 65-78; für Deutschland jüngst *O. W. Gabriel* 1999: Sozialkapital und Institutionenvertrauen in Österreich und Deutschland, in: *F. Plasser u.a.*: Wahlen und politische Einstellungen in Deutschland und Österreich. Frankfurt am Main, S. 147-189.
86 *W. P. Bürklin* 1997: Bestimmungsgründe innerparteilicher Partizipation, in: *W. P. Bürklin / V. Neu / H.-J. Veen*: Die Mitglieder der CDU. Interne Studie Nr. 148 der Konrad-Adenauer-Stiftung. St. Augustin, S. 73-143, hier S. 76 (kursiv im Original).
87 So beispielsweise bei *A. Marsh / M. Kaase* 1979, S. 57ff., *G. Parry / G. Moyser / N. Day* 1992, S. 420ff.
88 Drei Aktivitäten (Verteilung von Informationsmaterial, Anbringen von Autoaufklebern, Geldspenden) lassen sich weder der einen noch der anderen Gruppe eindeutig zuordnen und werden kurzerhand von der Analyse ausgeschlossen. Dieses Vorgehen erscheint ähnlich wenig der Organi-

ämterorientierte Partizipation zeichnet sich durch Mitwirkung an der Formulierung der Politikinhalte sowie der Bereitschaft zur Übernahme eines Parteiamtes bzw. der Kandidatur für ein Mandat aus. Die gesellige Partizipation wird durch die Teilnahme an Veranstaltungen oder Versammlungen der Partei, die Teilnahme an sozialen Aktionen sowie die Mitgliederwerbung gebildet.[89]

In den bisherigen Untersuchungen innerparteilicher Aktivität mit dem Indikator „Häufigkeit der Teilnahme an innerparteilichen Aktivitäten" werden jeweils andere und unterschiedlich viele Aktivitäten abgefragt.[90] Die Auswahl der Aktivitäten hat selbstverständlich weitreichende Konsequenzen bezüglich der empirischen Überprüfung der theoretischen Annahmen über die Struktur der Aktivitäten.[91] Vergleicht man die empirischen Gruppierungen der Aktivitäten von Niedermayer und Bürklin, kann man starke Ähnlichkeiten feststellen. Die empirische Messung der Politikvermittlungspartizipation von Niedermayer entspricht inhaltlich in weiten Teilen der geselligen Partizipation von Bürklin; beinahe alle nichtpartizipatorischen Aktivitäten gehören ebenfalls zu dieser Gruppe.[92] Die zentralen Items der Politikformulierung und Personalrekrutierung schließlich finden sich in der ämterorientierten Partizipation Bürklins wieder.

Im Hinblick auf die Organisationswirklichkeit der Parteien scheint eine Berücksichtigung der geselligen Aktivitäten, wie bei Bürklin geschehen, durchaus sinnvoll, außerdem ist es nicht möglich, die Grenze zwischen zielgerichteten und nicht-zielgerichteten Aktivitäten eindeutig anzugeben. Die Grenzen zwischen Niedermayers Politikformulierungs- und Personalrekrutierungsaktivitäten verwischen an den Rändern, während Bürklin diese sehr ähnlichen Aktivitäten in einem Faktor verortet. Die Benennung als

---

sationswirklichkeit der Parteien zu entsprechen wie der Ausschluss der nichtpartizipatorischen Aktivitäten von *Niedermayer*, der dafür eine inhaltliche Begründung anführt.

89 Für die vollständige Faktorenanalyse vgl. *W. P. Bürklin* 1997, S. 79. Leider werden dort weder die genaue Frageformulierung noch die genauen Items dokumentiert. Den Fragebogen hat die Konrad-Adenauer-Stiftung dem Verfasser aber dankenswerterweise zur Verfügung gestellt.

90 Selbstverständlich spielt auch die Frageformulierung eine große Rolle. *Niedermayer* fragt danach, ob man sich normalerweise an den Aktivitäten beteiligt mit den Antwortvorgaben nie-selten-manchmal-oft. Die Antwortkategorien sind nicht genau trennscharf und die Frageformulierung ist zu unkonkret, da sie leicht hypothetischen Charakter hat. Der Vorteil liegt aber darin, dass von der Häufigkeit der Angebote durch die Parteien (etwa der Versammlungen) abstrahiert wird, vgl. *O. Niedermayer* 1989. *Bürklin* verwendet wie *Falke* ein doppeltes Antwortkategoriensystem, in dem zunächst gefragt wird, ob man eine Aktivität bereits ausgeführt hat oder nicht. Dann erfolgt die Nachfrage, ob man die Aktivität (wieder) tun würde oder nicht. Diese Frage hat den Nachteil, dass die Antworten nicht mehr exakt in eine Reihenfolge gebracht werden können, da zwei Dimensionen in einer Frage abgefragt werden. Offenbar erreicht ein Befragter einen höheren Skalenwert, wenn er eine Aktivität bereits gemacht hat und bestimmt nicht mehr tun würde, als derjenige, der sie noch nicht gemacht hat, aber bestimmt tun würde. *Bürklin* lässt die genaue Verwendung der Skala leider im Unklaren, vgl. *W. Falke* 1982; *W. P. Bürklin* 1997. *Whiteley* und *Seyd* fragen in ihren Untersuchungen danach, ob man verschiedene Aktivitäten in den letzten fünf Jahren häufig, gelegentlich, selten oder nie getan hat. Der Vorteil der Frage ist, dass sie sich auf konkretes Verhalten in der Vergangenheit bezieht, der Zeitraum von fünf Jahren scheint allerdings etwas lang, vgl. *P. Seyd / P. F. Whiteley* 1992.

91 Das ergibt sich aus dem Charakter der Faktorenanalyse als exploratives Verfahren, wenn man keine Beschränkungen z.B. bezüglich der Anzahl der Faktoren vornimmt.

92 Bei der Einteilung durch die Faktorenanalyse, in die *Niedermayer* auch die nichtpartizipatorischen Aktivitäten einbezogen hat, vgl. *O. Niedermayer* 1989, S. 230.

ämterorientierte Partizipation ist berechtigt,[93] aber insofern etwas irreführend, als hierin auch die Formulierung politischer Aussagen enthalten ist. Gemeinsam ist den Items dieses Faktors allerdings auch und gerade in Abgrenzung zur geselligen Partizipation, dass es um die Mitarbeit an der Gestaltung bzw. Umsetzung der inhaltlichen Positionen der Partei geht. Eine Benennung als inhaltliche (oder inhaltsorientierte) Partizipation scheint daher geeigneter. Die übrigen Aktivitäten, gesellige wie wahlkampforientierte und außerdem auch Mitgliederwerbung und Geldspenden könnte man (in Abgrenzung zur inhaltlichen) formale Aktivitäten nennen, da sie im weitesten Sinne auf eine formale Unterstützung der Partei zielen.

In der vorliegenden Untersuchung wird ebenfalls die Summe aus verschiedenen Aktivitäten innerhalb der Partei als Indikator für innerparteiliche Partizipation herangezogen. Im folgenden Kapitel wird die Eignung dieses Indikators im Vergleich mit anderen möglichen Indikatoren empirisch überprüft. Gegen den Ausschluss derjenigen, die keinerlei Aktivität angeben, sprechen inhaltliche und methodische Gründe. Inhaltlich spricht dagegen, dass sie immerhin Mitglied einer Partei sind und diese Tatsache allein schon als symbolische Aktivität gewertet werden kann, die es rechtfertigt, sie zumindest als passive Unterstützer zu zählen.[94] Schwerer wiegt allerdings der methodische Einwand, denn eine einseitige Beschneidung der Aktivitätsskala verringert deren Varianz und erschwert damit die Vergleichsmöglichkeiten zwischen Aktiven und Passiven.[95] Passive sind der Gegenpol zu den maximal Aktiven, und wenn man nach Gründen für die Aktivität der einen sucht, sucht man gleichzeitig immer auch nach Gründen für die Passivität der anderen. Eine eigenhändige Selektion der Stichproben könnte leicht zu falschen Ergebnissen führen, wenn man Aussagen über die (gesamte) Mitgliedschaft einer oder mehrerer Parteien treffen will.[96]

Eine vergleichende Untersuchung von Mitgliedern verschiedener politischer Parteien liegt bisher nicht vor. Die erwähnten Unterschiede in der Messung lassen den Vergleich von Partizipationsniveaus unterschiedlicher Untersuchungen nicht zu. Zum Ost-West-Vergleich in Deutschland liegen für die CDU einige Daten vor. Die Bereitschaft zum

---

93 Da die beiden Items „Kandidatur für ein öffentliches Amt" und „Übernahme eines Parteiamtes" die höchsten Faktorladungen aufweisen und somit den Faktor markieren.
94 In Anlehnung an die Kategorie "Passive Supporters" von *L. W. Milbrath / M. L. Goel* 1977, S. 19ff. Ähnlich argumentierte auch *Niedermayer* noch 1987, als er einem weiten Partizipationsbegriff den Vorzug gab, der „auch indirekte Beeinflussungsformen einschließt" und in der Folge den „Parteibeitritt selbst als Partizipationsakt" wertet, vgl. *O. Niedermayer* 1987, S. 47.
95 Das gilt um so mehr, als man davon ausgehen kann, dass sich die Aktiven in Parteien auch eher an Umfragen beteiligen werden, und damit wahrscheinlich die Aktivität der Parteimitglieder ohnehin überschätzt wird. *Niedermayer* schließt beispielsweise die Formalmitglieder bei seiner empirischen Untersuchung aus, behauptet allerdings, dass das nicht zu einer Beschränkung der Untersuchungspopulation führt, vgl. *O. Niedermayer* 1989, S. 226.
96 Vgl. zur eigenhändigen Selektion von Stichproben *J. A. Dubin / D. Rivers* 1989/1990: Selection Bias in Linear Regression, Logit and Probit Models, in: Sociological Methods and Research Vol. 18, S. 360-390, hier S. 360: "For example, in political surveys we do not have data on how some respondents voted for the simple reason that some respondents *chose* not to vote. Restricted data analysis to the sample of voters leaves us with a *self-selected* sample. If our interest is in the relationship between demographic characteristics and political preferences in the population as a whole, the subsample of nonmissing observations is likely to produce misleading conclusions." (kursiv im Original). Das gilt analog, wenn man Aussagen über die Mitgliedschaft einer Partei als Ganzes treffen will.

Engagement in der Partei war 1993 im Osten ebenso wie die Häufigkeit des Veranstaltungsbesuchs leicht höher.[97] Betrachtet man aber verschiedene Parteiaktivitäten, so zeigt sich ein etwas geringeres Partizipationsniveau der ostdeutschen CDU-Mitglieder im Vergleich zum Westen, wobei sie vor allem bei „anspruchsvolleren Parteiaktivitäten, wie etwa der Mitarbeit in Arbeitskreisen oder der Formulierung von Beiträgen für Parteizeitungen"[98] deutlich zurückstehen.

Auch wenn das Niveau der innerparteilichen Partizipation aus verschiedenen Untersuchungen nicht direkt verglichen werden kann, so gleichen sich die Beschreibungen der aktiven Parteimitglieder dennoch stark, wenn auch unterschiedliche Indikatoren für die Bestimmung innerparteilicher Partizipation herangezogen werden. Welche Merkmale machen ein aktives Parteimitglied aus, wo liegen die Unterschiede zwischen aktiven und passiven Mitgliedern?

1.2.2 Kennzeichen aktiver Parteimitglieder

Die Ähnlichkeiten der Aktiven gilt über die Parteigrenzen hinweg und auch im internationalen Vergleich. Sie zeichnen sich durch überdurchschnittlich hohe formale Bildung aus und entstammen häufiger höheren sozialen Schichten (zumindest in der Selbstwahrnehmung); jüngere Mitglieder sind vergleichsweise aktiver als Ältere, Männer sind aktiver als Frauen.[99] In diesen Punkten gleicht die Aktivität in Parteien stark der sonstigen politischen Partizipation und im besonderen der parteiorientierten Variante.[100]

Zumindest in der CDU zählen höhere Beamte überdurchschnittlich häufig zu den Aktiven.[101] Ein Teil der Erklärung für das leicht niedrigere Partizipationsniveau in Ostdeutschland findet man in der Tatsache, dass diese Berufsgruppe unter ostdeutschen CDU-Mitglieder deutlich seltener anzutreffen ist als im Westen.[102] Besonders interessant

---

97 Vgl. *V. Neu* 1997: Die Mitglieder der CDU, in: : *W. P. Bürklin / V. Neu / H.-J. Veen*: Die Mitglieder der CDU. Interne Studie Nr. 148 der Konrad-Adenauer-Stiftung. St. Augustin, S. 17-72, hier S. 31ff.
98 *W. P. Bürklin* 1997, S. 78.
99 Vgl. *R. Meyenberg* 1978, S. 61ff.; *W. Falke* 1982, S. 90ff.; *O. Niedermayer* 1989, S. 235f. *P. Seyd / P. F. Whiteley* 1992, S. 97ff.; *P. F. Whiteley / P. Seyd / J. Richardson* 1994, S. 107ff.; *W. P. Bürklin* 1997, S. 85ff.; *V. Neu* 1997, S. 38f. Im Falle der kanadischen Reform Party können die Effekte von Alter und Bildung bestätigt werden, die von Geschlecht und Einkommen nicht, vgl. *H. D. Clarke u.a.* 2000, S. 86f. Zu vollkommen anderen Ergebnissen kommt *K. Schmidt-Urban* 1981, S. 73ff. In ihrer Untersuchung zweier SPD-Ortsvereine sind Frauen aktiver als Männer, Beruf, Bildung und Einkommen bei der innerparteilichen Aktivität keine Rolle spielen. Der verwendete Indikator für innerparteiliche Aktivität (s.o.) und vor allem die Sample-Größe von 170 lassen es sinnvoll erscheinen, hier und im Folgenden diese Ergebnisse als Ausnahme zu vernachlässigen. *Niedermayer* und *Schmitt* finden ebenfalls keinen Zusammenhang zwischen innerparteilicher Partizipation und Geschlecht bzw. sozioökonomischen Ressourcen, allerdings wurden in diesem Fall mittlere Eliten (Delegierte zu Bundesparteitagen) befragt, vgl. *O. Niedermayer / H. Schmitt* 1983, S. 303ff.
100 Vgl. beispielsweise *L. W. Milbrath / M. L. Goel* 1977, S. 86ff. oder *S. Verba / N. H. Nie* 1972, S. 99f. Obwohl *Niedermayers* Ergebnisse zur Aktivität von SPD-Mitgliedern in die gleiche Richtung weisen, wendet er sich gegen den Vergleich der Ergebnisse von allgemeiner und parteispezifischer Partizipationsforschung, vgl. *O. Niedermayer* 1989, S. 246.
101 Vgl. *W. Falke* 1982, S. 93; *W. P. Bürklin* 1997, S. 85; *V. Neu* 1997, S. 39. Einen Hinweis darauf, dass das auch für die SPD zutreffen könnte, findet man bei *R. Meyenberg* 1978, S. 63ff., der allerdings nur Daten für die Oldenburger SPD zur Verfügung hat.
102 Vgl. *W. P. Bürklin* 1997, S. 85.

sind die Zusammenhänge zwischen Sozialstruktur und Partizipation, wenn man zwischen verschiedenen Varianten der innerparteilichen Partizipation unterscheiden kann. Was in der beschriebenen Weise für die ämterorientierte Partizipation gilt, scheint bei der geselligen Partizipation beinahe komplett umgekehrt zu gelten. Gesellige Partizipation ist die Domäne der Frauen, der Älteren und derjenigen mit niedrigem Sozialstatus und niedriger formaler Bildung.[103] Daher ist zu erwarten, dass die sozialstrukturelle Ressourcenausstattung die inhaltlich in zwei oder mehr Bereiche aufgeteilte Partizipation besser erklären kann als eine Gesamtskala der Aktivitäten.

Die Mitgliedschaft in sonstigen Organisationen zieht ein verstärktes Engagement in der Partei nach sich.[104] Die Aktivitätsbereitschaft hängt nicht von der Dauer der Mitgliedschaft ab, Passive werden durch lange Mitgliedschaft nicht zur Aktivität angeregt. „Über das Ausmaß der Aktivität der Parteimitglieder ist weitgehend vor deren Eintritt in die Partei entschieden."[105] Als Beitrittsgründe wurden vor allem politische Übereinstimmung, besondere Ereignisse und der Einfluss des persönlichen Umfelds genannt. Werbung durch Freunde und Familie wird auch als häufigster Beitrittsanlass genannt, gefolgt von eigenem Antrieb und Werbung durch die Partei.[106] Bei den Erwartungen des einzelnen Mitglieds an die Partei zeigt sich, dass Passive vor allem soziale Motive befriedigen wollen, Aktive vor allem Selbstentfaltungsmotive.[107]

Betrachtet man die Ebene der persönlichen und politischen Einstellungen, zeigen sich deutlich positive Effekte auf die Aktivitätsintensität bei der Einschätzung von politischer Eigenkompetenz und Reaktionsbereitschaft des politischen Systems (interne und externe Efficacy). Je positiver diese Einschätzungen sind, desto höher ist die Bereitschaft zum Engagement,[108] gleichermaßen in Ost- und Westdeutschland.[109] Diese Frage hängt eng zusammen mit der Einschätzung der Wirksamkeit der Aktivitäten für eine erfolgreiche Parteiarbeit.[110] Erscheint die Wirksamkeit groß, so ist auch die Bereitschaft zur Aktivität hoch, ebenso wie bei großer Übereinstimmung mit den Zielen der Partei.[111] Darüber hinaus finden sich einige politische Einstellungen, die offenbar von Partei zu Partei unterschiedlich wirken. Dazu gehört die Selbsteinstufung auf der Links-Rechts-Skala, die

---

103 Vgl. *W. P. Bürklin* 1997, S. 85ff. Allerdings bestätigt *Niedermayers* Untersuchung dieses Ergebnis nicht, da sich die Zusammenhänge der sozialstrukturellen Variablen mit den drei Partizipationsformen nicht deutlich unterscheiden, vgl. *O. Niedermayer* 1989, S. 236. *Falke* geht davon aus, dass häufiger Veranstaltungsbesuch auch mit größerer Bereitschaft, ein Amt zu übernehmen, einhergeht, vgl. *W. Falke* 1982, S. 147.
104 Vgl. *M. Duverger* 1959, S. 129; *W. Falke* 1982, S. 91f.; *O. Niedermayer* 1989, S. 235f.
105 *W. Falke* 1982, S. 95f.
106 Vgl. *W. Falke* 1982, S. 104. Die dort genannten Prozentzahlen sind durch mögliche Mehrfachnennungen nicht eindeutig interpretierbar und werden daher hier nicht wiedergegeben.
107 Vgl. *W. Falke* 1982, S. 116ff.
108 Vgl. *P. Seyd / P. F. Whiteley* 1992, S. 113; *P. F. Whiteley / P. Seyd / J. Richardson* 1994, S. 117.
109 Vgl. *W. P. Bürklin* 1997, S. 95ff.
110 Die britischen Parteienforscher *Whiteley* und *Seyd* verwenden diese beiden Variablen häufig in Kombination, vgl. beispielsweise *P. F. Whiteley / P. Seyd* 1996, S. 217.
111 Vgl. *P. Seyd / P. F. Whiteley* 1992, S. 102ff.; *P. F. Whiteley / P. Seyd / J. Richardson* 1994, S. 109ff.; *W. P. Bürklin* 1997, S. 100ff. Im weiteren Sinne gehört in diese Kategorie auch *Niedermayers* politisch-instrumentelle Prädisposition, vgl. *O. Niedermayer* 1989, S. 217f.

dem „Law of Curvilinear Disparity"[112] entsprechend diejenigen Mitglieder mit extremen Positionen zu höherer Aktivität motiviert.[113]

Schließlich spielen die perzipierten Kosten und der angenommene Nutzen der Parteiarbeit eine wichtige Rolle für die Aktivität der Parteimitglieder. Ein hoher Aufwand (vor allem an Zeit, materielle Kosten spielen in der Parteiarbeit über den Mitgliedsbeitrag hinaus kaum eine Rolle) verringert die Aktivitätsbereitschaft der Parteimitglieder leicht, die Aussichten auf persönlichen Nutzen aus der Parteiarbeit befördern diese Bereitschaft deutlich.[114] Der persönliche Nutzen kann einerseits durch das Ergebnis der Parteiarbeit entstehen (z.B. ein Amt oder berufliche Vorteile), andererseits durch die Teilnahme am politischen Prozess (z.B. durch Kennen lernen interessanter Leute).

Niedermayer versucht erste Hinweise auf den Einfluss von Umweltfaktoren zu geben, indem er die Intensität der Partizipation bei Mitgliedern unterschiedlicher Ortsvereine der SPD im Bezirk Pfalz vergleicht.[115] Hierbei zeigt sich eine durchgehend stärkere Partizipation in Ortsvereinen in umkämpften Regionen als in solchen, die in dominanten Regionen angesiedelt sind. Je mehr Mitglieder ein Ortsverein hat, desto geringer ist die durchschnittliche Partizipation. Faktionalisierung oder Gruppenbildung innerhalb der Ortsvereine hat hingegen keinen Einfluss auf die Stärke der Beteiligung.

Zusammenfassend kann man festhalten: Aktive Parteimitglieder sind überdurchschnittlich häufig Männer, Jüngere, gut Ausgebildete, die sich selbst ein politische Rolle zutrauen und ihr Engagement für wirksam, nutzbringend und wenig kostenintensiv halten. Aber welche dieser Faktoren sind die wichtigsten? Welche haben direkte Auswirkungen auf die Aktivität und welche vielleicht nur indirekte? Welche dieser Variablengruppen vermag die Aktivität am besten zu erklären?

In der Forschung zur innerparteilichen Aktivität stehen derzeit drei Erklärungsansätze im Mittelpunkt: der Ressourcenansatz, das Erwartungen-Werte-Normen-Modell und der Rational-Choice-Ansatz in verschiedenen Varianten. Die Ergebnisse der bisherigen Forschung zum Stellenwert dieser Ansätze soll im Folgenden dargestellt werden.[116]

1.2.3 Erklärungsansätze innerparteilicher Partizipation

Der Ressourcenansatz

Ebenso wie in den allgemeinen Untersuchungen über politische Partizipation spielt auch bei Studien über innerparteiliche Partizipation der Ressourcenansatz eine große Rolle. Der Zusammenhang zwischen Ressourcen und Partizipation gilt weitgehend

---

112 Vgl. *J. D. May* 1973: Opinion Structure of Political Parties: The Special Law of Curvilinear Disparity, in: Political Studies 21, S. 135-151.
113 In der Labour-Partei sind diejenigen mit besonders linken Positionen auf dieser Skala die Aktivisten, in der konservativen Partei (in geringerem Umfang als bei Labour) diejenigen mit besonders rechten Positionen, vgl. *P. Seyd / P. F. Whiteley* 1992, S. 101; *P. F. Whiteley / P. Seyd / J. Richardson* 1994, S. 108.
114 Vgl. *P. Seyd / P. F. Whiteley* 1992, S. 103ff.; *P. F. Whiteley / P. Seyd / J. Richardson* 1994, S. 110ff.; *W. P. Bürklin* 1997, S. 113ff.
115 Vgl. *O. Niedermayer* 1989, S. 239 ff.
116 Nachdem aus den vorigen Ausführungen klar hervor gegangen ist, dass sich zur Messung der innerparteilichen Partizipation die Häufigkeit der Teilnahme an Parteiaktivitäten am besten eignet, wird im Folgenden schwerpunktmäßig auf die Literatur eingegangen, die diesen Indikator verwendet.

unabhängig davon, ob der Sozialstatus über Bildungsniveau, Einkommen oder Beruf gemessen wird. Die herausragende Stellung dieses Ansatzes verdeutlicht ein von Parry u.a. so genannter Aphorismus der Politikwissenschaft: "Resources are the basis of political participation; all else is embellishment and detail".[117]

Auch in der Untersuchung der Partizipation von Parteimitgliedern kann man nicht auf diesen Ansatz verzichten. Bei der Erklärung der Aktivität mit Hilfe der Ressourcen britischer Labour-Mitglieder erweist sich das Einkommen als erklärungsstärkster Faktor, die Selbsteinschätzung der sozialen Schicht ist bei gleichzeitiger Schätzung zwar signifikant, aber weniger stark, während die formale Bildung keinerlei Auswirkungen auf die Aktivität der Mitglieder hat. Diese drei Variablen allein können die Aktivität jedoch nur sehr unzureichend erklären.[118] Bei den deutschen CDU-Mitgliedern zeigt sich ein sehr ähnliches Bild: Bei der Erklärung der geselligen Partizipation können Ressourcen beinahe keinen Beitrag leisten,[119] die ämterorientierte Partizipation lässt sich etwas besser mit sozialstrukturellen Variablen erklären. Bildung und Geschlecht sind die stärksten Faktoren, gefolgt von der Schichtselbsteinstufung und dem Alter.[120] Die Erklärungsleistung ist in Ostdeutschland deutlich besser, wobei hier die soziale Schicht die entscheidende Variable ist.[121]

Die insgesamt geringe Erklärungsleistung der Sozialstruktur deutet darauf hin, dass die Effekte nicht direkt sondern indirekt sind, sozialstrukturelle Einflüssen also über andere Variablen vermittelt wirken.[122] Diese Annahme bestätigt sich bei Niedermayer, der als einziger die innerparteiliche Partizipation mit Hilfe von Pfadmodellen erklärt, die eine Unterscheidung von direkten und indirekten Effekten zulassen. Mit einer Ausnahme können in seiner Untersuchung keine direkten Effekte der Sozialstruktur feststellen werden.[123] Auch wenn direkte Effekte der Sozialstruktur ausbleiben, so ist doch von einer indirekten Wirkung über viele andere Variablen auszugehen: "The respondent's educational attainment [...] affects almost every other participatory factor."[124] Einige dieser Faktoren sind im so genannten Erwartungen-Werte-Normen-Modell enthalten, dem zweiten für die innerparteiliche Partizipationsforschung zentralen Erklärungsansatz.

---

117 G. Parry / G. Moyser / N. Day 1992, S. 119.
118 Die Varianzaufklärung liegt bei einem Prozent, vgl. P. F. Whiteley / P. Seyd 1996, S. 223f.
119 Bei einer multiplen Regression ist keine der Ressourcen-Variablen signifikant, das Varianzaufklärungspotenzial liegt bei null Prozent(West: 0, Ost: 2 Prozent), vgl. W. P. Bürklin 1997, S. 130.
120 Die starke Stellung der Bildung findet sich auch in der allgemeinen Partizipationsforschung, vgl. z. B. S. Verba / K. L. Schlozman / H. E. Brady 1995, S. 19ff. und beim Wählen, vgl. R. E. Wolfinger / S. J. Rosenstone 1980: Who votes? New Haven / London, S. 37ff.
121 Vgl. W. P. Bürklin 1997, S. 129ff. Die Varianzaufklärung liegt für Gesamtdeutschland bei vier Prozent, im Westen bei drei und im Osten bei neun Prozent.
122 Davon geht man auch in der Partizipationsforschung aus, so z. B. M. Kaase 1992: Politische Beteiligung, in: Nohlen, Dieter (Hrsg.): Lexikon der Politik, Band 3: Die westlichen Länder. München, S. 339-346, hier S. 345; S. Verba / K. L. Schlozman / H. E. Brady 1995, S. 20; A. Campbell / G. Gurin / W. E. Miller 1954: The Voter Decides. Evanston, S. 85f.
123 Vgl. O. Niedermayer 1989, S. 237f. Die Ausnahme ist ein direkter Effekt der sozioökonomischen Ressourcenausstattung auf die Politikformulierungspartizipation. Da Niedermayer die Modelle nicht getrennt untersucht, wird seine Untersuchung erst weiter unten wieder aufgegriffen.
124 S. Verba / K. L. Schlozman / H. E. Brady 1995, S. 20.

1. Kapitel: Theoretischer Hintergrund und Stand der Forschung

Der Erwartungen-Werte-Normen-Ansatz

Die Grundlage für diesen Erklärungsansatz ist eine allgemeine Verhaltenstheorie von Fishbein, in der individuelles Verhalten mit Einstellungen und Normen erklärt wird.[125] Darauf aufbauend entwickelt Muller den Erwartungen-Werte-Normen-Ansatz, den er zur Erklärung von aggressiver politischer Partizipation verwendet.[126] Normative und utilitaristische Anreize sowie soziale Normen und einige sozialstrukturelle Variablen (etwa Verfügbarkeit von freier Zeit) sind demnach „von realer Bedeutung als generelle Erklärung individueller Unterschiede im Ausmaß der Partizipation an aggressiven politischen Akten".[127]

Dieser Ansatz wurde von Whiteley und Seyd[128] und nachfolgend auch von Bürklin[129] für die Erklärung innerparteilicher Partizipation herangezogen. Ein Parteimitglied wird sich dieser Theorie zufolge umso stärker innerhalb der Partei engagieren, je mehr es glaubt Einfluss ausüben zu können, eigenen Zielen oder Werten durch Engagement Nachdruck verleihen zu können und/oder bestimmten Normen entsprechend zu handeln. Die Parteimitglieder werden im Rahmen dieses Ansatzes zum einen als rational handelnde Personen gesehen, die sich am erwarteten Nutzen der Beteiligung orientieren. Zum anderen wird ihr Verhalten durch Werte und Normen bestimmt. Der Nutzen wird über die erwartete Wirksamkeit der Parteiaktivitäten gemessen, und bei Whiteley und Seyd zusätzlich mit der Einschätzung des eigenen Einflusses (interne und externe Efficacy) kombiniert. Unter die Kategorie Normen fallen die Selbsteinstufung auf einer Links-Rechts-Skala (interne Normen) und Fragen nach der Einschätzung der eigenen Partei (externe oder soziale Normen).[130] Bürklin verwendet abweichend von den britischen Forschern zusätzlich die Einstellung zu zwei verschiedenen Parteiorganisationsformen[131], die man als Input- bzw. Output-Orientierung kennzeichnen kann.

---

125 Vgl. *M. Fishbein* 1967: Attitude and the Prediction of Behavior, in: *Ders.* (Hrsg.): Readings in Attitude Theory and Measurement. New York / London / Sydney, S. 477-492.

126 Vgl. *E. N. Muller* 1979: Aggressive Political Participation. Princeton, S. 23ff. Zu den einzelnen Komponenten, die *Muller* in diesem Ansatz verwendet: "A person's expected level of Aggressive Political Participation can readily be determined from personal interview or questionnaire data that reveal whether he is exposed to inhibitory or facilitative social norms and how he scores on the scale of normative incentive for political aggression, the scale of utilitarian incentive for political aggression, and the scale of availability for collective action." (Ebd. S. 257).

127 Vgl. *E. N. Muller* 1978: Ein Modell zur Vorhersage aggressiver politischer Partizipation, in: Politische Vierteljahresschrift 19, S. 514-558, hier S. 556.

128 Vgl. *P. F. Whiteley / P. Seyd* 1996. Einige der Indikatoren von *Muller* werden hier modifiziert verwendet, vgl. dazu S. 231, Endnote 2. Für eine detaillierte Darstellung aller verwendeter Indikatoren vgl. S. 229ff.

129 Vgl. *W. P. Bürklin* 1997, S. 92ff. für eine detaillierte Darstellung aller verwendeter Indikatoren.

130 *Whiteley* und *Seyd* fragen explizit nach der Parteiverbundenheit, während *Bürklin* so genannte externe Normen über das vermutete Ansehen der Partei im Bekanntenkreis misst.

131 Mit der Einstellung zu verschiedenen Typen der Parteiorganisation wird der Frage nachgegangen, ob das Mitglieder eine möglichst umfangreiche innerparteiliche Demokratie (Party Democracy) oder eine möglichst schlagkräftige Partei (Rational-Efficient) bevorzugt, vgl. *W. E. Wright* 1971: Comparative Party Models: Rational-Efficient and Party Democracy, in: *ders.* (Hrsg.): A Comparative Study of Party Organization. Ohio, S. 17-54.

Die Erklärungskraft des Erwartungen-Werte-Normen-Ansatz lässt insgesamt etwas zu wünschen übrig.[132] Die Erwartungen tragen am meisten zur Varianzaufklärung bei. Wenn ein Mitglied überzeugt davon ist, dass eine Aktivität wirksam für eine erfolgreiche Arbeit der Partei ist, dann steigt die Bereitschaft sie auch auszuführen. Im Falle der britischen Labour-Mitglieder (Whiteley und Seyd) sind interne und externe Normen ebenfalls signifikante Einflussgrößen. Bei den CDU-Mitgliedern (Bürklin) hat nur noch die politische Eigenkompetenz (interne Efficacy) einen signifikanten Einfluss; interne und externe Normen, die Einschätzung der Reaktionsbereitschaft des politischen Systems (externe Efficacy), politisches Vertrauen und Wertorientierungen spielen beinahe keine Rolle. Einen vergleichsweise geringen, aber doch signifikanten Einfluss hat nur noch die Präferenz für ein Parteiorganisationsmodell: Präferenz für eine Input-orientierte Partei verstärkt die Bereitschaft zur ämterorientierten Aktivität, Präferenz für eine Output-orientierte Partei verstärkt die Bereitschaft zur geselligen Aktivität.[133]

Mit der Beschreibung eines aktiven Parteimitglieds als durch Normen und Werte geleitet und rational handelnd ist weitgehend unklar, ob dieser Ansatz eine sozialpsychologische oder eine Rational-Choice-Erklärung der Partizipation ist.[134] Dies trifft ebenso auf das erweitere Rational-Choice-Modell zu, das gleichermaßen von Whiteley und Seyd wie von Bürklin verwendet wird.[135]

Der (erweiterte) Rational-Choice-Ansatz

Der Rational-Choice-Ansatz in der Politikwissenschaft verfolgt das Ziel, politische Verhältnisse mit ökonomischen Begriffen und Methoden zu beschreiben. Kosten und Nutzen sind dabei die Grundkategorien. Rationales Verhalten eines Individuums[136] liegt immer dann vor, wenn es versucht, irgendeinen Nutzen zu maximieren. Dieser Nutzen ist die Resultante aus der Differenz zwischen dem positiven und dem negativen Nutzen (Kosten) des Individuums. Da der Nutzen aber in der Regel ein zukünftiges Ereignis ist,

---

132 Bei britischen Labour-Mitgliedern beträgt die Varianzerklärung elf Prozent (*P. F. Whiteley / P. Seyd* 1996, S. 224), bei den CDU-Mitgliedern können zehn Prozent der ämterorientierten (West: zehn Prozent, Ost: 14 Prozent) und elf Prozent der geselligen Partizipation (West und Ost: elf Prozent) erklärt werden, vgl. *W. P. Bürklin* 1997, S. 133.
133 Vgl. *W. P. Bürklin* 1997, S. 111.
134 *Bürklin* nennt die Bestandteile „sozialpsychologische Faktoren", vgl. *W. P. Bürklin* 1997, S. 136, während *Muller* selbst der Meinung ist, „the Expectancy-Value-Norms model can be subsumed under the rubric of rational-choice-theory", vgl. *E. N. Muller* 1982, S. 2. Die Einordnung des Modells wird durch die Verwendung einiger Ressourcen-Variablen zusätzlich erschwert.
135 Dieses Modell firmiert bei *Bürklin* – mit einem Hinweis auf den erweiterten Rationalitätsbegriff – unter der Überschrift „Kosten-Nutzen-Erklärung", vgl. *W. P. Bürklin* 1997, S. 113. Für *Whiteley* liegen jedoch einige der Variablen außerhalb des Rational-Choice-Ansatzes: „It [the general incentives model, A.H.] is grounded in the assumption that political activism can be explained by different kinds of incentives, but that these incentives include variables which lie outside the rational actor theoretical framework." Vgl. *P. F. Whiteley* 1995: Rational Choice and Political Participation – Evaluating the Debate, in: Political Research Quarterly 48, S. 211-233, hier S. 219.
136 Eine der Grundannahmen der Rational-Choice-Theorie ist der methodologische Individualismus der besagt, dass sich alle Tatsachen, die Ergebnisse menschlichen Handelns sind, auf die Entscheidungen von Individuen zurückführen lassen. Vgl. *R. Zintl* 1997: Methodologischer Individualismus und individualistische Theorie, in: *A. Benz / W. Seibel* (Hrsg.): Theorieentwicklung in der Politikwissenschaft – eine Zwischenbilanz. Baden-Baden, S. 33-43.

seine Höhe also nur unter Risiko-Bedingungen[137] zu ermitteln ist, sprechen Rational-Choice-Theoretiker lieber vom Erwartungsnutzen. Jedem möglichen Ergebnis einer Handlung ist dabei ein Nutzen für das Individuum zuzuordnen, und gleichzeitig eine bestimmte Wahrscheinlichkeit, mit der dieses Ergebnis eintritt. Der Erwartungsnutzen wird verglichen mit den Kosten, die für eine Handlung aufzubringen sind. Ist das Ergebnis des Vergleichs positiv, so wird die Handlung ausgeführt, ist es negativ, unterbleibt die Handlung. Der Akteur wählt die Handlung, die seinen Nutzen bzw. seinen Erwartungsnutzen maximiert.

Obwohl dieser Ansatz in der Politikwissenschaft bis beinahe zum Beginn des letzten Jahrhunderts zurück verfolgt werden kann, gelang der Durchbruch doch erst in den fünfziger Jahren des 20. Jahrhunderts. Seither hat er eine rasante Entwicklung durchgemacht und einen enormen Stellenwert in der Politikwissenschaft errungen.[138] Den Grundstein für den Aufschwung ökonomischer Modelle in der Politikwissenschaft legte Anthony Downs mit seiner ökonomischen Theorie der Demokratie.[139] Er untersucht das Verhalten zweier politischer Akteure im politischen Raum, das der Parteien und das der Wähler.

Der Wähler ist in diesem Modell der Konsument von Politik und entscheidet sich für die Wahl einer bestimmten Partei lediglich aufgrund von Kosten-Nutzen-Überlegungen. Die Kosten sind hierbei v.a. Zeit und Geld für den Wahlakt an sich und die Informationsbeschaffung im Vorfeld, der Nutzen stellt sich streng genommen erst dann ein, wenn die eigene Stimme die Wahl entscheidet. Daher ist es nach dieser Theorie auch eigentlich überhaupt nicht rational, zur Wahl zu gehen, da die Wahrscheinlichkeit, dass die eigene Stimme die Wahl entscheidet, denkbar gering ist. Dieses sogenannte Wahlbeteiligungsparadoxon konnten weder Downs noch andere Rational-Choice-Theoretiker bis heute auflösen, ohne sich zu weit vom Kernbereich der Rational-Choice zu entfernen.[140] Das ist immer wieder Anlass für scharfe Kritik: „Das Phänomen der Wahlbeteiligung sagt am Ende vielleicht mehr über die Rational-Choice-Theorie aus als umgekehrt."[141] Vor allem die mangelhafte empirische Umsetzung ist immer wieder beklagt

---

137 Korrekterweise unterscheidet man Risiko von Unsicherheit. Entscheidungen unter Risiko sind solche, bei denen man den einzelnen möglichen Ereignissen bestimmte Wahrscheinlichkeiten des Eintretens zuordnen kann. Bei Unsicherheit kann man genau das nicht. Solche Entscheidungen sind Rational-Choice-Modellen nicht zugänglich, man kann nur auf andere Handlungswahlprinzipien zurückgreifen. Bedingungen der Sicherheit, unter denen die Folgen bestimmter Handlungen definitiv sicher sind, können hier vernachlässigt werden.
138 Vgl. *D.P. Green / I. Shapiro* 1999: Rational Choice. Eine Kritik am Beispiel von Anwendungen in der Politischen Wissenschaft. München, S. 11 ff.
139 Vgl. *A. Downs* 1968: Ökonomische Theorie der Demokratie (hrsg. von Rudolf Wildenmann). Tübingen.
140 Eine Übersicht über die gescheiterten Auflösungsversuche des Wahlbeteiligungsparadoxons findet sich bei *K. Mensch* 1999: Die segmentierte Gültigkeit von Rational-Choice-Erklärungen. Warum Rational-Choice-Modelle die Wahlbeteiligung nicht erklären können. Opladen. *Green* und *Shapiro* machen für das Scheitern den Absolutheitsanspruch von Rational-Choice-Theorien verantwortlich, der nur rationale Nutzenmaximierung als Erklärungsfaktoren zulässt, vgl. *D.P. Green / I. Shapiro* 1999, S. 88.
141 *D.P. Green / I. Shapiro* 1999, S. 87.

worden.[142] Die Beurteilung des Ansatzes reicht von euphorischer Verfechtung bis zu vernichtender Ablehnung.[143]

Auf dieser Grundlage der einfachen Kosten-Nutzen-Überlegungen steht das erste Rational-Choice-Modell, das Whiteley und Seyd zur Erklärung innerparteilicher Partizipation heranziehen. Als Indikator für die Kosten verwenden sie den Zeitaufwand für die Parteiarbeit und die Einschätzung zu Langeweile und Ermüdung durch Parteiveranstaltungen. Der Nutzen wird in diesem Modell anhand der inhaltlichen Übereinstimmung mit der Partei (gewichtet mit dem persönlichen Einfluss) gemessen. Der Anreiz zur Parteiarbeit für den Einzelnen ist dann umso größer, je stärker die Partei solche Positionen vertritt, die seinen eigenen entsprechen.[144] Die Erklärungskraft dieses einfachen Rational-Choice-Modells ist insgesamt wenig überzeugend,[145] wobei die Nutzenkomponente stärker zur Erklärung beiträgt als die Kostenkomponente. Die Kosten wirken in diesem statistischen Modell darüber hinaus positiv, was mit der Rational-Choice-Theorie nicht vereinbar ist.

Aber unabhängig davon ist bei der Beschäftigung mit der Beteiligung von Individuen an einer Partei noch ein weiterer Aspekt zu bedenken. Die Mitarbeit möglichst Vieler in einer politischen Partei hilft zweifellos der Partei.[146] Während die persönlichen Kosten des Einzelnen unmittelbar offensichtlich sind, ist es der persönliche Nutzen keineswegs. Der kollektive Nutzen der erfolgreichen Arbeit der Partei kommt dem Einzelnen auch ohne eigenen Beitrag zugute (das sogenannte Trittbrettfahrer-Problem). Der einzelne Beitrag zum Ganzen ist bei zunehmender Gruppengröße marginal, sein Ausbleiben dementsprechend weitgehend bedeutungslos. Welcher rationale Grund könnte daher die Mitglieder einer Partei dazu bewegen, sich trotzdem an der (gruppenorientierten) Parteiarbeit zu beteiligen?

Mancur Olson gibt darauf folgende Antwort: „Nur ein *besonderer und ‚selektiver'* *Anreiz* wird ein rational handelndes Mitglied einer latenten Gruppe dazu bewegen, gruppenorientiert zu handeln."[147] Neben den Nutzen für die Gruppe, im Falle der Parteien

---

142 Der gesamte Band von *D.P. Green / I. Shapiro* 1999 beschäftigt sich mit den Schwachstellen der empirischen Umsetzung der Rational-Choice-Theorie.
143 Vgl. *R. Zimmerling* 1994: 'Rational Choice'-Theorien: Fluch oder Segen für die Politikwissenschaft?, in: *U. Druwe / V. Kunz* (Hrsg.): Rational Choice in der Politikwissenschaft. Grundlagen und Anwendungen. Opladen, S. 14-25, hier S. 18ff.
144 Die Begründung für diese Konstruktion am Beispiel der Labour party: „If a respondent feels strongly about all these issues, and has views which accord with Labour party preferences, they should have a greater incentive to participate in order to promote these goals", vgl. *P. Seyd / P. F. Whiteley* 1992, S. 104.
145 Das Varianzaufklärungspotenzial liegt bei sechs Prozent, vgl. *P. F. Whiteley / P. Seyd* 1996, S. 224.
146 Von Nutzen für die Partei kann man in der Rational-Choice-Theorie streng genommen nicht sprechen, da es sich dem Prinzip des methodologischen Individualismus entsprechend bei Nutzenmaximierern immer um Individuen handeln muss. Das Ergebnis der Nutzenmaximierung von Individuen kann dann aber durchaus ein kollektives sein, vgl. dazu *D.P. Green / I. Shapiro* 1999, S. 26ff.
147 *M. Olson*: 1968: Die Logik des kollektiven Handelns. Kollektivgüter und die Theorie der Gruppen, Tübingen, S. 49 (kursive Hervorhebung im Original). Unter latenten Gruppen versteht *Olson* große Gruppen, die prinzipiell die Fähigkeit zur Verwirklichung kollektiver Handlungen, z.B. die Bereitstellung eines kollektiven Gutes, haben, diese aber nur durch Anbieten von selektiven Anreizen realisierbar ist. Neben den selektiven Anreizen nennt *Olson* noch den Zwang als Mittel zur Errei-

also eine gute Arbeit der Partei, treten damit individuelle Anreize der Beteiligung. Dabei kann es sich um einen Anreiz aus der Teilnahme selbst (z.b. Spaß am Wahlkampf) oder aber um Nutzen als Ergebnis der Teilnahme handeln. Unter Parteimitgliedern finden sich nämlich „viele Menschen, die politische Ambitionen haben, und diesen bietet die Partei nicht-kollektive Vorteile in Form eines öffentlichen Amtes".[148]

In Anlehnung an Olson konstruieren Whiteley und Seyd ein weiteres Rational-Choice-Modell, in dem zusätzlich zum ersten auch selektive, individuelle Anreize enthalten sind, die sich auf den Prozess oder das Ergebnis der Parteiarbeit beziehen. Die Erklärungskraft dieses Modells ist erwartungsgemäß deutlich besser als die des einfachen Rational-Choice-Modells.[149] Die individuellen Ergebnisanreize, gemessen mit Ambitionen auf ein Parteiamt oder Wahlmandat, leisten den größten Beitrag. Je mehr Ambitionen jemand hat, desto mehr engagiert er sich innerparteilich, um diesen Ambitionen Nachdruck zu verleihen. Die kollektiven Anreize tragen ebenfalls erheblich zur Varianzerklärung bei, dicht gefolgt von den selektiven Prozessanreizen, die sich auf Vorteile durch Informationsfluss und interessante Bekanntschaften in der Partei beziehen. Die Kosten der Parteiarbeit sind weniger relevant, aber wie alle anderen Variablen höchstsignifikant.

Auf diesem Olson-Modell aufbauend entwickeln Whiteley und Seyd ein so genanntes erweitertes Rational-Choice-Modell (General Incentives Model), indem sie drei weitere Variablen hinzufügen: Ideologische Anreize[150], Parteiverbundenheit und die bereits aus dem Erwartungen-Werte-Normen-Ansatz bekannten sozialen Normen. Damit erhöht sich die Varianzaufklärung wiederum leicht im Vergleich zum vorherigen Olson-Modell.[151] Die Ergebnisanreize sind nach wie vor die erklärungsstärksten Variablen, gefolgt von der Parteiverbundenheit und den Prozessanreizen.

Bürklin hat für die Erklärung der Partizipation der CDU-Mitglieder in Deutschland ein sehr ähnliches Modell verwendet. Hier erweisen sich die kollektiven Anreize (die inhaltliche Übereinstimmung mit der Parteilinie) und die selektiven Anreize (bezogen auf den Prozess bzw. das Ergebnis der Beteiligung) als erklärungsstärkste Variablen. Das gilt für ämterorientierte wie für gesellige Partizipation, wobei bei letzterer die Ergebnisanreize insgesamt einen geringeren Einfluss haben, die Kosten einen etwas höheren. Die Erklärungskraft der Bestandteile des erweiterten Rational-Choice-Modells ist

---

chung gruppenorientierten Verhaltens. Diese Möglichkeit kann aber im Kontext eines demokratischen Parteienwettbewerbs außer Betracht gelassen werden.
148 *M. Olson* 1968, S. 162.
149 Das Varianzaufklärungspotenzial liegt bei 15 Prozent, vgl. *P. F. Whiteley / P. Seyd* 1996, S. 224.
150 Es handelt sich um eine Selbsteinstufung auf der Links-Rechts-Skala im Vergleich zur gesamten britischen Politik: „And where would you place your views in relation to British politics as a whole [...]?", vgl. *P. Seyd / P. F. Whiteley* 1992, S. 241. Dabei wird unterstellt, dass Mitglieder mit Extrempositionen (links bei Labour-Mitgliedern, rechts bei Konservativen) größere Anreize haben, diese Positionen aktiv in ihren Parteien durchzusetzen. Die Begründung für diese Annahme lautet: „Ideological radicalism should motivate activists to become more involved than the inactive members, because the reward for their involvement is the ability to give expression to deeply held beliefs." Vgl. *P. Seyd / P. F. Whiteley* 1992, S. 100.
151 Sie steigt hier auf 18 Prozent, vgl. *P. F. Whiteley / P. Seyd* 1996, S. 224.

insgesamt nicht überzeugend.[152] Die Unterschiede zwischen ost- und westdeutschen CDU-Mitgliedern sind gering, an einigen Stellen aber sehr bemerkenswert. Westdeutsche CDU-Mitglieder reagieren auf höhere Kosten mit weniger Aktivität, während das im Osten – genau wie im britischen Fall – zu mehr Aktivität führt. Der Einfluss von Prozessanreizen ist im Osten durchweg deutlich stärker, der der kollektiven Anreize schwächer.

Zusammenfassend kann man festhalten, dass das erweiterte Rational-Choice-Modell, in Anbetracht der Menge erklärender Variablen nur mäßig geeignet ist, innerparteiliche Partizipation zu erklären. Die vorgestellten Erklärungsansätze werden in der Literatur auch vergleichend bewertet, um festzustellen, welcher Ansatz am besten geeignet ist, innerparteiliche Partizipation zu erklären.

Vergleich der Modelle untereinander

Das bessere Abschneiden des erweiterten Rational-Choice-Modells bei Whiteley und Seyd im Vergleich zu den übrigen beiden Rational-Choice-Modellen ist nicht überraschend. Diese drei Modelle bauen aufeinander auf, und im Vergleich zum Vorgänger werden immer nur neue Variablen zusätzlich hinzugenommen (sogenannte „nested models"). Das erweiterte Rational-Choice-Modell verbessert die Varianzaufklärung jedoch nur noch um drei Prozentpunkte im Vergleich zum Olson-Modell.[153] Interessanter als dieser Vergleich ist daher derjenige zwischen Ressourcenmodell, Erwartungen-Werte-Normen-Modell und erweitertem Rational-Choice-Modell.

Im direkten Vergleich der Varianzaufklärung ist das erweitere Rational-Choice-Modell den beiden anderen überlegen, das Ressourcenmodell erklärt innerparteiliche Partizipation am schlechtesten. Daraus lässt sich allerdings noch nicht schließen, dass das erweitere Rational-Choice-Modell eine umfassende Erklärung innerparteilicher Partizipation bietet. Die Vollständigkeit des Modells lässt sich zumindest aufgrund des Varianzaufklärungpotenzials von 18 Prozent bezweifeln und im Vergleich der Modelle untereinander überprüfen.

Sowohl Whiteley und Seyd als auch Bürklin verwenden so genannte „encompassing tests" für diesen Vergleich. Dabei werden jeweils zwei Modelle gegeneinander getestet, anstatt des üblichen Test gegen eine konkurrierende Nullhypothese. Dabei kann festgestellt werden, ob ein Modell eine umfassende Erklärung bietet, oder ob es noch durch zusätzliche Variablen anderer Modelle verbessert werden kann.[154] Im Falle der briti-

---

152 Sie beträgt bei der ämterorientierten Partizipation insgesamt 13 Prozent (West: 13 Prozent, Ost: 16 Prozent) und bei der geselligen Partizipation insgesamt neun Prozent (West: zehn Prozent, Ost: elf Prozent), vgl. *W. P. Bürklin* 1997, S. 135.
153 Diese Verbesserung erscheint vergleichsweise gering, weil die Anzahl der unabhängigen Variablen von vier auf sieben beinahe verdoppelt wurde, vgl. *P. F. Whiteley / P. Seyd* 1996, S. 224.
154 Dabei verwenden sie den so genannten J-Test. Dieser Test ist nur für Modelle geeignet, die unterschiedliche unabhängige Variablen enthalten („non-nested models"). Dabei werden zwei Modelle mit ihren jeweiligen unabhängigen Variablen geschätzt. Die Schätzergebnisse werden in so genannten Standardisierten Vorhersagewerten gespeichert und danach zusätzlich in der Schätzung des jeweils anderen Modells verwendet. Diese Standardisierten Vorhersagewerte können wie Betakoeffizienten der Regressionsanalyse einzelner Variablen interpretiert werden, beziehen sich aber auf eine Gruppe von Variablen. Wenn der Standardisierte Vorhersagewert von Modell 1 bei der Schätzung von Modell 2 neben dessen eigentlichen unabhängigen Variablen einen signifikanten Einfluss hat, dann ist Modell 2 nicht vollständig; die zusätzliche Verwendung von Variablen aus Modell 1

schen Labour-Party sind sowohl das Erwartungen-Werte-Normen-Modell als auch das erweiterte Rational-Choice-Modell geeignet, die Erklärungskraft des Ressourcen-Modells zu verbessern. Das Ressourcen-Modell eignet sich nicht zur Verbesserung des Erwartungen-Werte-Normen-Modells, d.h. es trägt nicht zusätzlich zur Varianzaufklärung bei. Beide Konkurrenzmodelle haben aber zusätzliche Erklärungskraft über die unabhängigen Variablen des erweiterten Rational-Choice-Modells hinaus, daher kann man folgern: „Clearly the General Incentives Model is incomplete, and is very likely encompassed by some more general model of participation which includes elements from these other models."[155] Dieses noch allgemeinere Modell entwickeln Whiteley und Seyd dann, indem sie schlicht die relevanten und signifikanten Variablen aus allen drei Modellen in einem vereinigen.[156] Dieses Modell erklärt dann 19 Prozent der Varianz der Partizipation britischer Labour-Mitglieder.

Bei den deutschen CDU-Mitgliedern zeigt sich ein ähnliches Bild bei der ämterorientierten Partizipation. Alle drei Modelle sind geeignet, die jeweiligen Konkurrenten zu verbessern. Das erweiterte Rational-Choice-Modell ist beiden anderen Modellen überlegen (erklärt also mehr Varianz), kann aber dennoch durch diese weiter verbessert werden. Bei der geselligen Partizipation zeigt sich ein anderes Bild: Da die Ressourcen schon allein keinerlei Auswirkungen auf die Partizipation der Mitglieder gezeigt haben, verzichtet Bürklin in diesem Fall auf den „encompassing test". Das Erwartungen-Werte-Normen-Modell und das erweiterte Rational-Choice-Modell sind zur Verbesserung des jeweils anderen geeignet. Allerdings ist das Erwartungen-Werte-Normen-Modell hier das erklärungskräftigere.[157] „Inhaltlich bedeutet das, dass die weniger verbindlichen Aktivitätsformen stärker von individuellen Einstellungen, Werten und Normen beeinflusst werden. Das ist bei der ämterorientierten Beteiligung anders. Hier steht das zweckgerichtete Kalkül, Politik beeinflussen zu wollen und sich dabei zu qualifizieren, im Vordergrund."[158] Leider verzichtet Bürklin beim Vergleich der Modelle untereinander auf eine differenzierte Analyse für West- und Ostdeutschland.

Zusammenfassend lässt sich festhalten: Insgesamt ist von den bisher untersuchten Modellen zur Erklärung innerparteilicher Partizipation das erweiterte Rational-Choice-Modell am besten geeignet.[159] Die Güte des Modells lässt allerdings zu wünschen übrig.

---

verbessern Modell 2. Ein Modell kann zur Verbesserung eines anderen beitragen, aber beide können sich auch gegenseitig verbessern, wenn sie beide Teile eines größeren, umfassenderen Modells sind. Welches von zwei Modellen das bessere ist, wird durch den Vergleich der Varianzaufklärungsleistung in der multiplen Regression bestimmt. Vgl. *P. F. Whiteley / P. Seyd* 1996, S. 221ff. oder ausführlicher bei *R. Davidson / J. G. MacKinnon* 1993: Estimation and Inference in Econometrics. New York, S. 381ff.

155 *P. F. Whiteley / P. Seyd* 1996, S. 225.
156 Für die Zusammensetzung dieses Modells vgl. *P. F. Whiteley / P. Seyd* 1996, S. 227.
157 Das Erwartungen-Werte-Normen-Modell erklärt insgesamt (und auch getrennt nach West und Ost) elf Prozent der Varianz, das erweiterte Rational-Choice-Modell erklärt nur neun Prozent (West: zehn Prozent, Ost: elf Prozent) der Varianz.
158 *W. P. Bürklin* 1997, S. 138.
159 Den Mix aus allen drei Modellen, den Whiteley und Seyd zum Abschluss präsentieren, einmal ausgenommen, vgl. dazu *P. F. Whiteley / P. Seyd* 1996, S. 225ff. Außerdem wurde bewusst auf die Darstellung der Erklärung innerparteilicher Partizipation bei *Clarke u.a.* verzichtet. Hier wird zwar ein multivariates Modell verwendet, das auch Teile der referierten Ansätze integriert. Aus Sicht des Verfassers enthält dieses Modell aber einen Kardinalfehler. Zur Erklärung innerparteilicher Partizipation wurde auch der Status eines Mitglieds in der Partei (Amtsinhaber ja / nein und

Im Falle der geselligen Partizipation der CDU-Mitglieder wird es leicht vom Erwartungen-Werte-Normen-Modell übertroffen, ohne dass die Erklärung mit diesem Modell entscheidend besser wäre. Daher scheint es nicht unbedingt sinnvoll, eines dieser beiden Modelle in dieser Form weiter zu verwenden.

Ganz abgesehen von der mittelmäßigen Varianzerklärung durch die erweiterten Rational-Choice-Modelle von Whiteley und Seyd sowie Bürklin fällt ein weiterer Gesichtspunkt auf. Das erweitere Rational-Choice-Modell erscheint als bunter Strauß aller möglichen Variablen – mit Ausnahme der Ressourcen – die irgendetwas mit innerparteilicher Partizipation zu tun haben (könnten). Es erweckt den Anschein, als ob die maximale Varianzaufklärung als Ziel im Vordergrund stünde, anstatt einer inhaltlichen Erklärung innerparteilicher Partizipation den Vorzug zu geben. Keiner der Autoren begründet seine Gruppierung der Variablen in den einen oder den anderen Ansatz. Während bei Bürklin wenigstens noch eine klare Trennung zu erkennen ist, gibt es bei Whiteley und Seyd sogar eine Variable, die sowohl in den Erwartungen-Werte-Normen-Ansatz als auch in den Erweiterten Rational-Choice-Ansatz passt.[160] Aber auch eine klare Trennung ersetzt eine gute Begründung für die Gruppierung nicht, und diese darf in beiden Fällen stark angezweifelt werden.

Warum sollte die Stärke der Parteibindung, die bei Bürklin unter den Labels „expressive Motive" und „altruistische Anreize" firmiert, ausgerechnet in den erweiterten Rational-Choice-Ansatz gehören, wo sie intuitiv doch eher den Einstellungen und damit einem sozialpsychologischen Erklärungsmuster zugehört? Warum werden auf der anderen Seite der Ressourcen-Ansatz und alle seine Variablen wie selbstverständlich vom erweiterten Rational-Choice-Modell getrennt, wo doch gerade die Kompensation von Kosten sehr eng mit der Verfügbarkeit von Ressourcen zusammenhängt?[161]

1.3 Problemstellung und Modellentwurf

Die inhaltliche Interpretation der Ergebnisse des erweiterten Rational-Choice-Modells ist äußerst schwierig, da nur noch sehr umständlich festzustellen ist, welches Erklärungsmuster sich hinter welcher Variablen verbirgt. Auch für die Entwicklung eines eigenen Modells im Folgenden stellt sich das Problem der Gruppierung der Variablen, weshalb sie jetzt eingehend erörtert werden soll.

---

die Erwartung demnächst ein Amt innezuhaben) herangezogen. Es erscheint sehr zweifelhaft, ob hier mit der abhängigen und diesen unabhängigen Variablen wirklich zwei unterschiedliche Konzepte gemessen wurden. Selbstverständlich erklären diese beiden unabhängigen Variablen einen Großteil der Varianz und machen somit die Unterschiede zu und zwischen den anderen unabhängigen Variablen uninterpretierbar. Vgl. *H. D. Clarke u.a.* 2000, S. 87.

160 Es handelt sich um die Orientierung an sozialen Normen, deren Gruppierung auch andere Autoren für problematisch halten, vgl. beispielsweise *K. Mensch* 1999, S. 84.

161 Zahlreiche Forscher halten die Ressourcen für in das Rational-Choice-Modell integrierbar, vgl. beispielsweise *K. D. Opp u.a.* 1984: Soziale Probleme und Protestverhalten. Eine empirische Konfrontation des Modells rationalen Verhaltens mit soziologischen und demographischen Hypothesen am Beispiel von Atomkraftgegnern, Opladen, hier S. 15; *S. Kühnel / D. Fuchs* 2000: Instrumentelles oder expressives Wählen? Zur Bedeutung des Rational-Choice-Ansatzes in der Empirischen Wahlforschung, in: *M. Klein u.a.* (Hrsg.): 50 Jahre Empirische Wahlforschung in Deutschland, Wiesbaden, S. 340-360, hier S. 341.

Rational-Choice-Theoretiker haben keine Bedenken, auch genuin soziologische oder sozialpsychologische Variablen in ihre Modelle einzubauen.[162] Das wirft die Frage nach der Trennlinie zwischen Rational-Choice-Ansätzen und klassischen soziologischen oder sozialpsychologischen Ansätzen auf. Um diese Grenze zu finden, muss noch einmal zu den Grundannahmen der Rational-Choice-Theorie zurück gegangen werden.

Individuelle Akteure verfolgen Ziele und maximieren ihren Nutzen oder erwarteten Nutzen. Damit sie dazu in der Lage sind, müssen sie die gesamten möglichen Handlungsoptionen in eine geordnete Reihenfolge bringen. Diese individuelle Präferenzordnung muss zwei Kriterien genügen, sie muss vollständig und transitiv sein.[163] Jedem möglichen Ergebnis einer Handlung wird ein subjektiver Nutzen zugeordnet, aus denen dann die Nutzenfunktion der verschiedenen Auswahlmöglichkeiten konstruiert wird.[164] Von zwei alternativen Handlungsoptionen wird der rationale Wähler dann immer die wählen, die seinen Präferenzen am besten entgegenkommt, die seinen Nutzen oder erwarteten Nutzen maximiert. Luce und Raiffa haben auf den tautologischen Charakter dieser Aussage hingewiesen: „We shall take it to be entirely tautological in character in the sense that the postulate does not describe behavior but it describes the word ‚preference'".[165] Die Präferenzen des rationalen Wählers werden also durch die Nutzenfunktion erklärt: Er wählt die Alternative, die seinen Nutzen maximiert, und weil er diese Alternative gewählt hat, war sie diejenige, die in seiner Präferenzordnung an erster Stelle stand. Die Auswahl und die Präferenzordnung werden also nicht getrennt untersucht und gemessen, sondern die ursprüngliche Präferenz offenbart sich in der Auswahl.[167] Natürlich wäre es auch möglich, die Präferenzordnung einer Person auf anderem Wege unabhängig von der Auswahl zu ermitteln, etwa indem man ihn (beispielsweise in einem Experiment) bittet, eine solche Ordnung für verschiedene Dinge aufzustellen.[168] Allerdings hat die Messung der Präferenzen über die tatsächliche Auswahl den entscheidenden Vorteil, dass sie nicht hypothetischen Charakter hat. Der Nutzen und im besonderen die Kosten einer Handlungsoption können nämlich sehr situationsabhängig sein. So könnte

---

162 *Udehn* beschreibt diesen Umstand in deutlichen Worten: „economics becomes parasitic upon sociology", vgl. *L. Udehn*, 1996: The Limits of Public Choice. A Sociological Critique of the Economic Theory of Politics, London / New York, zit. nach *K. Mensch* 1999, S. 85.

163 Das Kriterium der Transitivität bedeutet, dass wenn jemand die Handlungsalternative A der Alternative B vorzieht und B gegenüber C vorzieht, dann muss auch A gegenüber C vorgezogen werden.

164 Vgl. *R. D. Luce / H. Raiffa* 1989: Games and decisions. Introduction and Critical Survey, New York, hier S. 29ff.

165 *R. D. Luce / H. Raiffa* 1989, S. 50, im Original lautet das Postulat: "Of two alternatives which gives rise to outcomes, a player will choose the one which yields the more preferred outcome, or, more precisely, in terms of the utility function he will attempt to maximize expected utility." (Ebd. S. 50).

167 In der Ökonomie heißt diese Kongruenz von Präferenz und Auswahl das Prinzip der offenbarten Präferenzen, vgl. *P. A. Samuelson* 1953: Consumption Theorems in Terms of Overcompensation rather than Indifference Comparisons, in: Economica, Vol. XX, No. 77, S. 1-9.

168 Einige Autoren vertreten allerdings die Meinung, dass „die Präferenzen eines Konsumenten (außer vielleicht für seinen Psychoanalytiker) nicht feststellbar und weitgehend irrelevant wären", wenn man nicht die rationale Wahl als Operationalisierung der Präferenzen verwendet, vgl. *K. Lancaster* 1991: Moderne Mikroökonomie. 4. Aufl. Frankfurt a. M. / New York, S. 242.

man der Teilnahme an einer Demonstration prinzipiell einen hohen Nutzwert zumessen, aber nur dann tatsächliche teilnehmen, wenn sie nicht während der Arbeitszeit stattfindet.

Diese Operationalisierung der Präferenzen durch die Auswahl hat weitreichende Konsequenzen. Wann immer sich ein empirisch belegbarer Zusammenhang zwischen der Auswahl aus verschiedenen Handlungsoptionen und einer unabhängigen Variablen zeigt, ist diese unabhängige Variable für die Bestimmung der Präferenzen mitverantwortlich. Daher kann jede beliebige unabhängige Variable für die Erklärung der Auswahl herangezogen werden, wenn sich nur empirisch ein Zusammenhang nachweisen lässt. „So absurd es einem auch vorkommen mag: Gerade die tautologische Struktur der Nutzenmaximierungsannahme garantiert, dass jede empirische Handlungstheorie mit ihr vereinbar sein muss. Keine einzige empirisch gefundene Tatsache aus den verschiedenen Einzelwissenschaften muss aufgrund des R-C-Ansatzes verworfen werden. Ganz im Gegenteil: Wäre dies der Fall, so wäre der Ansatz unbrauchbar."[169]

Wie bei der Wahlbeteiligung versuchen Rational-Choice-Theoretiker häufig, den Nutzen von politischer Partizipation durch eine weite Interpretation des Begriffs „selektive Anreize" zu beschreiben. Wählen ist dann nicht länger eine Handlung zur Beeinflussung des Wahlergebnisses, sondern durch die Einhaltung einer sozial erwünschten Wahlnorm „eine langfristige Investition in die eigene Reputation",[170] politischem Protest wird Unterhaltungswert bescheinigt und das Leben im Einklang mit eigenen Überzeugungen hat einen Nutzen an sich.[171]

Die Rational-Choice-Theorie ist dann ein Instrument um zu untersuchen, welche Anreize bestimmte Situationen enthalten und die „Situationslogik"[172] zu analysieren. Die Präferenzen des Individuums treten in den Hintergrund, „unter Rationalitätsgesichtspunkten ist lediglich beurteilbar, ob jemand seinen Geschmack konsistent handhabt oder nicht".[173] Diese Sichtweise ermöglicht es dann, das Handeln in Übereinstimmung mit bestimmten Einstellungen als rationales Handeln zu interpretieren. Aus der ursprünglich sozialpsychologischen Erklärung der Stimmabgabe zugunsten einer bestimmten Partei aufgrund einer Identifikation mit dieser Partei wird dann die rationale Überlegung, seinen Präferenzen gemäß zu handeln. Konsequenterweise werden solche Modelle bei der Untersuchung von innerparteilicher Partizipation dann Generelles-Anreiz-Modell oder erweitertes Rational-Choice-Modell genannt, denn sie folgen einer „sozialpsychologischen oder weiten Version [...] des Rational-Choice-Ansatzes"[174].

Damit ist man dann aber wieder beim Ausgangspunkt, nämlich der Unterscheidbarkeit der unabhängigen Variablen. Prinzipiell lassen sich alle sozialpsychologischen Variablen unter den Rational-Choice-Ansatz subsummieren. Aber sinnvoll ist so ein

---

169　*J. Behnke* 1999: Die politische Theorie des Rational-Choice: Anthony Downs, in: *A. Brodocz / G. S. Schaal* (Hrsg.): Politische Theorien der Gegenwart, Opladen, S. 311-336, hier S. 316.
170　*K. Mensch* 1999, S. 148.
171　Vgl. *D.P. Green / I. Shapiro* 1999, S. 107.
172　*R. Zintl* 1997, S. 38.
173　*R. Zintl*: 1994: Die Kriterien der Wahlentscheidung in Rational-Choice-Modellen, in: *H. Rattinger / O. W. Gabriel / W. Jagodzinski* (Hrsg.): Wahlen und politische Einstellungen im vereinigten Deutschland. Frankfurt a. M., S. 501-523, hier S. 504.
174　*S. Kühnel / D. Fuchs* 2000, S. 358.

Vorgehen zumindest unter analytischen Gesichtspunkten nicht,[175] denn das liefe auf die andauernde Wiederholung von erweiterten Rational-Choice-Modellen hinaus, die immer andere Variablen enthalten können. Zur genaueren Spezifizierung des jeweiligen Modells müsste man dann die Variablen einzeln nennen.[176] Und schließlich ist es durch ein solches Vorgehen unmöglich, nähere Angaben über das Verhältnis der unabhängigen Variablen untereinander zu machen. Analytisch stehen sie nämlich alle auf einer Stufe, die sinnvolle Unterscheidung zwischen direkten und indirekten Effekten ist unmöglich. Daher erscheint die Verwendung von Pfadmodellen eine fruchtbare Alternative zu sein.

Zur Erklärung innerparteilicher Partizipation entwickelt Niedermayer ein solches Modell, das über die schlichte Betrachtung des Individuums hinausgeht. Neben den individuellen Ressourcen und den Parteibindungsmotiven bezieht er auch die Umwelt, sogenannte Opportunitäten, mit ein. Dazu gehören sowohl sozio-politische Rahmenbedingungen als auch parteiorganisatorische Anreizsysteme. Bei der empirischen Umsetzung muss Niedermayer dann aber auf die Umweltfaktoren verzichten, da er die Überprüfung nur anhand der Daten einer Partei zu einem Zeitpunkt vornehmen kann. Außerdem hat er keine Daten zur Einschätzung von Rahmenbedingungen oder Anreizsystem der Partei. Die übrig gebliebenen individuellen Faktoren Ressourcen (Alter, Geschlecht, sozioökonomische Ressourcenausstattung[177], politische Sozialisation in der Familie[178] und soziale Partizipation[179]) und politisch-instrumentelle Prädispositionen (Bindungsmotive zur Zeit des Parteibeitritts und zum Zeitpunkt der Umfrage) erklären in multiplen Regressionsmodellen zwischen 17 und 26 Prozent der Varianz der drei Partizipationsdimensionen. Wie von Niedermayer theoretisch erwartet, zeigt sich in Pfadmodellen kaum direkte Erklärungskraft der sozialstrukturellen Faktoren, „wichtiger ist die soziale Partizipation der Individuen und vor allem ihre Motivstruktur, d.h. die Prädispositionskomponente"[180] des Modells.

Die Auswahl der Erklärungsvariablen bei Niedermayer ist allerdings lückenhaft. Für die Umweltfaktoren stehen ihm wie erwähnt keine Daten zur Verfügung, den gesamten Bereich von Kosten und Nutzen berücksichtigt er nicht. An dieser Stelle kann man aber sinnvoll an die Ergebnisse der allgemeinen Partizipationsforschung anknüpfen. Dort werden wie gezeigt fünf Variablengruppen zur Erklärung herangezogen: Die Ressourcen, das persönliche Umfeld, Einstellungen, Werte und Normen, Motivationen von au-

---

175 *Green* und *Shapiro* wenden sich dagegen, sozialpsychologische Variablen schlicht „neu zu ‚verpacken' und dann die empirische Erkenntnis, dass Menschen wählen gehen, wenn sie glauben, dass sie dies tun sollten, für die Rational-Choice-Forschung zu vereinnahmen". Vgl. *D. P. Green / I. Shapiro* 1999, S. 86. Auch *Whiteley* argumentiert in diese Richtung: "Of course it could be argued that 'pleasing other people' is just one additional variable in the individual's utility function and thus part of the cost-benefit calculus. But any kind of behavior can be described as rational by means of this device [...]. This approach salvages the theory at a cost of making it unfalsifiable." Vgl. *P. F. Whiteley* 1995, S. 218 (Fußnote 4).
176 Die Variablen in den jeweiligen erweiterten Rational-Choice-Modellen von *Whiteley / Seyd* und *Bürklin* unterscheiden sich erheblich, obwohl *Bürklin* sich bei der Konstruktion an ersteren orientiert hat. Natürlich werden auch im Ressourcen-Ansatz teilweise unterschiedliche Variablen verwendet, dennoch macht bereits der Name einigermaßen deutlich, was enthalten ist.
177 Ein additiver Index aus Bildung und Beruf.
178 Ein Index aus Parteiorientierung der Eltern und Häufigkeit der Gespräche über Politik im Elternhaus.
179 Eine dichotome Variable, die die Mitgliedschaft in mindestens einem Verein misst.
180 *O. Niedermayer* 1989, S. 238.

ßen sowie Kosten und Nutzen.[181] Diese Variablengruppen sollen hier in ein Modell zur Erklärung innerparteilicher Partizipation integriert werden.

Modellentwurf

Ziel dieser Arbeit ist es, den Motivationen für innerparteiliche Partizipation auf den Grund zu gehen. Der Vergleich der wichtigsten Parteien in Thüringen, CDU, SPD, PDS, FDP und Bündnis 90/Die Grünen steht dabei im Mittelpunkt. Diesem Vergleich liegt die Annahme zugrunde, dass innerparteiliche Partizipation nicht nur von Partei zu Partei unterschiedlich ausgeprägt, sondern auch unterschiedlich motiviert ist. In Anlehnung an die bisherigen Untersuchungen zur innerparteilichen Partizipation und auch zur politischen Partizipation im Allgemeinen werden die fünf Gruppen von Erklärungsvariablen folgendermaßen herangezogen.

Erstens wird die Rolle der Sozialstruktur und der Ressourcen als „base-line model"[182] der Partizipation genauer betrachtet. Zweitens findet das persönliche Umfeld der Parteimitglieder Beachtung. Auf die besondere Bedeutung eines homogenen persönlichen Umfelds und der sozialen Partizipation in Organisationen für die politische Partizipation haben zahlreiche Forscher hingewiesen.[183] Der dritte Komplex umfasst in Anlehnung an das Erwartungen-Werte-Normen-Modell die sozialpsychologischen Faktoren wie politische Einstellungen, inhaltliche und ideologische Übereinstimmung mit der Partei oder die Einschätzung der eigenen politischen Kompetenz (intrinsische Motivationen). In Abgrenzung zum Erwartungen-Werte-Normen-Modell werden aber die Erwartungen hier ausgeblendet und dem Rational-Choice-Modell zugeschlagen. Dahinter steht die Überzeugung, dass die Erwartungen positiver Auswirkungen von Partizipation auf die Arbeit der Partei als kollektiver Anreiz für Aktivität zu werten ist.[184]

Eine vierte Gruppe von Erklärungsfaktoren umfasst die Opportunitäten oder Rahmenbedingungen der Parteiaktivität. In dieser Untersuchung wird versucht, diese Komponente über die Wahrnehmungen der Mitglieder zu erfassen.[185] Es handelt sich dann

---

181 Vgl. Kap. 1.1.1.
182 *S. Verba / N. H. Nie* 1972, S. 136.
183 Bei *Niedermayer* spielt die soziale Partizipation genannte Mitgliedschaft in Organisationen eine große Rolle bei der Erklärung innerparteilicher Partizipation, vgl. *O. Niedermayer* 1989, S. 233ff. Bereits zu Beginn der empirischen Wahlforschung ist auf den positiven Effekt eines homogenen Umfelds auf Wahlentscheidungen sowie auf die Rolle von Organisationsmitgliedschaften hingewiesen worden: „They [formal associations, A.H.] facilitate the transformation of social characteristics into political affiliations." Vgl. *P. F. Lazarsfeld / B. Berelson / H. Gaudet* 1968, S. 147. Sehr ähnliche Ergebnisse finden sich auch in der Civic-Culture-Studie: „Membership in an organization, political or not, appears therefore to be related to an increase in the political competence and activity of the individual." Vgl. *G. A. Almond / S. Verba* 1963, S. 310. *Verba u.a.* weisen ebenfalls einen eigenständigen Einfluss der Organisationsmitgliedschaft auf politische Partizipation nach, vgl. *S. Verba / N. H. Nie* 1972, S. 200ff; *S. Verba / K. L. Schlozman / H. E. Brady* 1995, S. 20. Bei *Parry u.a.* findet sich dieser Zusammenhang schließlich als weiterer Aphorismus der Politikwissenschaft: "Who says organization, says participation", vgl. *G. Parry / G. Moyser / N. Day* 1992, S. 119.
184 Außerdem dürfte die Erwartungen-Komponente entscheidend dafür gewesen sein, dass Muller sein Modell nachträglich zur Rubrik der Rational-Choice-Modelle gezählt hat, vgl. *E. N. Muller* 1982, S. 2.
185 Hier würden sich auch Aggregatdaten eignen, etwa lokale Wahlergebnisse, Informationen über die Bevölkerungsstruktur, die wirtschaftliche Lage, die Größe der Ortsvereine oder Traditionszonen

um Einstellungen, die aber im Gegensatz zur dritten Kategorie (intrinsische Motivationen) die Parteiorganisation und das Parteiumfeld als Bezugspunkt haben. Sie werden im Folgenden extrinsische Motivationen genannt. Als fünftes wird ein Rational-Choice-Modell zur Erklärung innerparteilicher Partizipation herangezogen. Das Kriterium zur Auswahl der dort enthaltenen Variablen könnte man als Nähe zum Kern des Rational-Choice-Ansatzes bezeichnen; Orientierungspunkte hierbei sind das einfache Rational-Choice-Modell und das Olson-Modell von Whiteley und Seyd. Über die kollektiven Anreize in Form der Erwartungen an die Wirksamkeit der Aktivität hinaus werden nur noch ein Kostenindikator und individuelle Anreize verwendet. Diese können einerseits auf den Prozess und andererseits auf das Ergebnis der Parteiarbeit bezogen sein.

Mit dieser analytischen Trennung der fünf Variablengruppen kann man nicht nur die jeweilige Erklärungskraft der einzelnen Gruppe spezifizieren, sondern vor allem auch die Zusammenhänge der Gruppen untereinander genau betrachten. Über den Zusammenhang der Variablengruppen untereinander kann man auf der Grundlage der referierten Literatur nur Folgendes mutmaßen: Die Ressourcen haben einen starken Einfluss auf die politischen Einstellungen (allen voran die intrinsischen Motivationen und die darin enthaltene Eigenkompetenz in politischen Fragen) und wahrscheinlich keinen direkten Einfluss auf die Partizipation. Für alle anderen Gruppen wird zunächst angenommen, dass sie einen direkten Effekt auf die innerparteiliche Partizipation haben und dass sie sich alle untereinander gegenseitig beeinflussen. Dieser Modellentwurf für die Erklärung innerparteilicher Partizipation ist in Abbildung 1 dargestellt.

Dieses Modell zur Erklärung innerparteilicher Aktivitäten soll drei Zielen dienen. Erstens soll es ein möglichst allgemeines Modell sein, das auf verschiedene Beteiligungsformen in allen Parteien anwendbar ist. Zweitens soll es ein möglichst umfassendes Modell sein, das in der Lage ist, die Motivationen für die innerparteiliche Beteiligung gut zu erklären. Drittens soll es ein möglichst ökonomisches Modell sein, das maximale Varianzaufklärung mit möglichst wenig unabhängigen Variablen erreicht. Die Ausdifferenzierung der verschiedenen Modellbestandteile soll es ermöglichen, unterschiedliche Motivationsstrukturen von Partei zu Partei oder von Partizipationsform zu Partizipationsform zu erklären.

---

der Parteien. In dieser Untersuchung liegen solche zusätzlichen Informationen nicht oder nur sehr lückenhaft vor, daher muss darauf verzichtet werden. Interessante Erkenntnisse über Zusammenhänge dieser Faktoren mit der lokalen Mitgliederdichte finden sich in der Arbeit von *S. Koch* 1994: Parteien in der Region. Eine Zusammenhangsanalyse von lokaler Mitgliederpräsenz, Wahlergebnis und Sozialstruktur. Opladen. *Tan* untersucht den Zusammenhang von innerparteilicher Partizipation und Größe der Parteien mit dem Ergebnis: „Large party size tends to dampen participation by individual members." *A. C. Tan* 1998, S. 196; vgl. auch *A. C. Tan* 1997: Party Change and Party Membership Decline, in: Party Politics 3, S. 363-377. Damit bestätigt er die gleichlautenden Ergebnisse für die Ortsvereinsgröße von *O. Niedermayer* 1987, S. 64; *O. Niedermayer* 1989, S. 241. Im einem kurzen Exkurs überprüft auch *Bürklin* einige Kontextvariablen, nämlich die Wohnortgröße und die politischen Mehrheiten im Wahlkreis. Aufgrund seiner Erkenntnisse leitet er ab, dass sich weitere Kontextanalysen durchaus lohnen würden, und dass auch die Parteien von einer stärker kontextspezifischen Mobilisierung ihrer Mitglieder profitieren könnten, vgl. *W. P. Bürklin* 1997, S. 138ff.

Abb. 1: **Entwurf eines Modells zur Erklärung innerparteilicher Partizipation**

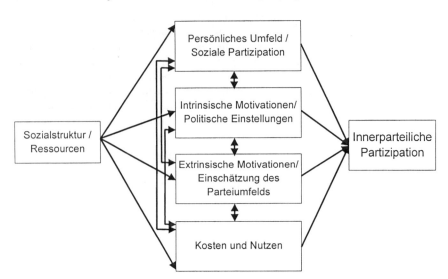

Im Lichte der Diskussion der Vor- und Nachteile unterschiedlicher Operationalisierungen der innerparteilichen Partizipation wird hier von einem weiten Partizipationsbegriff ausgegangen. Aktivitäten wie zusätzliche Geldspenden werden also einbezogen. Die Messung erfolgt mit einer Fragebatterie zur Teilnahme an innerparteilichen Aktivitäten. Diese Operationalisierung wird in Kapitel 2.2 auf den empirischen Prüfstand gestellt.

1.4 Datengrundlage

Die Datengrundlage dieser Arbeit bildet eine schriftliche Befragung von Parteimitgliedern der CDU, SPD, PDS, FDP und von Bündnis 90/Die Grünen in Thüringen.[186] Der Datensatz wurde im Rahmen des von der DFG geförderten Forschungsprojekts „Parteien in Thüringen: Gründung, Transformation und Konsolidierung" erhoben. Der Erhebungszeitraum erstreckte sich von Herbst/Winter 1997 bis Frühjahr 1998.

Die Stichprobe für die Befragung der Parteimitglieder in Thüringen sollte einen doppelten Zweck erfüllen: Einerseits sollte die Auswahl der Mitglieder für Thüringen repräsentativ sein, andererseits sollten komplette Ortsvereine und deren Vorsitzende befragt werden, um die Angaben der Mitglieder auf den verschiedenen Ebenen („einfaches Mitglied" - Ortsvorsitzender - Kreisvorsitzender) vergleichen zu können. Aus diesem Grunde wurden bei allen Parteien (mit Ausnahme von Bündnis 90/Die Grünen,

---

[186] Für weiterführende Informationen zu Thüringen vgl. *K. Schmitt* (Hrsg.) 1996b: Thüringen. Eine politische Landeskunde. Weimar / Köln / Wien; *M. Edinger / E. M. Lange / O. Lembcke* 1997: Thüringen, in: *J. Hartmann* (Hrsg.): Handbuch der deutschen Bundesländer. 3. Aufl. Frankfurt a. M. / New York, S. 613-653.

bei denen aufgrund der geringen Mitgliederzahl von ca. 500 eine Totalbefragung möglich war) Klumpenstichproben gezogen. Bei CDU, SPD, PDS und FDP wurden die Stichproben nach der Größe der jeweiligen Grundorganisationen geschichtet.

Die Fragebögen der fünf Thüringer Parteien sind weitgehend identisch (bis auf eine zusätzliche Frage zum „Magdeburger Modell" bei SPD, PDS und Bündnis 90/Die Grünen), so dass ein Vergleich der Parteien untereinander möglich ist. Der Fragebogen für CDU-Mitglieder ist beispielhaft im Anhang dokumentiert (vgl. Anhang 5).

Der Rücklauf der schriftlichen Befragung von „einfachen" Parteimitgliedern ist in der folgenden Tabelle wiedergegeben.

Tab. 3: ***Übersicht über den Rücklauf der Parteimitgliederbefragung***

	CDU	SPD	PDS	FDP	BGR
Mitgliederzahl 12/1997	15.944	5.558	12.740	4.120	539
Stichprobengröße	1.325	1.180	1.303	1.115	539
Rücklauf Gesamt	538	673	707	358	233
Rücklauf in Prozent	40,6	57,0	54,3	32,1	43,2

Insgesamt stehen damit die Angaben von 2.509 Parteimitgliedern in Thüringen zur Verfügung, die Ausschöpfungsquote liegt bei 46 Prozent. Diese Untersuchung stützt sich nahezu ausschließlich auf die Befragung der „einfachen" Parteimitglieder. Die Angaben aus der Befragung von Orts- und Kreisvorsitzenden der Parteien werden nur sporadisch berücksichtigt; der Grund hierfür ist der unterschiedliche Aufbau der Fragebögen. Daher beziehen sich alle Angaben im Folgenden auf die „einfachen" Mitglieder, bei der Verwendung der Angaben von Orts- oder Kreisvorsitzenden wird darauf ausdrücklich verwiesen.

Im Folgenden ist zu beachten, dass eine leichte systematische Verzerrung der Stichprobe sehr wahrscheinlich ist. Die aktiven Mitglieder könnten eher dazu bereit gewesen sein, den Fragebogen auch auszufüllen. Außerdem ist es möglich, dass die Parteimitglieder ihre eigene Aktivität aufgrund sozialer Erwünschtheit überschätzen.[187] Dies wirkt sich jedoch nur auf die absolute Höhe der Aktivität aus, die hier eine untergeordnete Rolle spielt. Der Parteivergleich ist davon unberührt, denn dieser Effekt ist bei allen Parteien gleich wahrscheinlich.

In der Zeit der Umfrage haben in Thüringen keine Wahlen stattgefunden. Die letzten Kommunal-, Landtags-, Bundestags- und Europawahlen vor der Befragung haben 1994 stattgefunden. Die Einschätzungen der innerparteilichen Aktivitäten der Mitglieder stammen also aus einer für die Parteien eher ruhigen Zeit zwischen den Wahlen. Die nächste auf die Befragung folgende Wahl war die Bundestagswahl 1998. Zum Zeitpunkt

---

187 Vgl. dazu *H. E. Brady* 1999, S. 789ff.

der Befragung regierte in Thüringen eine große Koalition aus CDU und SPD, den Ministerpräsidenten stellte die CDU. Im Landtag war darüber hinaus nur noch die PDS als Oppositionspartei vertreten, FDP und Bündnis 90/Die Grünen gehörten dem zweiten Thüringer Landtag nicht mehr an.

Die starken Übereinstimmungen der Thüringer Parteienstudie mit Parteimitgliederuntersuchungen in Sachsen und Sachsen-Anhalt lassen eine Verallgemeinerung der Thüringer Ergebnisse für Ostdeutschland plausibel erscheinen.[188] Allgemeingültige Schlussfolgerungen über die Parteimitglieder in Deutschland können auf dieser Datengrundlage aber nicht getroffen werden.

---

188   Über die bereits publizierten Ergebnisse (für Sachsen-Anhalt vgl. *B. Boll u.a.* 1999; für Sachsen vgl. *W. J. Patzelt / K. Algasiner* 1996; für Thüringen vgl. *K. Schmitt* 2000b: Parteimitglieder in Thüringen, in: *H. Esser* (Hrsg.): Der Wandel nach der Wende. Gesellschaft, Wirtschaft, Politik in Ostdeutschland. Wiesbaden, S. 91-112) hinaus konnten weitergehende Ähnlichkeiten auf der Arbeitskonferenz „Parteimitglieder in den neuen Bundesländern - ein interregionaler Vergleich" am 25.2.1999 in Halle festgestellt werden.

2. Kapitel: Parteien und ihre Mitglieder in Thüringen

2.1 Die Entwicklung der Parteien in Thüringen seit 1989/90

Die Thüringer Parteien haben deutlich unterschiedliche Entwicklungen seit der Wende genommen. Die CDU und die FDP sind aus ihren Blockpartei-Vorläufern entstanden, die SED hat sich zur PDS gewandelt, und SPD sowie Bündnis 90/Die Grünen sind im Verlauf der Wende erst entstanden bzw. im Falle der SPD wiedergegründet worden. Die Stammwählerschaft der Parteien ist noch in der Entwicklung, wenngleich die gesellschaftliche Vernetzung sich mehr und mehr den westdeutschen Pendants annähert. Besonders interessant ist der Mitgliederstamm der Thüringer Parteien, denn hier hat jede Partei mit anderen Problemen zu kämpfen: Schwund und Überalterung bei der PDS, Altmitgliederüberhang bei FDP und (weniger) CDU, Rekrutierungsprobleme bei SPD und Bündnis 90/Die Grünen.

Die Initialzündung für die CDU zur Abkehr von der Rolle als Blockpartei fand im September 1989 mit dem „Weimarer Brief" statt.[189] Bereits kurz nach der Wende wurde noch im Januar 1990 der Landesverband der CDU Thüringen gegründet. Bei den Wahlen des Jahres 1990 war die CDU überaus erfolgreich. Bei der ersten Landtagswahl verfehlte sie die absolute Mehrheit knapp (vgl. unten Abb. 2), musste eine Koalition mit der FDP eingehen und stellte mit Josef Duchac den ersten Thüringer Ministerpräsidenten nach der Wende. In den frühen neunziger Jahren war die Partei nach innen und außen noch stark von der Blockvergangenheit belastet. Nach seinem Rücktritt Anfang 1992 wurde Duchac durch Bernhard Vogel abgelöst wurde. Mit ihm als Ministerpräsident und ab 1993 auch Parteivorsitzendem kam Ruhe und größere Geschlossenheit in die Thüringer CDU. Bei der zweiten Landtagswahl 1994 wurde die CDU mit leichten Verlusten wieder stärkste Partei und regierte in einer großen Koalition mit der SPD, bis sie im Jahre 1999 mit 51 Prozent die absolute Mehrheit gewann. Sie stellt ebenfalls seit 1990 in den Kreistagen und Stadträten Thüringens die meisten Mandatsträger und mit deutlichem Abstand die meisten Oberbürgermeister und Landräte. Im Jahr 2000 gab Bernhard Vogel den Parteivorsitz an Dieter Althaus ab, der ihm auch im Amt des Ministerpräsidenten nachfolgen will.

Bedingt durch die Blockvergangenheit hat die CDU seit 1989 mit einem rasanten Mitgliederschwund zu kämpfen, von den ehemals etwa 30.000 Mitgliedern in Thüringen ist nur etwa die Hälfte übriggeblieben (vgl. unten Abb. 3). Allerdings ist der CDU mittlerweile auch ein gewaltiger Mitgliederaustausch gelungen, so dass heute weniger als die

---

189 Für die Entwicklung der CDU in Ostdeutschland und speziell in Thüringen vgl. *M. Kiefer* 1996: Die politischen Parteien, in: *K. Schmitt* (Hrsg.): Thüringen. Eine politische Landeskunde. Köln / Weimar, S. 37-67; *A. Dornheim / S. Schnitzler* (Hrsg.) 1995: Thüringen 1989/90. Akteure des Umbruchs berichten. Erfurt; *M. Richter / M. Rißmann* (Hrsg.) 1995: Die Ost-CDU: Beiträge zu ihrer Entstehung und Entwicklung, Weimar; *Th. Sauer* 2002a: Die CDU, in: *K. Schmitt* (Hrsg.): Parteien in Thüringen – Ein Handbuch. Jena (Ms.); *F.-C. Schlumberger* 1994: Organisatorische Probleme beim Aufbau der CDU Thüringen, in: *J. Schmid u.a.* (Hrsg.): Probleme der Einheit. Organisationsstrukturen und Probleme von Parteien und Verbänden, Marburg, S. 25-30; *U. Schmidt* 1994: Transformation einer Volkspartei. Die CDU im Prozeß der deutschen Vereinigung. in: *O. Niedermayer / R. Stöss* (Hrsg.): Parteien und Wähler im Umbruch. Opladen, S. 37-74; *U. Schmidt* 1997: Von der Blockpartei zur Volkspartei? Die Ost-CDU im Umbruch 1989-1994. Opladen 1997.

Hälfte der Mitglieder bereits vor der Wende der CDU angehörten. Parallel zum Mitgliederschwund wurde auch die personalaufwendige Organisationsstruktur deutlich verringert. Die CDU ist insgesamt seit 1990 in Thüringen die bestimmende politische Kraft, ihre hegemoniale Stellung hat sie seither mehr und mehr ausgebaut.

Trotz ihrer Versuche an die Traditionen der SPD vor der Zwangsvereinigung mit der KPD im Jahre 1946 anzuknüpfen, kann man die SPD in Thüringen als Neugründung bezeichnen.[190] Der Landesverband der SPD Thüringen wurde am 27. Januar 1990 in Gotha gegründet. Die hochgesteckten Erwartungen der SPD konnten in den Wahlen des Jahres 1990 nicht erfüllt werden. Nach der ersten Landtagswahl in Thüringen konnte sie mit 22,8 Prozent der Stimmen nur etwa halb so viele Mandate erringen wie die CDU (vgl. Abb. 2).

Abb. 2: ***Stimmenanteile der Parteien in Thüringen 1990 bis 1999***
(Prozent der gültigen (Zweit-)Stimmen)

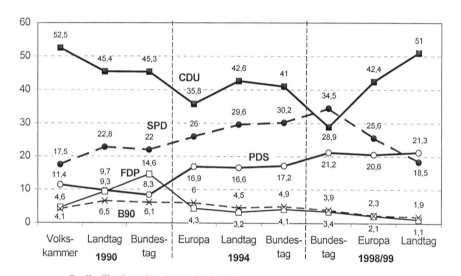

Quelle: Thüringer Landesamt für Statistik

Bei der zweiten Landtagswahl 1994 konnte die SPD ihren Stimmenanteil ausbauen und tauschte die Oppositionsbänke gegen eine Regierungsbeteiligung als kleinerer Partner in der großen Koalition mit der CDU. Nach heftigen innerparteiliche Querelen um den Umgang mit der PDS kam die SPD dann bei der Landtagswahl 1999 nur auf Platz

---

190 Für die Entwicklung der SPD in Ostdeutschland und speziell in Thüringen vgl. *M. Bettenhäuser* 2002: Die SPD, in: *K. Schmitt* (Hrsg.): Parteien in Thüringen – Ein Handbuch. Jena (Ms.); *W. Herzberg / P. von zur Mühlen* (Hrsg.) 1993: Auf den Anfang kommt es an. Sozialdemokratischer Neubeginn in der DDR 1989. Interviews und Analysen. Bonn; *P. Lösche* 1993: Lose verkoppelte Anarchie. Zur aktuellen Situation von Volksparteien am Beispiel der SPD, in: Aus Politik und Zeitgeschichte B 43, S. 34-45; *G. Neugebauer* 1994a: Die SPD: Im Osten auf neuen Wegen? Berlin; *G. Neugebauer* 1996: Die SPD, in: *O. Niedermayer* (Hrsg.): Intermediäre Strukturen in Ostdeutschland. Opladen, S. 41-66; *F. Walter* 1995: Die SPD nach der deutschen Vereinigung, in: Zeitschrift für Parlamentsfragen 26, S. 85-112.

drei hinter der PDS. Nach dem anschließenden Austausch der Führungsspitze ist sie jetzt auf Konsolidierungskurs.

Der Mitgliederzulauf zur SPD war zunächst groß, sie konnte schon kurz nach ihrer Gründung rund 5.000 Mitglieder aufweisen. Allerdings ist ihr seither keine nennenswerte Steigerung der Mitgliederzahl mehr gelungen (vgl. unten Abb. 3). Damit ist sie weit entfernt von der Struktur der SPD als Mitgliederpartei im Westen Deutschlands. Massive Aufbauhilfe aus westlichen SPD-Verbänden verhalfen der SPD-Thüringen relativ rasch zu einer angemessenen Organisationsstruktur. Insgesamt ist die Thüringer SPD weit hinter den Erwartungen der Wendezeit geblieben, sowohl was Mitgliederzuwachs als auch was Wahlerfolge angeht. Die personellen Querelen und vor allem die innerparteiliche Debatte um den Umgang mit der PDS lähmen die SPD bis heute.

Nach der Umbenennung der SED in SED-PDS und schließlich in PDS 1989/90 wurde die Leitung der Partei von denjenigen übernommen, die zuvor in der zweiten Reihe standen.[191] Die Landtagswahl von 1990, bei der die PDS mit anderen Gruppierungen in der Listenverbindung Linke Liste/PDS antrat, verlief insofern enttäuschend, als sie mit dieser Liste mit 9,7 Prozent als einziger ostdeutscher Landesverband der PDS ein einstelliges Ergebnis erzielte (vgl. Abb. 2). Die zunehmende Ernüchterung nach der Wende in Ostdeutschland brachte der PDS dann Rückenwind, so dass sie in Thüringen bei der Landtagswahl 1994 16,6 Prozent und 1999 gar 21,3 Prozent der Stimmen erreichen konnte. In der zweiten Wahlperiode war die PDS einzige Oppositionspartei. Die Frage, ob sie nach der Landtagswahl 1999 eine förmliche Koalition mit der SPD oder nur eine Tolerierung nach dem „Magdeburger Modell" eingehen sollte, wurde dann vom Wähler entschieden, der PDS und SPD auf die Oppositionsbänke verwies.

Als ehemalige Staatspartei der DDR hatte die PDS am schwersten mit ihrer Vergangenheit zu kämpfen. Bereits im Jahre 1989 liefen ihr die Mitglieder scharenweise davon. Diese Entwicklung hält mit deutlich vermindertem Tempo bis heute an, aber nicht mehr Austritte sondern der natürliche Schwund durch Tod verringert die stark überalterte Mitgliedschaft heute (vgl. Abb. 3). Der Anteil der nach der Wende eingetretenen Mitglieder ist verschwindend gering. Parallel zum Mitgliederschwund musste direkt nach der Wende der riesige Organisations- und Personalapparat verkleinert und umstrukturiert werden, die zentralisierte Struktur wurde zugunsten einer relativ großen Autonomie der Kreisverbände aufgegeben. Die Thüringer PDS hat den Schock des Zusammenbruchs der DDR verdaut und sich konsolidiert. Der Spagat zwischen DDR-Nostalgie in der Mitgliedschaft und moderner linker Politik in der Führung wird sie aber noch einige Zeit beschäftigen.

---

191 Für die Entwicklung der PDS in Ostdeutschland und speziell in Thüringen vgl. *W. Barthel* 1995: Forschungsbericht Strukturen, politische Aktivitäten und Motivationen in der PDS: Mitgliederbefragung der PDS 1991. Berlin; *M. Gerner* 1994: Partei ohne Zukunft? Von der SED zur PDS. München; *S. Koch-Baumgarten* 1997: Postkommunisten im Spagat. Zur Funktion der PDS im Parteiensystem, in: Deutschland Archiv 30, S. 864-878; *J. P. Lang u.a.* 1995: Auferstanden aus Ruinen...?: die PDS nach dem Super-Wahljahr 1994. Interne Studie Nr. 111 der Konrad-Adenauer-Stiftung, Sankt Augustin; *G. Neugebauer* 1994b: Im Aufschwung Ost. Die PDS. Eine Bilanz, in: Gegenwartskunde 43, S. 431-444; *G. Neugebauer / R. Stöss* 1996: Die PDS. Geschichte. Organisation. Wähler. Konkurrenten. Opladen; *A. Pfahl-Traughber* 1995: Wandlung zur Demokratie? Die programmatische Entwicklung der PDS, in: Deutschland Archiv 28, S. 359-368; *Th. Sauer* 2002b: Die PDS, in: *K. Schmitt* (Hrsg.): Parteien in Thüringen – Ein Handbuch. Jena (Ms.).

Abb. 3: **Mitgliederzahlen der Thüringer Parteien 1989-2000**
(Stand jeweils 31. 12.)

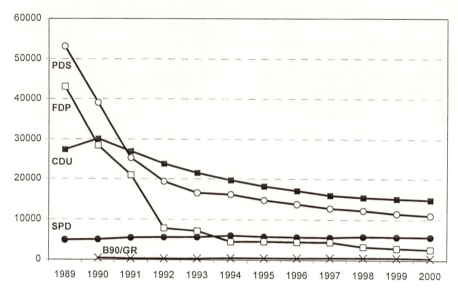

Quelle: Angaben der Landesgeschäftsstellen

Die FDP entstand 1990 durch den Zusammenschluss der beiden DDR-Blockparteien LDPD und NDPD mit der neu gegründeten Ost-FDP.[192] Mit dem „Genscher-Bonus" im Rücken konnte sie bei der ersten Landtagswahl 1990 mit 9,3 Prozent ein beachtliches und nie mehr erreichtes Ergebnis einfahren (vgl. Abb. 2). In der ersten Legislaturperiode war sie der Juniorpartner in einer Koalition mit der CDU und stellte drei Minister. Die Bilanz dieser Regierungsbeteiligung hat aber die Wähler offenbar nicht überzeugt. Zusammen mit dem gerade in Ostdeutschland negativen Image als „Partei der Besserverdienenden" ging der Stimmenanteil der Partei bei der Landtagswahl 1994 auf ein Drittel des letzten Ergebnisses zurück. Die FDP musste den Landtag verlassen und versäumte

---

192 Zur Entwicklung der FDP in Ostdeutschland und speziell in Thüringen vgl. *A. Hallermann* 2002: Die FDP, in: *K. Schmitt*: Parteien in Thüringen – Ein Handbuch, Jena (Ms.); *G. Helwig* 1990: Bund freier Demokraten. Die Liberalen auf dem mühsamen Weg zur Vereinigung, in: Deutschland Archiv 23, S. 511-514; *M. Jung* 1992: Die FDP nach der Bundestagswahl 1990, in: *P. Eisenmann / G. Hirscher* (Hrsg.): Die Entwicklung der Volksparteien im vereinten Deutschland. München, S. 70-83; *P. Lösche / F. Walter* 1996: Die FDP: Richtungsstreit und Zukunftszweifel. Darmstadt; *R. Marcowitz,* 2002: Der schwierige Weg zur Einheit. Die Vereinigung der deutschen Liberalen 1989/90. Dresden 2002; *T. Schiller / K. Weinbach* 1996: Die FDP: Wahlen und Wähler, in: *O. Niedermayer* (Hrsg.): Intermediäre Strukturen in Ostdeutschland, Opladen, S. 135-150; *H. Vorländer* 1992: Die FDP nach der deutschen Vereinigung, in: Aus Politik und Zeitgeschichte B5, S. 14-20; *H. Vorländer* 1996: Die FDP: Entstehung und Entwicklung, in: *O. Niedermayer* (Hrsg.), Intermediäre Strukturen in Ostdeutschland, Opladen, S. 113-133; *F. Walter* 1994: Partei der Bessergekleideten. Die FDP auf dem Weg zurück in die Zukunft, in: Blätter für deutsche und internationale Politik 39, S. 1091-1100; *Th. Wittke* 1994: Die FDP am Scheideweg, in: Aus Politik und Zeitgeschichte B1, S. 12-16.

es auch bis 1999, sich klar zu profilieren und zu positionieren. Der Aufruf des Landesvorsitzenden der FDP, Heinrich Arens, kurz vor der Landtagswahl 1999, statt FDP lieber CDU zu wählen, hat der CDU zur absoluten Mehrheit verholfen, das Ergebnis der FDP jedoch wiederum gedrittelt. Mit 1,1 Prozent der Stimmen zählen sie für die Wahlstatistik beinahe zu den „Sonstigen Parteien". Auf kommunaler Ebene sind die Wahlergebnisse der FDP jedoch bedeutend besser, allerdings auch seit 1990 stark rückläufig.

Die Mitgliederentwicklung verlief noch dramatischer als die Entwicklung der Wahlergebnisse. Von den gut 43.000 Altmitgliedern aus den Vorgängerparteien LDPD und NDPD waren durch Austritt und Karteibereinigung Ende 1992 nur noch gut 8.000 übrig, seither ging es langsamer, aber stetig bergab (vgl. Abb. 3). Auch die Neumitgliederwerbung ließ zu wünschen übrig, heute sind noch etwa 80 Prozent der FDP-Mitglieder in Thüringen „Altmitglieder", waren also bereits vorher in der LDPD oder der NDPD organisiert. Der Abbau des sehr großen Organisations- und Personalbestands nach der Wende ging relativ zügig und reibungslos vonstatten, nach der verheerenden Entwicklung der Wahlergebnisse ist heute beinahe kein hauptamtlicher Apparat mehr vorhanden. Die FDP ist auf der Landesebene in Thüringen politisch tot, eine Verbesserung der Lage ist momentan nicht in Sicht.

Bündnis 90/Die Grünen (BGR[193]) sind aus einer Reihe von Gruppierungen entstanden, die sich zunächst 1991 zum Bündnis 90 zusammenschlossen und 1993 auf Bundesebene mit den Grünen fusionierten.[194] Bei der Landtagswahl 1990 erhielt das Vorgängerbündnis aus Neuem Forum, Grüner Partei und Demokratie Jetzt 6,5 Prozent der Stimmen und zog als Oppositionspartei in den Landtag ein. Die hohen Erwartungen aus der Wendezeit wurden damit tief enttäuscht, zumal das Ergebnis dieser DDR-Oppositionsgruppen weit hinter dem der PDS lag. Interne Querelen führten 1992 zum Austritt der Abgeordneten des Neuen Forums aus der gemeinsamen Fraktion und dazu, dass Bündnis 90/Die Grünen und das Neue Forum bei der Landtagswahl 1994 getrennt antraten. Zusammen hätten sie die Fünfprozenthürde übersprungen, aber getrennt blieb ihnen der Einzug in den Landtag verwehrt. Bei der Landtagswahl 1999 wiederholte sich das Debakel, und Bündnis 90/Die Grünen schrumpfte auf 1,9 Prozent.

In der Mitgliedergewinnung war die Partei und ihre Vorläuferorganisationen ebenso wenig erfolgreich. Zwar ist seit Beginn der neunziger Jahre ein stetiger Zuwachs zu verzeichnen, aber noch immer hat Bündnis 90/Die Grünen nicht mehr als 600 Mitglieder in ganz Thüringen. Das hat auch Konsequenzen für die Parteiorganisation: In Thüringen existieren keine Ortsverbände der Partei, die Kreisverbände sind mit häufig unter 20

---

193 Das Kürzel BGR wird in allen Tabellen aus Platzgründen für Bündnis 90/Die Grünen verwendet.
194 Zur Entwicklung von Bündnis 90/Die Grünen in Ostdeutschland und speziell in Thüringen vgl. *G. Haufe / K. Bruckmeier* (Hrsg.) 1993: Die Bürgerbewegungen in der DDR und in den ostdeutschen Ländern. Opladen; *J. Raschke* (Hrsg.) 1993: Die Grünen. Wie sie wurden, was sie sind. Köln; *G. Langguth* 1994: Bündnis 90/Die Grünen nach ihrer zweiten Parteigründung - Vier Thesen, in: Politische Studien 334, S. 36-51; *B. Memmeler* 2002: Bündnis 90/Die Grünen, in: *K. Schmitt*: Parteien in Thüringen – Ein Handbuch, Jena (Ms.); *Th. Poguntke* 1996: Bündnis 90/Die Grünen, in: *O. Niedermayer* (Hrsg.), Intermediäre Strukturen in Ostdeutschland. Opladen, S. 87-112; *Th. Poguntke / R. Schmitt-Beck* 1994: Still the same with a new name? Bündnis 90/Die Grünen after the fusion, in: German Politics 3, S. 91-113; *H. J. Veen* 1992: Die Grünen zu Beginn der neunziger Jahre. Profil und Defizite einer fast etablierten Partei, Bonn u. a.; *J. Wielgohs / M. Schulz / H. Müller-Enbergs* 1992: Bündnis 90. Entstehung, Entwicklung, Perspektiven. Ein Beitrag zur Parteienforschung im vereinigten Deutschland. Berlin.

Mitgliedern die kleinste Organisationseinheit. Bündnis 90/Die Grünen ist organisatorisch und vom Mitgliederstamm her die mit deutlichem Abstand schwächste der Parteien, die hier untersucht werden sollen.

Tab. 4: **Organisationsgrad der Parteien im Bund und in Thüringen 1998**

	CDU	SPD	PDS	FDP	B90/GR
Partei in Thüringen	0,78	0,29	0,62	0,18	0,03
Bundespartei	1,21	1,28	0,16	0,11	0,09

Anmerkung: Organisationsgrad: Parteimitglieder in Prozent der Wahlberechtigten
(Quelle: *O. Niedermayer* 2001b, S. 437.)

Aber nicht nur Bündnis 90/Die Grünen, sondern auch die CDU und die SPD haben verglichen mit ihren Bundesparteien in Thüringen einen deutlich geringeren Mitgliederbestand (vgl. Tab. 4). Die PDS ist im Vergleich mit dem Bund in Thüringen natürlich deutlich stärker vertreten, da sie ihre Mitglieder fast ausschließlich in Ostdeutschland hat. Die FDP war im Westen Deutschlands eine Wählerpartei; eine Mitgliederpartei ist sie erst mit der Vereinigung und nur für kurze Zeit geworden, als sich ihr Mitgliederbestand durch etwa 130.000 neue Mitglieder im Osten rund verdreifachte.

2.2 Partizipation der Parteimitglieder in Thüringen

2.2.1 Aktivitätsformen

Zur Messung innerparteilicher Aktivität werden wie zuvor berichtet zahlreiche unterschiedliche Maße verwendet. Auch für die Thüringer Parteimitglieder stehen eine Reihe von Variablen zur Verfügung, um dieser Frage nachzugehen. Einen wichtigen Teil der Parteiaktivitäten bilden zunächst einmal die regelmäßigen Treffen des Ortsverbands.[195] Die eifrigsten Besucher dieser Veranstaltungen finden sich bei der PDS, gefolgt von SPD und Bündnis 90/Die Grünen (vgl. Abb. 4). Geringeren Zuspruch finden solche Treffen offenbar bei der CDU und insbesondere bei der FDP.

Die Nachfrage nach Parteiveranstaltungen ist allerdings auch sehr stark abhängig vom Angebot. So werden von mehr als zwei Dritteln der PDS-Ortsverbänden diese Treffen monatlich oder häufiger angeboten, bei der FDP jedoch nur von einem Drittel.[196] Auch bei den übrigen Parteien zeigt sich hier ein deutlicher Zusammenhang.

---

[195] Mit Ortsverband sind hier und im Folgenden die jeweiligen Grundorganisation gemeint. Bei CDU und FDP heißen sie Ortsverband, bei der SPD Ortsverein und bei der PDS Basisgruppe. Bei Bündnis 90/Die Grünen existieren in Thüringen keine Ortsverbände, daher sind hier die Kreisverbände gemeint.
[196] Diese Angaben sind der Befragung der Ortsverbandsvorsitzenden entnommen.

Abb. 4: **Häufigkeit des Veranstaltungsbesuchs**
(in Prozent)

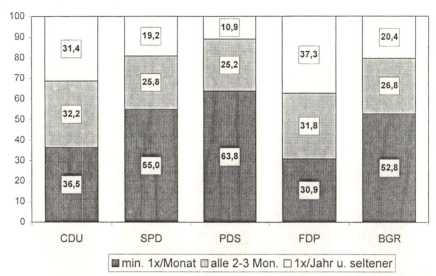

Die Beschwerde, dass die Parteiversammlungen zu selten stattfinden, wird vergleichsweise am häufigsten von CDU- und FDP-Mitgliedern vorgebracht, allerdings insgesamt nur von jeweils einem Drittel der Mitglieder. Da man nur darüber spekulieren kann, ob FDP-Mitglieder häufiger angebotene Zusammenkünfte denn auch tatsächlich besuchen würden, sollte die Häufigkeit des Veranstaltungsbesuchs nicht als Indikator für innerparteiliche Aktivitäten herangezogen werden. Darüber hinaus ist mit der bloßen Teilnahme an Versammlungen noch nicht viel über das Ausmaß der Aktivitäten gesagt, noch weniger über die Qualität (im Sinne der Art und Weise der Aktivität).

Die gleichen Kritikpunkte lassen sich auch gegen den Zeitaufwand für die Parteiarbeit anbringen, wobei sich hier das Ausmaß der Aktivität etwas genauer bestimmen lässt. Die für die Partei verwendete Zeit ist sicherlich auch abhängig vom Angebot der Parteien, allerdings wahrscheinlich in geringerem Maße als die Teilnahme an Parteiveranstaltungen. Gemessen am Zeitaufwand sind eindeutig die Mitglieder von Bündnis 90/Die Grünen führend (vgl. unten Abb. 5). Daraus aber zu schließen, Bündnis 90/Die Grünen hätten die aktivsten Mitglieder, scheint etwas vorschnell. Ein Blick auf die Organisation dieser Partei in Thüringen zeigt, dass Bündnis 90/Die Grünen mit weitem Abstand die am schlechtesten entwickelten Strukturen aller Thüringer Parteien hat. Das zeigt sich einerseits an der geringen Mitgliederzahl, andererseits an der Tatsache, dass keine Ortsverbände existieren, sondern Kreisverbände die unterste Gliederungseinheit bilden. Allein der Zeitaufwand für ein Mitglied von Bündnis 90/Die Grünen, um zu einer Kreisversammlung zu gelangen, dürfte daher in den meisten Fällen deutlich höher sein als beispielsweise bei der PDS, deren Organisationsnetz vergleichsweise gut ausgebaut ist. Hoher Zeitaufwand ist daher bei Bündnis 90/Die Grünen wohl teilweise Kompensation von Organisationsschwäche und Mitgliedermangel.

Abb. 5: **Durchschnittlicher Zeitaufwand der Mitglieder für die Partei**
(in Stunden pro Monat)

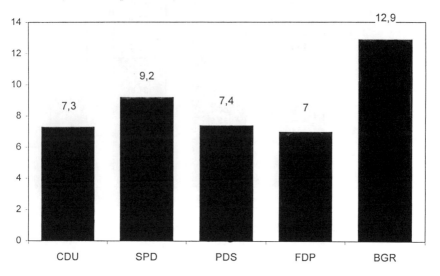

Die Verhältnisse von CDU, SPD und FDP beim Zeitaufwand und beim Veranstaltungsbesuch ähneln einander stark. Besonders auffällig ist aber der geringe Zeitaufwand bei der PDS, die hier auf das niedrigere Niveau der CDU (und der FDP) absackt. Sollte sich die Aktivität der Parteimitglieder bei der PDS auf die regelmäßige Teilnahme an der Parteiversammlung beschränken, während bei den übrigen Parteien andere Aktivitäten eine wichtigere Rolle spielen?

Bei solchen innerparteilichen Aktivitäten, die über den regelmäßigen Veranstaltungsbesuch hinausgehen, kommen vor allem die Übernahme von Ämtern und Mandaten, die Mitarbeit in Arbeitsgemeinschaften der Partei, organisatorische Aufgaben und sonstigen Aktionen wie Handzettel verteilen, Informationsstände betreuen und soziale Aktionen der Partei in Betracht.

Tatsächlich nehmen die Ämter und Wahlmandate einen großen Teil des Zeitbudgets der Mitglieder in Anspruch; Mitglieder ohne Amt oder Mandat wenden im Durchschnitt bei allen Parteien etwa halb so viel Zeit für die Partei auf wie Mitglieder mit Amt oder Mandat. Vor allem Mitglieder von CDU und SPD haben vergleichsweise häufig ein Parteiamt oder Wahlmandat inne (vgl. Abb. 6). Bei FDP und Bündnis90/Die Grünen kommt das deutlich seltener vor, bei der PDS am seltensten. Bei Parteiämtern ist der Unterschied deutlich geringer als bei Wahlmandaten, denn Ämter sind in allen Parteien zahlreich zu vergeben. Leider stehen keine Angaben zur Anzahl der Ämter zur Verfügung, die eine Partei zu vergeben hat, daher kann eine Bewertung dieser geringen Unterschiede nicht sinnvoll vorgenommen werden.

Abb. 6: **Anteil der Parteimitglieder mit mindestens einem Parteiamt bzw. Wahlmandat**
(in Prozent)

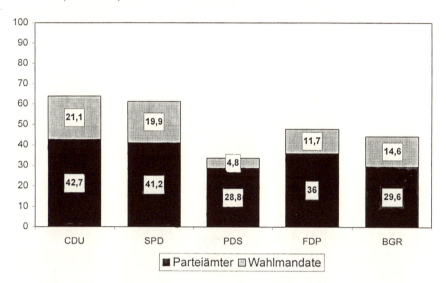

Um Wahlmandate konkurrieren die Parteien jedoch untereinander, daher ist zu erwarten, dass sich die Kräfteverhältnisse der Thüringer Parteien (gemessen an Wahlergebnissen) an der Mandateanzahl der Mitglieder niederschlagen.[197] Am Anteil der Mitglieder mit Wahlmandat etwas über die Aktivität auszusagen, scheint aber eher unplausibel. Zwar ist ein Zusammenhang nicht auszuschließen, aber die Ausübung eines Wahlmandats hat höchstens in zweiter Linie etwas mit innerparteilicher Partizipation zu tun.

Der Vergleich von Veranstaltungsbesuch, Zeitaufwand und Amtsausübung zeigt ein heterogenes Bild. Vor allem die Mitglieder von PDS und Bündnis 90/Die Grünen zeigen im Vergleich zu den übrigen Parteimitgliedern große Abweichungen der Aktivität je nach Indikator. Im Vergleich von CDU, SPD und FDP zeigt sich ein einheitlicheres Bild: SPD-Mitglieder sind nach diesen drei Indikatoren deutlich aktiver als CDU-Mitglieder, diese wiederum sind etwas aktiver als FDP-Mitglieder.

Bereits bei der Literaturdiskussion in Kapitel 1 wurden die Vorzüge der Frage nach der Teilnahme an innerparteilichen Aktivitäten im Vergleich zu anderen Indikatoren

---

197 Tatsächlich lässt sich der Zusammenhang zumindest grob herstellen. Rechnet man die Anzahl der Sitze der Parteien in Kommunalparlamenten nach den Wahlen 1994 auf die Anzahl der Mitglieder um, so lässt sich zumindest der deutliche Abstand der PDS-Mitglieder zu den übrigen Parteien klar auf dieses Verhältnis zurückführen.

hervorgehoben. Eine solche Fragebatterie mit verschiedenen Aktivitäten steht auch hier zur Verfügung.[198] Damit sollte ein besserer Einblick in die Partizipationsniveaus der Mitglieder unterschiedlicher Parteien möglich sein.

Ungeachtet der Schwierigkeiten des Vergleichs mit anderen Partizipationsstudien[199] zeigt sich insgesamt ein aus der Literatur bekanntes Bild: Im Durchschnitt gehört jedes zehnte Mitglied zum harten Kern der Parteiaktivisten.[200] Fasst man die gesamten Aktivitäten zusammen, so zeigen sich deutliche Unterschiede zwischen den Mitgliedern einzelner Parteien.[201]

Abb. 7: *Häufigkeit von Parteiaktivitäten der Mitglieder (in Prozent)*

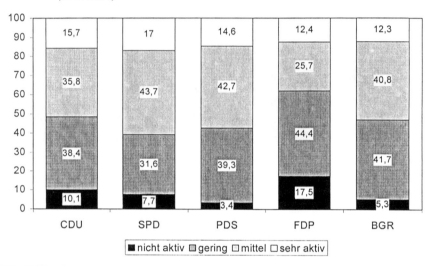

198 Die Frage lautete: Wie häufig haben Sie in den letzten 12 Monaten folgende Aufgaben für ihre Partei übernommen? Die zugehörigen Items lauteten: 1. Neue Mitglieder für die Partei werben 2. Handzettel verteilen, Plakate kleben, Infostände betreuen, 3. Organisatorische Aufgaben übernehmen, 4. Sich aktiv an Diskussionen über kommunalpolitische Themen beteiligen, 5. Sich aktiv an Diskussionen über landespolitische Themen beteiligen, 6. Sich aktiv an Diskussionen über bundespolitische Themen beteiligen, 7. Bei Bedarf zusätzlich Geld spenden, 8. Bei sozialen Aktionen der Partei mitmachen, 9. Sich an Diskussionen über Personalfragen beteiligen, 10. Für ein Amt oder Mandat kandidieren.

199 Der Vergleich wird erschwert durch die unterschiedliche Messung, die unterschiedlichen Messinstrumente und die jeweilige Definition der Gruppen(-grenzen).

200 *Niedermayer* gibt 16% sehr aktive SPD-Mitglieder an, vgl. *O. Niedermayer* 1989, S. 224; *Bürklin* beziffert den Anteil der aktiven CDU-Mitglieder auf 12% für 1977 bzw. 10% für 1993, vgl. *W. P. Bürklin* 1997, S. 82.

201 Summe der 10 Einzelaktivitäten, Skala von 10 bis 50. Gruppierung: „nicht aktiv" (10), „gering" (11-20), „mittel" (21-30), „sehr aktiv" (31-50). Um die Fallzahl nicht unnötig zu minimieren, wurden hier und in den folgenden Analysen fehlende Werte durch den Wert 1 ersetzt, der bedeutet, dass der Befragte eine Aktivität „sehr selten oder nie" ausgeübt hat. Die Befragten wurden von der Analyse ausgeschlossen, wenn zu keiner der Aktivitäten Angaben gemacht wurden. Das betrifft bei der CDU 7,2 % der Befragten, bei der SPD 3,1 %, bei der PDS 5,7 %, bei der FDP 7,5 % und bei Bündnis 90/Die Grünen 2,1 % der Befragten. Insgesamt haben 80 Prozent aller Mitglieder vollständige Angaben ihrer Aktivitäten gemacht.

Die Engagementmuster von CDU-, SPD-, PDS- und Bündnis 90/Die Grünen-Mitglieder ähneln sich stark: Knapp die Hälfte der Mitglieder dieser vier Parteien ist nicht oder nur sehr gering aktiv, eine gute Hälfte engagiert sich. In dieser Gruppe weichen SPD und PDS etwas nach oben ab, sie haben einen leicht größeren Anteil aktiver Mitglieder. Die einzige wirkliche Ausnahme bildet die FDP: Sie weicht deutlich nach unten ab, ihre Mitglieder sind passiver, jeder sechste ist überhaupt nicht aktiv. Der Blick auf die einzelnen Aktivitäten bestätigt den Gesamteindruck.

Die Bereitschaft, in Arbeitsgemeinschaften bzw. Vereinigungen der Partei mitzuarbeiten, ist bei CDU, SPD und Bündnis 90/Die Grünen recht hoch, bei der PDS etwas geringer und bei der FDP sehr gering. Die Strukturen der Vereinigungen sind bei der FDP auch vergleichsweise schlecht entwickelt.[202]

An kommunalpolitischen Diskussionen (ebenso wie an landes- und bundespolitischen Diskussionen) innerhalb der Grundorganisation beteiligen sich SPD-Mitglieder am häufigsten, gefolgt von denen der CDU und denen der anderen drei Parteien. Soziale Aktionen im Parteirahmen, wie Seniorenbetreuung oder Hausbesuche bei alten oder kranken Mitgliedern, sind eine Spezialität der PDS. Zu einer Kandidatur für ein politisches Amt sind ihre Mitglieder aber vergleichsweise selten bereit, was vermutlich dem hohen Durchschnittsalter zu schulden sein dürfte.[203]

Tab. 5: Häufig ausgeübte innerparteiliche Aktivitäten der Mitglieder (in Prozent)

	CDU	SPD	PDS	FDP	BGR
Neue Mitglieder für die Partei werben	8,8	8,8	7,0	5,7	11,8
Handzettel, Plakate, Infostände	7,6	14,8	23,0	6,1	9,0
Organisatorische Aufgaben übernehmen	20,4	23,7	26,3	17,1	27,0
Diskussionen über kommunalpol. Themen	47,3	51,1	39,2	39,5	39,7
Diskussionen über landespol. Themen	32,3	33,7	27,1	25,9	25,4
Diskussionen über bundespol. Themen	28,0	34,3	31,8	28,4	25,4
Bei Bedarf zusätzlich Geld spenden	11,5	11,5	40,8	7,6	5,8
Bei sozialen Aktionen der Partei mitmachen	11,9	9,7	23,6	9,7	3,2
Diskussionen über Personalfragen	14,8	17,9	12,5	13,9	14,8
Für ein Amt oder Mandat kandidieren	14,7	13,8	6,2	10,3	12,3

Anmerkung: Angegeben ist nur der Anteil der Mitglieder, die angegeben haben, eine Aktivität „sehr häufig" oder „häufig" ausgeübt zu haben.

---

202 Somit zeigt sich bei der Mitarbeit in Arbeitsgemeinschaften ein ähnliches Problem wie beim Besuch der Parteiveranstaltungen. Geringere Aktivität könnte die Folge eines geringeren Angebots sein, die Mitglieder können nur dann in Arbeitsgemeinschaften mitarbeiten, wenn diese auch zahlreich und flächendeckend in Thüringen vorhanden sind. Darüber hinaus gibt es in den meisten Arbeitsgemeinschaften der Parteien eine offizielle Mitgliedschaft. Diese Aktivität kann also nur von bestimmten Mitgliedern ausgeübt worden sein. Daher wird sie bei allen weiteren Analysen ausgeschlossen.

203 Zum Alter der PDS-Mitglieder vgl. die weiteren Ausführungen in Kap. 2.3.1 und *G. Neugebauer / R. Stöss* 1996, S. 148ff.

Betrachtet man verschiedene Möglichkeiten, sich innerhalb der Partei zu engagieren, so zeigt sich zunächst folgendes Bild: Die SPD und die PDS haben offenbar die aktivsten Mitglieder, diejenigen von CDU und Bündnis 90/Die Grünen folgen mit einem gewissen Abstand und das Schlusslicht bildet die FDP. Zwischen den Aktivitätsformen sind deutliche Parteiunterschiede auszumachen, die besonders bei der PDS ins Auge stechen. Bei manchen Aktivitäten (Handzettel verteilen, soziale Aktionen) sind sie den Mitgliedern anderer Parteien weit voraus, bei anderen (Personaldiskussionen, Kandidatur) sind sie weit weniger aktiv.

Eine Trennung der Aktivitäten in Gruppen erscheint daher sinnvoll, um genauere Aussagen über die Parteiunterschiede machen zu können. Die hier präsentierten Maße für Aktivität hängen auch untereinander stark zusammen, wie die folgende Tabelle verdeutlicht.

Tab. 6: Zusammenhang der Summe ausgeübter Parteiaktivitäten mit weiteren Indikatoren innerparteilicher Partizipation
(Abweichungen vom Mittelwert 0)

	Summe aller Aktivitäten
Gesamt	0,00
Veranstaltungsbesuch	
min. einmal pro Monat	+0,46
alle 2-3 Monate	-0,21
einmal pro Jahr und seltener	-0,86
Zeitaufwand für die Partei	
mehr als 5 Stunden pro Monat	+0,77
bis 5 Stunden pro Monat	-0,12
Parteiämter	
mindestens eines	+0,48
Keines	-0,29
Wahlmandate	
mindestens eines	+0,67
Keines	-0,12

Anmerkung: Die Skala der Summe aller Aktivitäten wurde standardisiert, hat also den Mittelwert 0 und die Standardabweichung 1.

Die Hypothese, dass die Amtsinhaber innerhalb einer Partei auch gleichzeitig die Aktiven sind, findet sich hier also bestätigt.[204] Parteimitglieder, die selten die Parteiveranstaltungen besuchen, wenig Zeit für ihre Partei aufwenden und weder ein Amt noch

---

204   Vgl. *O. Niedermayer* 1989, S. 15 und 232.

ein Mandat innehaben, übernehmen auch sehr viel seltener andere Aufgaben für ihre Partei. Dieser Indikator beinhaltet viele verschiedene Aktivitätsformen und ist daher nicht mit den spezifischen Problemen belastet, wie sie sie für die anderen oben dargestellt wurden. Daher kann man die Summe der Aufgaben, die ein Mitglied für seine Partei übernommen hat, als geeigneten Indikator für die innerparteiliche Aktivität ansehen.

Dieser Indikator bestätigt außerdem die sozialstrukturellen Unterschiede in der Aktivität, wie sie aus der Literatur bekannt sind.[205] Jüngere Mitglieder sind genauso überdurchschnittlich aktiv wie Männer und Mitglieder mit formal hohem Bildungsabschluss. Die Zusammenhänge sind allerdings insgesamt nur schwach. Diese und v.a. weitere Merkmale wie Konfessionszugehörigkeit sind aber von Partei zu Partei stark unterschiedlich häufig, so dass eine vergleichende Untersuchung dieser Zusammenhänge in den Parteien notwendig ist.

Frauen sind in der CDU, der PDS und der FDP deutlich unterdurchschnittlich aktiv, bei SPD und Bündnis 90/Die Grünen zeigt sich kein Unterschied zu Männern. Dies könnte ein Hinweis darauf sein, dass die Chancen für eine aktive Teilnahme am Parteileben für Frauen bei SPD und Bündnis 90/Die Grünen größer sind. Die Differenz beim Alter erweist sich nur bei der FDP als einheitlich: Je jünger die Mitglieder sind, desto aktiver sind sie auch. Bei CDU, SPD und PDS ist nach den Jungen (bis 29 Jahre), von denen diese Parteien allerdings nur sehr wenige Mitglieder haben, die Altersgruppe der 45-59-Jährigen die aktivste. Bei Bündnis 90/Die Grünen gilt gar der umgekehrte Zusammenhang: je älter, desto aktiver sind die Mitglieder.

Westdeutsche Mitglieder, die in der SPD und bei Bündnis 90/Die Grünen einen beträchtlichen Anteil ausmachen,[206] sind generell weniger aktiv als ostdeutsche. Evangelische Christen zeigen etwas weniger Engagement als katholische, lediglich in der CDU ist es umgekehrt. Der Zusammenhang zwischen Bildung und Aktivität ist bei allen Parteien gleich: Mitglieder mit POS- (oder Hauptschul-)abschluss sind weniger aktiv als andere, Mitglieder mit Universitätsabschluss sind jedoch nicht unbedingt aktiver als solche mit Abitur oder Fachschulabschluss. Das widerspricht den bekannten Ergebnissen, die einen hohen Zusammenhang zwischen Bildung und Aktivität beschreiben. Diesen Widerspruch kann man aber auflösen, wenn man die einzelnen Aktivitäten genauer untersuchen. Auf diesem Weg kommt man zu zwei unterschiedlichen Aktivitätstypen.

2.2.2 Aktivitätstypen

Die bisher schlicht aufsummierten Aktivitäten sind als Ganzes eine sehr heterogene Gruppe, da sie sehr unterschiedliche Anforderungen an die Fähigkeiten und Ressourcen der Mitglieder stellen. Es ist daher nicht davon auszugehen, dass alle Aktivitäten von allen Mitgliedern gleichermaßen ausgeübt werden. Allerdings ähneln sich die Beteiligungsmuster bei einigen Aktivitäten stark, während andere kaum zusammenhängen. Daher ist es sinnvoll, nicht nur die Gesamtheit der Aktivitäten zu untersuchen,[207] son-

---

205 Vgl. Kap. 1.2.2.
206 SPD: 16,0 Prozent, Bündnis 90/Die Grünen: 17,7 Prozent, vgl. unten Abb.11.
207 Dafür spricht ein relativ hoher Reliabilitätskoeffizient von .84, den die Gesamtskala aus allen zehn Items in einer Reliabilitätsanalyse erzielt, und sehr hohe Zusammenhänge zwischen den einzelnen

dern sie zu gruppieren. Zu diesem Zweck wurden alle Aktivitäten einer Faktorenanalyse unterzogen, die als Ergebnis zwei unterschiedliche Typen der Aktivität ergab.[208]

Tab. 7:   *Faktorenanalyse der Aktivitäten*
(Faktorladungen)

Aktivität	Faktor 1	Faktor 2
Landespolitische Diskussionen	**.94**	-.10
Bundespolitische Diskussionen	**.90**	-.17
Kommunalpolitische Diskussionen	**.79**	-.01
Diskussionen über Personalfragen	**.48**	.32
Neue Mitglieder werben	**.38**	.37
Kandidatur für ein Amt oder Mandat	**.37**	.32
Soziale Aktionen	-.01	**.74**
Handzettel verteilen, Plakate kleben, Infostände	.00	**.73**
Zusätzliche Geldspenden	-.11	**.66**
Organisatorische Aufgaben	.27	**.63**
Erklärte Varianz	41,4 %	13,6%

Der erste Faktor beschreibt eine inhaltliche Aktivität: die Beteiligung an Diskussionen und die Kandidatur für ein Amt oder Mandat; man könnte auch von Politikformulierungspartizipation[209] sprechen. Der zweite Faktor kennzeichnet die formale Aktivität, die auf die Durchsetzung und erfolgreiche Präsentation der Inhalte abzielt; man könnte sie auch Politikvermittlungspartizipation[210] nennen. Diese Aktivitäten werden v.a. in Wahlkampfzeiten gebraucht, aber auch im Tagesgeschäft sind sie für die Öffentlichkeitsarbeit, Imagepflege und einen reibungslosen Ablauf der Parteiarbeit vonnöten. Etwas überraschend ist die sehr knappe Zuordnung der Mitgliederwerbung zur inhaltlichen Aktivität. Sie wird von den Mitgliedern offenbar auch als von der reinen Parteiwerbung (Handzettel, Infostände) getrennte Tätigkeit verstanden, für die man mit guten Argumenten Überzeugungsarbeit leisten muss. Mitgliederwerbung ist sowohl eine formale als auch eine inhaltliche Aktivität. Aufgrund der Faktorenanalyse wird sie hier aber der inhaltlichen Aktivität zugeordnet.

Zu einer ersten Bewertung der unterschiedlichen Rollenmuster der Parteimitglieder in Thüringen dient der Vergleich der Parteien bezüglich der inhaltlichen und der formalen Aktivität.

Items und der Gesamtskala. Allerdings steigt der Reliabilitätskoeffizient alpha mit der Anzahl der verwendeten Items.
[208] Hauptkomponentenanalyse mit schiefwinkliger Rotation, da nicht von einer vollkommenen Unabhängigkeit der beiden Aktivitätsformen ausgegangen wird.
[209] *O. Niedermayer* 1989, S. 14.
[210] *O. Niedermayer* 1989, S. 14.

Tab. 8: ***Inhaltliche und formale Aktivitäten der Parteimitglieder***
(Abweichungen vom Mittelwert 0)

	CDU	SPD	PDS	FDP	BGR
Formale Aktivität	-0,16	-0,04	+0,46	-0,44	-0,24
Inhaltliche Aktivität	+0,06	+0,20	-0,21	-0,13	+0,08

Anmerkung: Die verwendeten Faktorwerte sind standardisiert, haben also den Mittelwert 0 und die Standardabweichung 1.

Bei der ersten Übersicht über die Gesamtaktivitäten (vgl. Abb. 7) trat nur die FDP besonders hervor, da sie die mit weitem Abstand geringsten Mitgliederaktivitäten zu verzeichnen hat. Die Aktivitätsmuster der übrigen vier Parteien ähnelten sich in der Summe aller Aktivitäten noch sehr stark, die Aufteilung in Aktivitätstypen zeigt aber ein anderes Muster: Die Mitglieder von CDU und Bündnis 90/Die Grünen haben sehr ähnliche Aktivitätsprofile, sie legen den Schwerpunkt auf die inhaltliche Arbeit, ohne den formalen Teil allzu sehr zu vernachlässigen. Zwischen SPD und PDS, insgesamt noch sehr ähnlich, tun sich hier aber gewaltige Unterschiede auf: Die SPD-Mitglieder engagieren sich vor allem inhaltlich in ihrer Partei, und auch formal liegen sie weit vor CDU und Bündnis 90/Die Grünen. Bei der PDS hingegen verkümmert die inhaltliche Arbeit der „einfachen" Mitglieder, in dieser Kategorie bildet sie das Schlusslicht noch hinter der FDP. Aber auf der anderen Seite sind sie sehr engagiert: Ihre formale Beteiligung ist im Vergleich mit allen anderen Parteien sehr deutlich überdurchschnittlich. FDP-Mitglieder tragen sowohl inhaltlich als auch formal wesentlich weniger zur Parteiarbeit bei als die Mitglieder anderer Parteien.

Die hier getroffene Unterteilung in zwei Aktivitätsformen lässt auch die sozialstrukturellen Unterschiede in einem anderen Licht erscheinen (vgl. unten Abb. 8). Das Geschlechterverhältnis deutet auf eine „Arbeitsteilung" in den Parteien hin. Frauen engagieren sich mehr formal und weniger inhaltlich, Männer umgekehrt. Formales Engagement in einer Partei ist vor allem die Angelegenheit der Älteren; die jüngere Jahrgänge sind dafür nur schwer zu gewinnen. Hier spiegelt sich die Verfügbarkeit der wichtigsten Ressource für formales Engagement, nämlich Zeit, wider, über die die 30-44-Jährigen offenbar am wenigsten verfügen. Dieser Zusammenhang ist nicht auf die Zusammensetzung der PDS und ihren Anteil an der Stichprobe zurückzuführen, sondern findet sich bei allen Parteien außer der FDP. Von inhaltlicher Aktivität sehen die Älteren eher ab, die jüngeren und mittleren Jahrgänge bringen sich hier aber überdurchschnittlich ein.

Der unklare Zusammenhang zwischen Bildung und Aktivität lässt sich ebenfalls durch diese Unterscheidung erhellen. Höher Gebildete engagieren sich stark inhaltlich, aber nur wenig formal; weniger gut Gebildete engagieren sich formal leicht und inhaltlich stark unterdurchschnittlich, Mitglieder mit mittleren Bildungsabschlüssen sind die eifrigsten. Für inhaltliche Aktivität dürfte insgesamt die Ressource Bildung, für formale Aktivität die Ressource Zeit besonders wichtig sein.[211]

---

211 Die detaillierte Untersuchung der Zusammenhänge zwischen den Ressourcen und der innerparteilichen Partizipation bei den einzelnen Parteien folgt in Kapitel 3.1.1.

Abb. 8: *Zusammenhang von formalem und inhaltlichem Engagement mit sozialstrukturellen Merkmalen*
(Abweichungen vom Mittelwert 0)

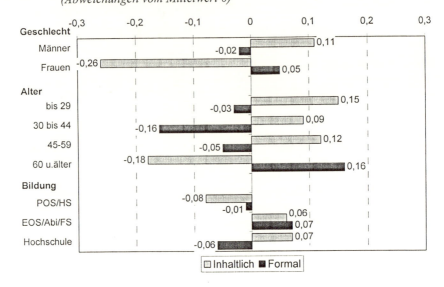

Die sozialstrukturellen Unterschiede haben bereits die ersten Aktivitätsvoraussetzungen offengelegt. Neben diesen kommen aber noch eine Reihe weiterer Faktoren in Betracht, die auf die Stärke und die Art und Weise des Engagements des Einzelnen Einfluss haben. Vielleicht ist geringes inhaltliches Engagement (z.B. bei der PDS) ja auch dadurch begründet, dass diese Mitglieder mit der Parteilinie sehr stark übereinstimmen und eine inhaltliche Einmischung für nicht notwendig erachten. Möglicherweise wollen sie eine Partei, die vor allem nach außen geschlossen wirkt, und verzichten daher bewusst auf eigene inhaltliche Beiträge. Das SED-Erbe der PDS böte eine plausible Erklärung dafür.

Die Ergebnisse der Faktorenanalyse können nur erste Hinweise auf die Struktur der Aktivitäten von Thüringer Parteimitgliedern geben. Für eine eingehendere Untersuchung sollte man von dieser Art der Gruppierung abgehen. Die Alternative zur Faktorenanalyse ist die Umsetzung der Gruppierung in Summenscores.

Die Faktorenanalyse ist als exploratives Verfahren in der Lage, Zusammenhänge zwischen den verschiedenen Aktivitätsformen aufzudecken. Der Hauptvorteil der Faktorenanalyse liegt in der unterschiedlichen Gewichtung, in der die Items in die Faktoren eingehen; sie sind unterschiedlich stark an der Zusammensetzung des Faktors beteiligt. Ein Nachteil der Faktorenanalyse hängt mit der Anzahl der verwendeten Items zusammen. Sind mehrere Items zu einem übergeordneten Thema (wie im vorliegenden Fall die Diskussionen) vorhanden, bilden sie selbstverständlich einen Schwerpunkt in einem Faktor. Liegt aber zu einer anderen, theoretisch ebenfalls sehr plausiblen Dimension, nur ein Item vor, versucht die Faktorenanalyse, dieses Item unter einen anderen Faktor zu gruppieren. Das Gewicht eines einzelnen Items ist zu gering, um einen eigenen Faktor zu bestimmen. Im vorliegenden Fall wird die von Niedermayer theoretisch begründete und praktisch gefundene Dimension Personalrekrutierungspartizipation wahrscheinlich deshalb nicht entdeckt, weil sie nur durch eine Frage repräsentiert wird. Die hier festgestellte Aufteilung der Aktivitäten wird durch dieses Problem aber nicht berührt, da die gleichen Aktivitätstypen gefunden werden, wenn man eine der Diskussionsfragen entfernt.

Der schwerwiegendste Nachteil der Faktorenanalyse hängt in diesem Fall aber damit zusammen, dass es sich um einen Datensatz mit Mitgliedern von fünf verschiedenen Parteien handelt. Der Anteil der PDS-Mitglieder ist gut dreimal so groß wie der der Mitglieder von Bündnis 90/Die Grünen. Daher haben ihre Angaben auch bei der Faktoreinteilung ein entsprechend größeres Gewicht.[212] Eine Lösung für dieses Problem böten getrennte Faktorenanalysen für alle Parteien. Im Prinzip wird das gefundene Muster auch bei allen Parteien repliziert, die Zusammensetzung der Faktoren und die Reihenfolge der Items innerhalb der Faktoren unterscheidet sich aber teilweise. Das hat zur Folge, dass die Ergebnisse zwischen den Parteien nicht mehr direkt vergleichbar sind. Dieser Vergleich ist aber eines der wichtigsten Ziele dieser Arbeit, daher werden die zwei Aktivitätsskalen aus der Summe der einzelnen Aktivitäten gebildet. Für jedes Mitglied werden die Angaben über die Aktivitäten aufsummiert. Dabei wird zwischen den zwei Aktivitätsformen unterschieden, die die Einteilung der Aktivitäten mittels Faktorenanalyse ergeben hat.

Auf der Grundlage dieser zwei Aktivitätsskalen kann man den Anteil der aktiven Mitglieder in jeder Partei feststellen. Dieser Anteil ist im Vergleich der Parteien untereinander sinnvoll zu interpretieren, eine absolute Interpretation der Zahlen ist jedoch nicht sinnvoll.[213] Im vorliegenden Fall (vgl. Tab. 9) wurde die Mitglieder dann als aktive Mitglieder gezählt, wenn sie auf der Summenskala der beiden Aktivitäten im Durchschnitt mindestens die Mittelkategorie erreicht haben.

Tab. 9: **Anteil inhaltlich und formal aktiver Parteimitglieder**
(in Prozent)

	CDU	SPD	PDS	FDP	BGR
Inhaltlich Aktive	55,4	65,6	44,7	48,6	61,4
Formal Aktive	34,6	42,4	57,1	24,2	33,8

Insgesamt sieht man, dass der Anteil inhaltlich Aktiver in allen Parteien deutlich über dem Anteil formal Aktiver liegt, bei der FDP liegt er sogar mehr als doppelt so hoch. Einzige Ausnahme ist die PDS, bei der es umgekehrt mehr formal als inhaltlich Aktive gibt. Das mittlerweile bekannte Bild zeigt sich auch hier: Die meisten aktiven Mitglieder sind bei SPD und Bündnis 90/Die Grünen zu finden, die wenigsten bei der FDP. Das

---

212 Dies wird daran sichtbar, dass der Durchschnittswert für die formale Aktivität bei allen Parteien außer der PDS negativ ist, vgl. Tab. 8.
213 Das liegt an der willkürlichen Festlegung der Grenze, ab der ein Mitglied als aktiv oder nicht aktiv gewertet wird.

bedeutet, dass nicht wenige „hyperaktive" Mitglieder den Unterschied von SPD und Bündnis 90/Die Grünen zu den anderen ausmachen, sondern dass sich die höhere Aktivität auf viele Schultern gleichmäßig verteilt.

2.2.3 Partizipation inner- und außerhalb der Partei

Vor der intensiven Auseinandersetzung mit innerparteilicher Partizipation erscheint noch ein kurzer „Blick über den Tellerrand" angebracht. Partizipation ist multidimensional und nicht einfach nur kumulativ, aber zwischen den einzelnen Partizipationstypen zeigen sich deutliche Zusammenhänge. Einige Möglichkeiten politischer Partizipation hängen untereinander stark zusammen, während sie sich von anderen deutlich unterscheiden.[214]

Dies trifft auch für die Parteimitglieder in Thüringen zu. Die Mehrheit der Mitglieder in allen Parteien würde sich auch außerhalb der Partei bei einer Unterschriftensammlung, in einer Bürgerinitiative oder an einer genehmigten Demonstration beteiligen, um politischen Einfluss zu nehmen. Die eifrigsten Mitglieder finden sich – nach den ersten Ergebnissen zur innerparteilichen Partizipation wenig erstaunlich – bei Bündnis 90/Die Grünen und der SPD, aber auch die PDS-Mitglieder neigen zu politischer Partizipation außerhalb der Partei. Mitglieder von FDP und vor allem der CDU sind etwas zurückhaltender, sind aber immer noch mehrheitlich dazu bereit.

Tab. 10: Bereitschaft der Parteimitglieder zu Partizipation außerhalb der Partei, getrennt nach Intensität innerparteilicher Partizipation (Mittelwerte)

	Nicht aktiv	Gering	Mittel	Sehr aktiv	Gesamt
Unterschriftensammlung	1,95	1,64	1,51	1,43	1,58
Bürgerinitiative	2,29	2,14	1,85	1,63	1,96
Demonstration	2,41	2,10	1,78	1,70	1,94
Demonstration, bei der mit Gewalt gerechnet werden muss	4,11	4,00	3,74	3,79	3,87
Politisch motivierte Gewalt	4,53	4,45	4,34	4,35	4,40

Anmerkung: Skala von 1 "würde ich bestimmt tun" bis 5 "würde ich bestimmt nicht tun".

Bei unkonventionellen Formen der politischen Partizipation, also Demonstrationen, bei denen auch mit Gewalt gerechnet werden muss, und der Durchsetzung von politischen Zielen mit Gewalt, zeigt sich die gleiche Reihenfolge der Parteien. Allerdings sind hier deutlich mehr Mitglieder dagegen als dafür, jeweils über drei Viertel der

---

214 *Van Deth* stellt in seiner neueren Untersuchung der Partizipation in Deutschland fest, „daß die sechs Items, die konventionelle politische Beteiligung repräsentieren, eng zusammenhängen und sich außerdem ganz deutlich von den beiden Formen Protestverhalten unterscheiden." Vgl. J. W. van Deth 1997: Formen konventioneller Partizipation. Ein neues Leben alter Dinosaurier?, in: O. W. Gabriel (Hrsg.): Politische Orientierungen und Verhaltensweise im vereinigten Deutschland. Opladen, S. 291-319, hier S. 300.

Mitglieder sprechen sich klar gegen Gewalt aus; Mitglieder der PDS sind trotz des hohen Durchschnittalters der Gewalt am wenigsten abgeneigt.[215]

Diejenigen, die sich auch innerhalb der Partei überdurchschnittlich stark engagieren, sind auch zu Aktionen außerhalb der Partei etwas häufiger zu gewinnen (vgl. Tab. 10). Der Abstand der Parteiaktivisten zu den Passiven ist bei Unterschriftensammlung, Bürgerinitiative und Demonstration deutlich vorhanden. Bei Partizipationsformen, bei denen zumindest mit Gewalt gerechnet werden muss, nimmt er deutlich ab. Alle Gruppen lehnen Gewalt einmütig ab.

Vergleicht man diese Zahlen mit der Bereitschaft zu politischer Partizipation in der Bevölkerung, so sind Parteimitglieder deutlich häufiger dazu bereit, sich auch außerhalb ihrer Partei politisch zu betätigen. Der Bevölkerungsdurchschnitt liegt bei den hier präsentierten Möglichkeiten durchweg deutlich unter dem der Parteimitglieder.[216] Einzige Ausnahme hierbei: Gewalt als Mittel zur Durchsetzung politischer Ziele wird von allen Gruppen einhellig abgelehnt.

Tab. 11: Bereitschaft zu politischer Partizipation: Vergleich zwischen Parteimitgliedern und Bevölkerung (Mittelwerte)

	Parteimitglieder Thüringen	Bevölkerung Thüringen[217]	Bevölkerung Ostdeutschland[218]	Bevölkerung Westdeutschland[219]
Unterschriften-sammlung	1,58	1,99	Nicht erhoben	Nicht erhoben
Bürgerinitiative	1,96	2,66	3,12	2,71
Demonstration	1,94	2,75	2,85	2,88
Demonstration, bei der mit Gewalt gerechnet werden muss	3,87	4,37	4,26	4,33
Politisch motivierte Gewalt	4,40	4,42	4,37 (1994)	4,34 (1994)

Anmerkung: Skala von 1 "würde ich bestimmt tun" bis 5 "würde ich bestimmt nicht tun".

---

215 Die älteste Gruppe der über 60-Jährigen lehnt Gewalt als Mittel zur Durchsetzung politischer Ziele weniger stark ab als die beiden mittleren Altersgruppen (30 bis 59-Jährige). In der jüngsten Gruppe sind bei der PDS zu wenige Mitglieder um eine sinnvolle Aussage treffen zu können.
216 Den Gründen für den überraschend großen Unterschied zwischen der Bevölkerung in Thüringen und Ostdeutschland bei der Beteiligung an einer Bürgerinitiative kann hier leider nicht nachgegangen werden.
217 Quelle: Eigene Berechnungen aus dem Datensatz "Thüringen-Monitor" der FSU Jena, 1001 Befragte in Thüringen, September 2000.
218 Quelle: Eigene Berechnungen für 1998 (Gewalt: 1994) aus dem Datensatz "Politische Einstellungen, politische Partizipation und Wählerverhalten im vereinigten Deutschland 1994-1998", Nr. S3064 im Zentralarchiv für empirische Sozialforschung der Universität Köln, 1107 Befragte in Ostdeutschland 1998; 2081 Befragte in Ostdeutschland 1994.
219 Quelle: Eigene Berechnungen für 1998 (Gewalt: 1994) aus dem Datensatz "Politische Einstellungen, politische Partizipation und Wählerverhalten im vereinigten Deutschland 1994-1998", Nr. S3064 im Zentralarchiv für empirische Sozialforschung der Universität Köln, 2230 Befragte in Westdeutschland 1998; 2033 Befragte in Westdeutschland 1994.

Diese Ergebnisse passen nahtlos in das Bild der Aktivisten, das Milbrath und Goel gezeichnet haben: „Even though several modes of participation have been discovered, there does exist ‚a general activist syndrome' in political participation."[220] Parteimitglieder gehören demnach eindeutig zum Kern der Aktivisten, die sich überdurchschnittlich in der Gesellschaft engagieren.

2.2.4 Zusammenfassung

Die empirische Prüfung der verschiedenen Möglichkeiten, innerparteiliche Partizipation zu operationalisieren, hat die Vorteile der Frage nach der Häufigkeit der Teilnahme an innerparteilichen Aktivitäten nochmals deutlich unterstrichen. Die Häufigkeit des Veranstaltungsbesuchs, der Zeitaufwand für die Partei und der Status als Amts- oder Mandatsträger hängen zwar sehr stark mit dieser Frage zusammen, bieten aber insgesamt nur ein diffuses Bild innerparteilicher Partizipation.

Der Anteil aktiver Mitglieder ist in allen Parteien eher gering. Im Vergleich haben SPD und PDS die aktivsten Mitglieder, gefolgt von CDU und Bündnis 90/Die Grünen, die FDP ist das Schlusslicht. Besonders SPD und PDS unterscheiden sich aber deutlich im Typus der Partizipation: Während SPD-Mitglieder inhaltlich und eingeschränkt auch formal aktiv sind, ist die Aktivität der PDS-Mitglieder fast ausschließlich auf die formale Unterstützung der Partei beschränkt. Diese Trennung zweier Aktivitätstypen erweist sich auch bei der sozialstrukturellen Typologie der Aktiven als hilfreich. Formal beteiligen sich Frauen, Ältere und Mitglieder mit mittleren Bildungsabschlüssen überdurchschnittlich. Inhaltlich tun sich vor allem Männer, jüngere und mittlere Altersgruppen und Mitglieder mit mittleren und höheren Bildungsabschlüssen hervor. Diese Zusammenhänge müssen allerdings noch für die einzelnen Parteien überprüft werden, was aber die Kenntnis der sozialstrukturellen Zusammensetzung der Parteien erfordert. Die eingangs zitierte Behauptung Poguntkes, die Mitglieder verschiedener Parteien unterschieden sich nicht bezüglich der innerparteilichen Partizipation, konnte aber hier schon widerlegt werden. In der Stärke und in der Art und Weise der Partizipation unterscheiden sich die Mitglieder verschiedener Parteien sogar erheblich. Auch außerhalb der Parteien, bei Unterschriftensammlungen oder Demonstrationen und in Bürgerinitiativen, engagieren sich Parteimitglieder deutlich stärker als der Bevölkerungsdurchschnitt.

Bevor mit der eigentlichen Erklärung innerparteilicher Partizipation begonnen werden kann, soll ein Blick auf das soziale Profil der Mitglieder der Thüringer Parteien geworfen werden. Der Aufbau orientiert sich dabei an den Bestandteilen des Modells zur Erklärung innerparteilicher Partizipation, das in Kapitel 1.3 entworfen wurde. Dadurch können bei der Beschreibung des Profils der Mitgliedschaften gleichzeitig die Erklärungsfaktoren für innerparteiliche Partizipation einzeln beleuchtet und schrittweise auf Zusammenhänge untereinander überprüft werden.

---

220 L. W. Milbrath / M. L. Goel 1977, S. 150.

2.3 Sozialprofil und politische Einstellungen der Parteimitglieder im Vergleich

2.3.1 Das Sozialprofil der Mitgliedschaft

Die Mitgliedschaft der Thüringer Parteien unterscheidet sich beträchtlich hinsichtlich ihrer soziodemographischen Zusammensetzung.[221] Die PDS hat mit 43 Prozent den höchsten Frauenanteil, gefolgt von Bündnis 90/Die Grünen mit 36 Prozent, der SPD mit 26 und der CDU mit 25 Prozent. Den geringsten Frauenanteil der Thüringer Parteien hat mit 20 Prozent die FDP.[222] Auf der Ebene der Orts- und Kreisvorsitzenden sind Frauen nochmals seltener vertreten, der Anteil ist hier bei allen Parteien etwa halb so hoch wie in der Mitgliedschaft.

Bei Bündnis 90/Die Grünen und der FDP hat beinahe jeder zweite einen Hochschulabschluss; bei PDS und SPD ist es ein gutes Drittel, bei der CDU ein gutes Viertel. Entsprechend sind Mitglieder mit POS- bzw. Hauptschulabschluss bei der CDU am häufigsten zu finden, bei Bündnis 90/Die Grünen und der FDP am seltensten.[223] Der Anteil der Universitätsabsolventen steigt bei allen Parteien mit der Verantwortungsebene kontinuierlich an, bei den Kreisvorsitzenden liegt er zwischen 74 (CDU) und 94 Prozent (PDS). Allein bei Bündnis 90/Die Grünen sind die Ansprechpartner im Kreisverband bildungsmäßig ein genaues Abbild der Mitgliedschaft.[224]

Die durchschnittlich jüngsten Mitglieder hat Bündnis 90/Die Grünen (41 Jahre), die ältesten die PDS mit 65 Jahren. Drei Viertel der PDS-Mitglieder haben bereits das sechzigste Lebensjahr vollendet. Die Kreis- und Ortsvorsitzenden aller Parteien sind beinahe ausnahmslos beträchtlich jünger.

---

[221] Bei Angaben zur „Mitgliedschaft" handelt es sich – soweit nicht ausdrücklich anders vermerkt – um diejenigen, die als einfaches Mitglied in die Stichprobe gelangt sind. Die Kreis- und Ortsvorsitzenden, die in dieser Funktion angesprochen wurden, sind hierin nicht enthalten. Deren Ergebnisse werden wenn nötig gesondert ausgegeben.

[222] Diese Berechnungen aus der Mitgliederbefragung entsprechen weitgehend den Mitgliederstatistiken der Thüringer Parteien. Danach sind bei der CDU 32% der Mitglieder Frauen (12/1995), bei der SPD 25% (12/1996), bei der PDS 44% (12/1996) und bei der FDP 25% (12/1998). Die Landesgeschäftsstelle von Bündnis 90/Die Grünen konnte keine exakte Auskunft geben und schätzte den Anteil auf 40%. Zum Vergleich der Frauenanteil der Bundesparteien (12/1998): CDU: 25%, SPD: 29%, PDS: 46%, FDP: 25%, B90/GR: 36%, entnommen aus: *O. Niedermayer* 2001b, S. 438. Nachdem die offiziellen Statistiken der Parteien das Alter ihrer Mitglieder jeweils in anderen Kategorien gruppieren und die Berufsgruppen nicht erhoben oder nicht aktualisiert werden, wird hier auf den Vergleich verzichtet.

[223] Damit sind in den Thüringer Parteien Personen mit höherer Bildung deutlich überrepräsentiert. Die Mitglieder der CDU entsprechen noch am ehesten dem Bevölkerungsdurchschnitt in Thüringen, wo 23% einen (Fach-)Hochschulabschluss, 10% Abitur, 42% den Abschluss der 10. Klasse oder POS und 25% einen geringeren formalen Bildungsabschluss haben (eigene Berechnung aus dem Datensatz Thüringen-Monitor 2000).

[224] Diejenigen Mitglieder, die die Funktion eines Kreisvorsitzenden ausüben, werden bei Bündnis 90/Die Grünen Ansprechpartner im Kreisverband genannt.

Abb. 9: **Parteimitglieder nach Altersgruppen**
(in Prozent)

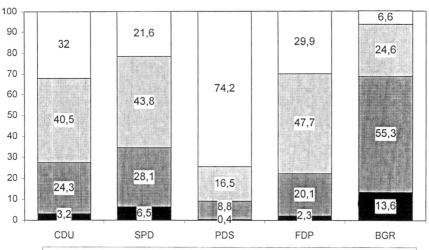

Verglichen mit der Thüringer Bevölkerung sind die älteren Jahrgänge deutlich überrepräsentiert, die jüngeren drastisch unterrepräsentiert.[225] Die einzige Ausnahme bilden die Grünen, bei denen die mittleren Jahrgänge stark über-, die Jungen und die Alten hingegen stark unterrepräsentiert sind. Beim Vergleich mit den jeweiligen Bundesparteien zeigt sich, dass bei der Thüringer CDU und der SPD der Anteil der Älteren (über 60 Jahre) erheblich geringer ist, bei der FDP liegt er ähnlich, bei der PDS darüber.[226]

Eng mit dem Alter zusammenhängend hat die PDS auch den höchsten Rentneranteil mit 74 Prozent, Bündnis 90/Die Grünen den geringsten mit vier Prozent. Hier sind vier von fünf Mitgliedern in Vollzeit, Teilzeit oder in einem Ausbildungsverhältnis beschäftigt, bei der PDS ist es gerade noch einer von fünf (vgl. unten Tab. 12). Bei den Berufsgruppen, denen die Mitglieder in einem Beschäftigungsverhältnis angehören, machen die einfachen und mittleren Angestellten insgesamt die größte Gruppe aus, dicht gefolgt von den höheren und leitenden Angestellten und Beamten. Der Anteil der Selbständigen ist deutlich höher als der der Arbeiter.

---

225 In Thüringen sind insgesamt 81 Prozent der Bevölkerung volljährig, und nur solche Parteimitglieder sind hier befragt worden. Daher erfolgt die Umrechnung der Parteimitglieder auf 81 Prozent gesamt. Ein Vergleich der Altersgruppen (mit der Einteilung des Statistischen Jahrbuchs) ergibt: Thüringer Bevölkerung: 18-24-Jährige: 8,2 %; 25-44-Jährige: 30,8 %; 45-59-Jährige: 20,1 %; 60-Jährige und Ältere: 21,8 %, vgl. *Thüringer Landesamt für Statistik* (Hrsg.) 1999: Statistisches Jahrbuch Thüringen 1999. Erfurt, S. 59. Thüringer Parteimitglieder (insg.): 18-24-Jährige: 1 %; 25-44-Jährige: 21,3 %; 45-59-Jährige: 27,7 %; 60-Jährige und Ältere: 31 %.

226 Vgl. *O. Niedermayer* 2001b, S. 439. Diese Aufstellung beinhaltet nur drei Kategorien: bis 30 Jahre, 30 bis 60 Jahre und über 60 Jahre. Angaben für Bündnis 90/Die Grünen sind nicht enthalten.

2. Kapitel: Parteien und ihre Mitglieder in Thüringen

Tab. 12: Parteimitglieder nach Berufsgruppen
(in Prozent)

	Alle	CDU	SPD	PDS	FDP	BGR
Anteil der aktuell Berufstätigen:	54,2	60,0	68,6	20,4	67,9	80,7
Davon:						
(Fach-)Arbeiter	13,2	15,2	16,7	17,0	4,2	9,7
Einfache und mittlere Angestellte und Beamte	29,7	21,1	30,7	48,0	20,3	41,2
Höhere und leitende Angestellte und Beamte	27,8	29,7	29,4	8,0	37,3	23,6
Selbständige / Unternehmer / Freiberufler	22,2	26,5	17,2	17,3	32,2	17,0
Sonstige / keine Angabe	7,1	7,5	6,0	9,7	6,0	8,5

Der Arbeiteranteil liegt bei CDU, SPD und PDS etwa gleichauf, bei den beiden anderen Parteien deutlich darunter. Die typische Arbeiterpartei gibt es in Thüringen demzufolge nicht. Angestellte und Beamte dominieren in allen Parteien. In der CDU und der FDP sind höhere und leitende Angestellte und Beamte häufiger, bei SPD, PDS und Bündnis 90/Die Grünen einfache und mittlere. Mehr als jeder vierte in der CDU und fast jedes dritte FDP-Mitglied gehört dem Mittelstand an (Handwerker, Unternehmer und Freiberufler). Der Anteil derjenigen, die derzeit im öffentlichen Dienst beschäftigt sind, liegt bei allen Parteien ungefähr bei einem Drittel, einzig in der FDP sind es deutlich über 40 Prozent.

Eine etwas andere Aufteilung der derzeit Berufstätigen erlaubt einen Vergleich mit der Thüringer Wohnbevölkerung: 47 Prozent der Thüringer sind Angestellte, gut 41 Prozent Arbeiter, acht Prozent Selbständige und knapp vier Prozent sind Beamte.[227] Unter den Parteimitgliedern ist der Anteil der Angestellten gleich groß (47 Prozent), Arbeiter sind drastisch unterrepräsentiert (13 Prozent), Selbständige (22 Prozent) und Beamte (11 Prozent) hingegen sind deutlich überrepräsentiert. Damit zeigt sich in Thüringen ein sehr ähnliches Bild wie bei den Parteien bundesweit.[228]

Bei allen Parteien zeigt sich ein starker Zusammenhang zwischen Beruf, Bildung und der Selbsteinstufung in eine soziale Schicht. Bei der Schicht stufen sich in allen Parteien rund 60 Prozent der Mitglieder in der Mitte ein, die übrigen verteilen sich gleichmäßig auf die Kategorien darüber und darunter. Einzig bei der PDS ist die Verteilung deutlich anders: Hier finden sich nur 40 Prozent in der Mitte und beinahe der gesamte Rest darunter. Bei der PDS ist die Schichtselbsteinstufung auch am wenigsten abhängig von

---

227 Angaben für April 1998 aus: *Statistisches Bundesamt* (Hrsg.): Statistisches Jahrbuch 1999 für die Bundesrepublik Deutschland. Stuttgart 1999, S. 106.
228 Vgl. *W. Rudzio*: Das politische System der Bundesrepublik Deutschland. 5. Aufl. Opladen 2000, S. 188f.

Einkommen und Bildung; möglicherweise wirken hier noch Assoziationen bei dem Wort „Unterschicht" nach.[229]

In Thüringer Dörfern ist vor allem die CDU beheimatet, mehr als die Hälfte ihrer Mitglieder wohnt auf dem Land; besonders schwach ist hier die PDS vertreten. Die Großstädte in Thüringen sind dagegen die Hochburgen von SPD, PDS und Bündnis 90/Die Grünen, wobei die PDS vor allem in den Vororten der Großstädte zuhause ist. Aus kleinen und mittleren Städten rekrutieren fast alle (Ausnahme CDU) Parteien die meisten ihrer Mitglieder, vor allem die FDP hat hier einen Schwerpunkt.

Die Zugehörigkeit zu einer Konfession ist erwartungsgemäß bei der CDU am häufigsten zu finden. Ihre konfessionelle Zusammensetzung entspricht damit einer Mittelstellung zwischen der Zusammensetzung der gesamtdeutschen CDU[230] und der CDU in Ostdeutschland insgesamt.[231] Im Vergleich zur Bundespartei sind Katholiken unter- und Protestanten überrepräsentiert, im Vergleich zur CDU in Ostdeutschland ist es umgekehrt, was vermutlich auf den hohen Katholiken- und CDU-Mitglieder-Anteil im Eichsfeldkreis zurückzuführen ist.[232]

Abb. 10:  *Anteil Konfessionsangehöriger (in Prozent)*

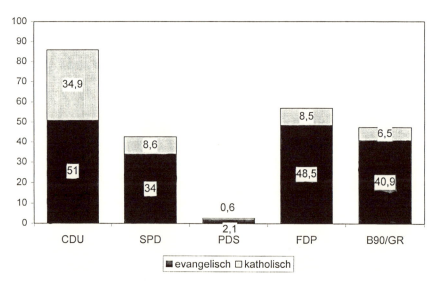

---

229 Bei dieser 5er-Skala wurden nur die Extrempunkte mit „Unterschicht" und „Oberschicht" benannt, das Wort „Arbeiterklasse" wurde bewusst vermieden.
230 Vgl. *O. Niedermayer* 2001b, S. 438.
231 Vgl. *V. Neu* 1997, S. 25.
232 Der Eichsfeldkreis ist mit 2.102 Mitgliedern (31.12.1998) der mit deutlichem Abstand stärkste Kreisverband der CDU Thüringen. Von den Mitgliedern im Eichsfeld sind rund 90 Prozent Katholiken. Zur besonderen Rolle des Eichsfelds vgl. *U. Schmidt* 1997, insbesondere S. 246-287.

Bis auf die PDS sind Konfessionsangehörige bei allen Parteien in Thüringen überrepräsentiert, denn in der Gesamtbevölkerung Thüringens gibt es nur 8,6 Prozent katholische und 28,6 Prozent evangelische Christen.[233] Vor allem evangelische Christen finden sich in allen Parteien (außer der PDS) häufiger als in der Gesamtbevölkerung, katholische nur in der CDU, wo sie ein gutes Drittel der Mitglieder stellen. Betrachtet man zusätzlich zur Konfessionsbindung noch die Kirchgangshäufigkeit als Maß für die Kirchenbindung, so kann man die stärkste Bindung unter den in der CDU engagierten Katholiken feststellen. Hier gehen 57 Prozent der Katholiken jede Woche in die Kirche, fast drei Viertel aller Katholiken besuchen die Kirche wenigstens einmal im Monat. Bei allen anderen Parteien liegen diese Werte deutlich darunter, ebenso wie erwartungsgemäß bei den evangelischen Christen aller Parteien.

PDS-Mitglieder haben die längste Parteikarriere aufzuweisen, denn sie gehören der PDS bzw. der SED im Durchschnitt seit fast 40 Jahren an.[234] Auch CDU und FDP haben als Nachfolger von Blockparteien einen hohen Durchschnitt von 18 (CDU) bzw. 24 Jahren aufzuweisen. Der Anteil der „Altmitglieder" ist bei der PDS erwartungsgemäß am größten, aber auch in der FDP und abgeschwächt in der CDU macht sich die Blockvergangenheit bemerkbar. In der SPD ist jedes fünfte Mitglied früher in der SED oder einer Blockpartei gewesen.

Abb. 11: Anteil ehemaliger Mitglieder von SED oder Blockparteien (Altmitglieder) und Westdeutscher (in Prozent)

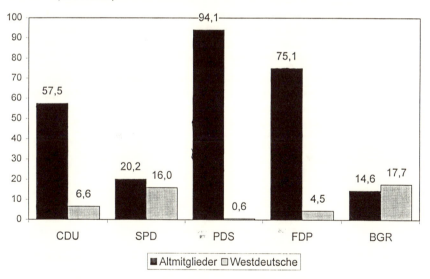

---

233 Vgl. *Thüringer Landesamt für Statistik* (Hrsg.) 1999, S. 32 und 39.
234 Die Frage bei der PDS lautete auf Anraten des Landesgeschäftsführers „Seit welchem Jahr gehören Sie der PDS/SED an?".

Bei der SPD und bei Bündnis 90/Die Grünen stammt etwa jedes sechste Mitglied aus den alten Bundesländern, bei Union und FDP ist es nur eines von zwanzig. Die PDS hat beinahe keine Mitglieder, die ihren Wohnsitz vor der Wende in der Bundesrepublik hatten.

Alt- und Neumitglieder unterscheiden sich bei CDU, SPD und FDP vor allem im Alter: Neumitglieder sind bei allen drei Parteien deutlich jünger.[235] Der Frauenanteil ist bei SPD-Neumitgliedern mit 28 Prozent deutlich höher als bei den Altmitgliedern (17 Prozent), bei den anderen beiden Parteien zeigt sich kein geschlechtsspezifischer Unterschied. Neumitglieder von FDP und CDU haben eine formal höhere Bildung als die Altmitglieder, bei der SPD ist es umgekehrt. Die Neumitglieder aller drei Parteien sind wesentlich häufiger konfessionsgebunden als die Altmitglieder. Einzig bei der CDU liegt der Katholikenanteil unter den Neumitgliedern (30 Prozent) unter dem der Altmitglieder (39 Prozent), aber noch deutlich über dem Bevölkerungsdurchschnitt in Thüringen.[236]

Insgesamt weist die sozialstrukturelle Zusammensetzung der Thüringer Parteien sehr starke Ähnlichkeiten zu den Parteien in Sachsen und Sachsen-Anhalt auf.[237] Diese Ähnlichkeiten deuten darauf hin, dass die Thüringer Ergebnisse durchaus auf Ostdeutschland übertragbar sind.

2.3.2 Persönliches Umfeld der Mitglieder

Ähnlich wie bei der soziodemographischen Zusammensetzung der Thüringer Parteien finden sich auch deutliche Unterschiede, wenn man das persönliche Umfeld der Mitglieder betrachtet. Bei etwa der Hälfte aller Parteimitglieder finden sich auch im Freundeskreis überwiegend Anhänger der eigenen Partei. Etwa jeder Dritte kann gar auf Mitglieder der gleichen Partei in der Familie verweisen.

Die parteipolitische Homogenität des Umfelds ist aber von Partei zu Partei sehr unterschiedlich: Am schwächsten ist sie bei FDP-Mitgliedern ausgeprägt, am stärksten bei PDS-Mitgliedern. Die Homogenität des Umfelds ist von den persönlichen soziodemographischen Faktoren weitgehend unabhängig. Als einzige Ausnahme geben Frauen sehr viel häufiger als Männer an, dass weitere Familienmitglieder in der gleichen Partei sind.[238]

---

235 Bei Bündnis 90/Die Grünen erlaubt die geringe Fallzahl keine sinnvollen Aussagen über den Unterschied zwischen Alt- und Neumitgliedern.
236 Wirklich sinnvoll interpretierbar sind die Unterschiede zwischen Alt- und Neumitgliedern nur bei der CDU und eingeschränkt bei der FDP, wo in beiden Gruppen eine ausreichende Fallzahl zur Verfügung steht. Im Folgenden wird dieser Unterschied nicht systematisch in den Mittelpunkt gerückt, sondern immer dort erwähnt, wo er besonders auffällig ist.
237 Für diese beiden ostdeutschen Bundesländer liegen Ergebnisse von Mitgliederbefragungen vor. Vgl. *W. J. Patzelt / K. Algasinger* 1996; *B. Boll u.a.* 1999. Auch im Vergleich zu Mecklenburg-Vorpommern zeigen sich starke Ähnlichkeiten, hier liegen aber nur sehr wenige Erkenntnisse vor, vgl. *N. Werz / H.-J. Hennecke* (Hrsg.) 2000.
238 Das deutet darauf hin, dass bei Frauen die Rekrutierung durch Familienmitglieder häufiger vorkommt als bei Männern, die sehr viel häufiger als einziger in einer Familie Parteimitglied sind.

Abb. 12: ***Parteipolitische Homogenität des persönlichen Umfelds***
(in Prozent)

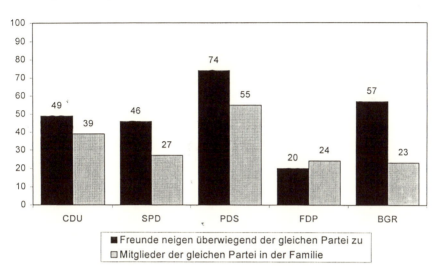

Das Umfeld der Parteimitglieder wird neben Familie und Freunden auch von Vereinen und sonstigen Organisationen bestimmt.[239] Insgesamt sind drei Viertel aller Thüringer Parteimitglieder auch Mitglieder in mindestens einer weiteren Organisation. Wiederum zeigen sich deutliche Parteiunterschiede.

Tab. 13: ***Mitgliedschaft der Parteimitglieder in sonstigen Organisationen***
(in Prozent)

Mitglied in ... sonstigen Organisation(en)	CDU	SPD	PDS	FDP	BGR
Keiner	24,0	21,0	30,7	24,9	16,3
Einer	36,9	33,1	45,2	41,1	34,3
Zwei und mehr	39,1	45,9	24,1	34,1	49,4

Die eindeutig beste Verwurzelung in sonstigen Organisationen findet sich bei Bündnis 90/Die Grünen, was angesichts der Entstehungsgeschichte dieser Partei kaum verwundert. SPD-Mitglieder sind ebenfalls sehr stark, PDS-Mitglieder hingegen vergleichsweise wenig engagiert, was dem hohen Durchschnittsalter zu schulden sein dürfte. In allen Parteien außer Bündnis 90/Die Grünen sinkt mit dem Alter die soziale

---

239 Als Organisationen standen zur Auswahl: Gewerkschaft, Berufsverband, Betriebs-/Personalrat, kirchliche Gruppe, Umweltverband, Sport-/Jugend-/Freizeitverein, Wohlfahrtsverband, Bürgerinitiative, Freiwillige Feuerwehr, sonstige Organisation. Leider ist es nicht möglich, zwischen einer aktiven und einer passiven Rolle in diesen Organisationen zu unterscheiden.

Partizipation in sonstigen Organisationen. Bei Inhabern von Mandaten oder Parteiämtern liegt der Anteil der Organisierten in allen Parteien deutlich höher.

Das Umfeld spielt eine sehr wichtige Rolle bei der Entscheidung, einer Partei beizutreten. Insgesamt geben fast 40 Prozent der Mitglieder an, der Anlass für ihren Parteibeitritt sei Werbung von Verwandten, Freunden oder Kollegen gewesen. Von Männern (35 Prozent) wird dieser Anlass deutlich seltener genannt als von Frauen (48 Prozent), daher ist auch bei ihnen das Umfeld insgesamt homogener. Gut 40 Prozent der Mitglieder sind aus eigenem Antrieb in die Partei eingetreten. Bei den Neu-/Wiedergründungen Bündnis 90/Die Grünen und SPD ist dieser Anteil mit jeweils zwei Dritteln der Mitglieder deutlich höher als bei den Parteien, die bereits Vorläufer zu DDR-Zeiten hatten.[240]

Bei den Beitrittsmotiven kristallisieren sich drei große Bereiche heraus: Aktive politische Betätigung und die Durchsetzung von politischen Zielen, Geselligkeit und Orientierungshilfe sowie handfeste berufliche oder sonstige Vorteile. Die Vorteile standen bei ihrem Beitritt bei den Mitgliedern aller Parteien an letzter Stelle, für 80 Prozent von ihnen war das sehr unwichtig. Die inhaltliche Arbeit stand für fast alle Mitglieder im Vordergrund, besonders Mitglieder von SPD und Bündnis 90/Die Grünen streichen diese Motive heraus. Die einzige Ausnahme sind die Mitglieder der PDS, für die Geselligkeit und Orientierung wichtiger waren als inhaltliche Arbeit. Bei den übrigen Parteien rangierte dieses Motiv deutlich hinter der aktiven politischen Betätigung.

Die Sonderstellung der PDS bei den Beitrittsmotiven wird besonders deutlich, wenn man bei CDU und FDP zusätzlich nach dem Beitrittszeitpunkt unterscheidet. Denn selbstverständlich macht es einen großen Unterschied, ob man der CDU vor oder nach der Wende beigetreten ist. Die Neumitglieder beider Parteien unterscheiden sich kaum von denen der SPD oder von Bündnis 90/Die Grünen, die aktive politische Betätigung rangiert bei ihnen weit vor der Geselligkeit. Bei den Altmitgliedern ist kein nennenswerter Unterschied zwischen diesen beiden Motivationslagen auszumachen.

Geselligkeit als Beitrittsmotiv wird von Älteren und formal schlechter Gebildeten häufiger genannt, inhaltliche Arbeit von Jüngeren und von Männern mehr als von Frauen. Berufliche oder sonstige Vorteile werden von allen Mitgliedergruppen in allen Parteien gleichermaßen verneint. Es kann vermutet werden, dass die Vorteile einer Parteimitgliedschaft vor der Wende deutlich wichtiger waren, als die Mitglieder das heute noch einräumen möchten. Wahrscheinlich tritt auch eine Vermischung der Beitrittsmotive mit den heutigen Motivationen der Parteiarbeit bei dieser Frage auf.[241] Vor allem aber waren die Parteien, in die Altmitglieder eingetreten sind, vollkommen andere Organisationen als die heutigen Thüringer Parteien.[242] Die Motive für den Beitritt in eine Blockpartei heute zur Erklärung innerparteilicher Partizipation in einer demokratischen Partei heranzuziehen, erscheint daher nicht vertretbar. Parteibeitrittsmotive werden bei der weiteren Untersuchung innerparteilicher Aktivität nicht weiter berücksichtigt, auch

---

240 Sehr ähnliche Ergebnisse berichtet *O. Niedermayer* 1997, S. 325.
241 Einige Untersuchungen weisen auf deutliche Änderungen der Aktivitätsmotive von Parteiaktivisten im Laufe der Zeit bzw. zwischen Beitritts- und aktuellen Aktivitätsmotiven hin, vgl. *S. Verba / N. H. Nie* 1972, S116f.; *S. Eldersveld* 1983, S. 58.
242 Zur Organisation der Blockparteien in der DDR vgl. *P. J. Lapp* 1988: Die Blockparteien im politischen System der DDR. Melle.

wenn dadurch vermutlich eine erheblich schlechtere Erklärungsleistung des zu prüfenden Modells zu erwarten ist.[243]

2.3.3 Politische Einstellungen der Mitglieder

Unterschiede in der generellen politischen Ausrichtung der Mitglieder verschiedener Parteien lassen sich durch eine Selbsteinstufung der Befragten auf einer Links-Rechts-Skala feststellen.

Abb. 13: Selbsteinstufung und Einstufung der eigenen Partei durch die Parteimitglieder auf der Links-Rechts-Skala
(Mittelwerte)

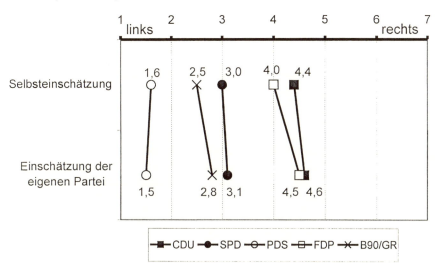

Zunächst fällt auf, dass sich die Mitglieder aller Parteien relativ weit links einordnen. Einzig die CDU-Mitglieder befinden sie sich in der rechten Hälfte der Skala. Es deutet sich eine Dreiteilung der Parteien an: Ganz links befinden sich die Mitglieder der PDS, in der Mitte der Skala die von FDP und CDU und dazwischen – links von der Mitte – die Mitglieder von SPD und Bündnis 90/Die Grünen. Der Abstand der SPD-Mitglieder zu denen der PDS und der CDU ist gleich groß (1,4 Skalenpunkte). Auf der Ebene der Kreisvorsitzenden sind sich SPD und PDS deutlich näher (0,9 Punkte Abstand) als SPD und CDU (2,3 Punkte).[244]

---

243 In der Untersuchung von *Niedermayer* erwiesen sich die Parteibeitrittsmotive (zusammen mit den Parteibindungsmotiven) als die erklärungskräftigsten Variablen, vgl. *Niedermayer* 1989, S. 233ff.
244 Die gleiche Rangfolge mit ähnlichen Abständen hat auch eine Selbsteinstufung von Fraktionsvorsitzenden der fünf Parteien in ostdeutschen Kommunen erbracht. „Danach verortet sich die CDU von allen Parteien am weitesten rechts: Auf einer umgerechneten Skala mit dem Wert –50 für ‚ganz links' und +50 für ‚ganz rechts' erreicht sie den Mittelwert +10; von ‚rechts' nach ‚links' folgen

Im Durchschnitt stufen die Mitglieder aller Parteien, mit Ausnahme der PDS, ihre eigene Position auf dieser Skala etwas weiter links ein als die Position ihrer eigenen Partei. Insgesamt überraschend ist der geringe Anteil derjenigen, deren Position mit der ihrer Partei übereinstimmt (vgl. unten Tab. 14). Zwei Drittel der PDS-Mitglieder stimmen mit ihrer Partei überein, bei Mitgliedern von FDP und SPD trifft das nur für etwa ein Drittel der Mitglieder zu. Die größte Abweichung (nach links) von ihrer Partei geben die Mitglieder der FDP an, die geringste (nach rechts) die der PDS, wobei eine Abweichung nach links in 62 Prozent aller Fälle nicht möglich ist, da sie der PDS die linke Extremposition zuschreiben. Für PDS-Mitglieder könnte die große Übereinstimmung mit der Parteilinie ein Grund dafür sein, dass sie sich inhaltlich nicht so stark engagieren. Möglicherweise sehen sie einfach keine Notwendigkeit dafür, da sie mit der inhaltlichen Linie der Partei einverstanden sind.

Tab. 14: ***Abweichungen der Positionen der Parteimitglieder von ihren Parteien auf der Links-Rechts-Skala***
(in Prozent)

	CDU	SPD	PDS	FDP	BGR
Abweichung nach links	32,1	37,4	13,8	42,9	38,2
Gleiche Position	44,9	30,9	67,6	33,7	43,3
Abweichung nach rechts	23,0	31,7	18,6	23,5	18,4

Aber was verstehen die Mitglieder unter links und rechts, in welchen inhaltlichen Fragen unterscheiden sie sich, welche Positionen ihrer Partei teilen sie und welche nicht? Zunächst zum inhaltlichen Unterschied zwischen den Parteimitgliedern.[245]

Eine Zuwendung zu aktuellen politischen Problemen zu Lasten der Beschäftigung mit der DDR-Vergangenheit wird vor allem von PDS-Mitgliedern gefordert, Mitglieder von Bündnis 90/Die Grünen stimmen dieser Ansicht eher nicht zu. Hier ist wiederum noch der Ursprung dieser Partei in den Bürgerbewegungen der Wendezeit zu sehen. Bei der PDS (und schwächer auch bei der CDU) stimmen vor allem die Mitglieder mit dieser Position überein, während die Kreisvorsitzenden sie eher ablehnen. Diese wollen sich also eher der Vergangenheit stellen und sie aufarbeiten, jene wollen sie offenbar möglichst schnell vergessen.

---

dann: FDP +2, SPD –20, B90 –24, PDS –41." *G. Pollach / J. Wischermann / B. Zeuner* 2000, S. 42.

[245] Die vollständigen Fragetexte lauteten: 1. Es ist an der Zeit, dass man aufhört, sich mit der DDR-Vergangenheit zu beschäftigen. Statt dessen sollte man sich voll auf die Lösung der gegenwärtigen Probleme konzentrieren. 2. Der Sozialismus ist eine gute Idee, die bisher nur schlecht ausgeführt wurde. 3. Wir sollten dankbar sein für führende Köpfe, die uns genau sagen können, was wir tun sollen und wie. 4. Die Bundesrepublik ist durch die vielen Ausländer in einem gefährlichen Maß überfremdet. 5. Die Auseinandersetzungen zwischen verschiedenen Interessengruppen in unserer Gesellschaft schaden dem Allgemeinwohl. 6. In der Bundesrepublik hat jeder eine faire Chance sozial aufzusteigen.

Abb. 14: Inhaltliche Differenzen der Parteimitglieder
(Mittelwerte)

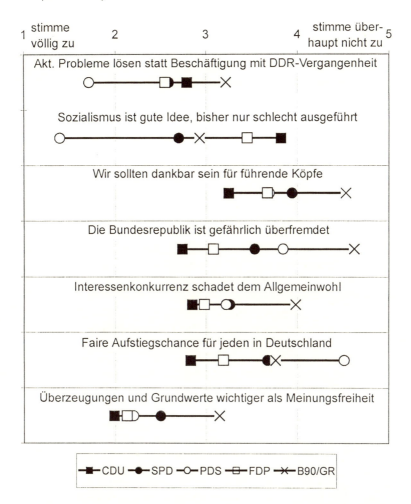

Davon, dass der Sozialismus eine gute Idee ist, die bisher nur schlecht ausgeführt wurde, sind viele PDS-Mitglieder überzeugt. Mitglieder von SPD und Bündnis 90/Die Grünen sind in dieser Frage ambivalent, die von FDP und CDU lehnen sie (wenn auch nicht besonders klar) eher ab. Während sich bei PDS und Bündnis 90/Die Grünen auf den verschiedenen Parteiebenen in dieser Frage Einigkeit zeigt, stehen die SPD-, FDP- und CDU-Kreisvorsitzenden der Idee des Sozialismus weit ablehnender gegenüber als ihre Mitgliedschaft. Interessanterweise lehnen die Mitglieder von Bündnis 90/Die Grünen diese Frage stärker ab als die der SPD, obwohl sie sich im Links-Rechts-Kontinuum links von der SPD eingeordnet haben. Eine „linke" Position scheint also bei ihnen nicht unmittelbar mit der Zustimmung zum Sozialismus einher zu gehen.

Der Hang zum Autoritarismus ist bei allen Parteien eher wenig ausgeprägt. Die Kreisvorsitzenden aller Parteien lehnen Dankbarkeit für führende Köpfe noch stärker ab als ihre Mitglieder. Dieses Muster zeigt sich auch bei der Frage nach der Überfremdung. Die Mitglieder von Bündnis 90/Die Grünen vertreten dezidiert pluralistische Ansichten, halten Auseinandersetzungen verschiedener Interessengruppen nicht für schädlich für das Allgemeinwohl, während alle anderen Parteien in dieser Frage eher unentschieden sind. Die stärkste Abweichung zwischen den Ebenen zeigt sich in dieser Frage bei der PDS, deren Orts- und Kreisvorsitzenden eher die Position der Bündnis 90/Die Grünen-Mitglieder teilen. Dass in der Bundesrepublik jeder eine faire Chance hat, sozial aufzusteigen, glauben vor allem die PDS-Mitglieder nicht. Aber auch die übrigen Parteimitgliedern scheinen mit der sozialen Gerechtigkeit unzufrieden zu sein, am meisten bei Bündnis 90/Die Grünen und der SPD, etwas weniger bei FDP und CDU. In dieser Frage unterscheiden sich auch die Ebenen nicht signifikant.

Generell kann man festhalten, dass der Unterschied zwischen den Mitgliedern von FDP und CDU in allen Fragen recht klein, teilweise nur marginal ist. Bei den drei übrigen Parteien, SPD, PDS und Bündnis 90/Die Grünen zeigen sich wechselnde Allianzen. Die Einstellungen von SPD- und PDS-Mitgliedern ähneln sich vor allem bei Fragen nach Autoritarismus, Überfremdung und Pluralismus. Die Einstellungen von SPD-Mitgliedern und Bündnis 90/Die Grünen-Mitgliedern ähneln sich vor allem bei Fragen nach Sozialismus und sozialer Gerechtigkeit. Zwischen Bündnis 90/Die Grünen und PDS gibt es keine starken Übereinstimmungen, aber dennoch positionieren sich die Mitglieder aller drei Parteien mindestens einmal zwischen den beiden anderen.

Insgesamt sind die Ansichten der SPD-Mitglieder näher an denen der PDS-Mitglieder als an denen der Mitglieder von Bündnis 90/Die Grünen, es finden sich aber zu beiden Parteien sowohl große Nähe als auch große Distanz. Die Kreisvorsitzenden der SPD nähern sich in ihren Einstellungen eher Bündnis 90/Die Grünen an. Dies ist eine Tendenz, die auch bei den PDS-Kreisvorsitzenden zu beobachten ist. Bei den Kreisvorsitzenden von Bündnis 90/Die Grünen lässt sich hingegen keine eindeutige Richtung, keine Annäherung an Positionen anderer Parteien ausmachen.

Im großen und ganzen zeigt sich auch bei den folgenden politischen Fragen (vgl. Abb. 15) ein ähnliches Muster.[246] Die Ansichten von CDU- und FDP-Mitgliedern liegen sehr nahe beieinander, einzige Ausnahme ist die Einstellung zum Schwangerschaftsabbruch. SPD-Mitglieder verorten sich tendenziell etwas näher bei den PDS-Mitgliedern als bei denen von Bündnis 90/Die Grünen, und wiederum liegen die Einstellungen der Mitglieder dieser Parteien jeweils mindestens einmal in der Mitte zwischen beiden anderen.

---

[246] Die vollständigen Fragetext lauten: 1. Um eine möglichst hohe Beschäftigung in den neuen Bundesländern zu sichern, sollte der Staat auf die Kräfte des freien Marktes setzen vs. umfassend eingreifen. 2. Das Asylrecht sollte in keiner Weise eingeschränkt werden vs. stark eingeschränkt werden. 3. Schwangerschaftsabbrüche sollten generell unter Strafe stehen vs. ausschließlich in der freien Entscheidung der Frauen stehen. 4. Die Kernenergie sollte weiter ausgebaut werden vs. sofort abgeschaltet werden. 5. Im Verkehrskonzept für Thüringen sollte der Autobahnneubau eindeutigen Vorrang haben vs. nicht berücksichtigt werden.

Abb. 15: *Selbsteinschätzung und Einschätzung der eigenen Partei bei fünf politischen Streitfragen*
(Mittelwerte)

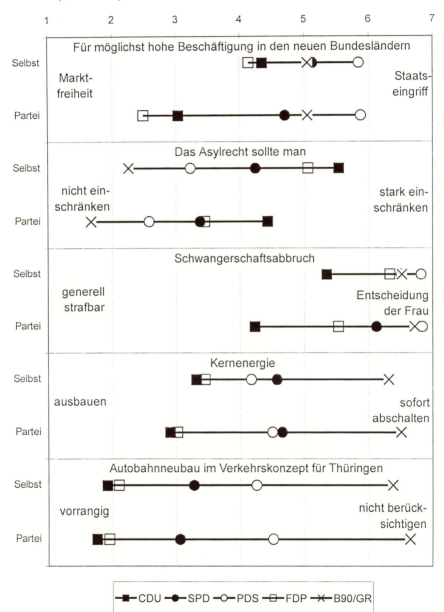

Ebenso interessant wie die Unterschiede zwischen den Mitgliedern der unterschiedlichen Parteien sind die Unterschiede zwischen der Selbsteinstufung und der Einstufung der eigenen Partei.[247] Bei der PDS und bei Bündnis 90/Die Grünen sind die Differenzen zwischen der eigenen und der Parteilinie am geringsten, die Abweichungen sind bei der Beschäftigungssicherung in Ostdeutschland, bei Asylrecht und Schwangerschaftsabbruch, bei der Einstellung zur Kernenergie und auch beim Autobahnneubau in Thüringen minimal. Es zeigt sich eine mittlere Abweichung von der Position der Partei von 3,1 Skalenpunkten bei der PDS und 3,9 Skalenpunkten bei Bündnis 90/Die Grünen.[248] Die Differenz zwischen der eigenen Einstellung zu politischen Fragen und der wahrgenommenen Position ihrer Partei ist bei Mitglieder der CDU (7,0 Skalenpunkte) und der SPD (6,4 Skalenpunkte) insgesamt vergleichsweise groß. Bei der CDU zeigen sich in diesen Fragen insgesamt eher geringe Unterschiede zwischen Alt- und Neumitgliedern.

Die insgesamt größten Abweichungen finden sich mit 7,2 Skalenpunkten bei der FDP.[249] Die Mitglieder wollen vor allem staatliche Regelungen bei der Lösung von Problemen auf dem Arbeitsmarkt in den neuen Ländern weit eher als ihre Partei. Deutliche Differenzen gibt es auch beim Asylrecht, die wahrgenommene liberale Haltung der FDP dazu wird von den Mitglieder so nicht geteilt, denn sie wollen eher eine Einschränkung des Asylrechts. In diesem Punkt unterscheiden sich bei der FDP die relativ wenigen Neumitglieder am deutlichsten von den Altmitgliedern, die früher in der LDPD oder der NDPD waren. Die Neumitglieder treten sehr viel stärker für die Marktwirtschaft und für ein liberales Asylrecht ein. Hier zeigen sich deutliche Abweichungen in zwei Kernfragen des Liberalismus. Der inneren Einheit der FDP in Thüringen, und qua Mehrheitsverhältnissen der Mitglieder auch in Ost und West scheint also noch ein weiter Weg bevorzustehen. Nationalliberales und sozialliberales Gedankengut hat in der Thüringer FDP noch einen großen, wirtschaftsliberales offenbar noch einen geringeren Stellenwert. Die FDP trägt, bedingt durch ihre LDPD- und NDPD-Vergangenheit, in Thüringen noch nicht die Züge der Klientelpartei nach westdeutschem Muster.

Die inhaltlichen Differenzen zwischen Partei und Mitglied hängen eng mit der ideologischen Differenz, also der Differenz zwischen der eigenen Position und der Position der Partei auf dem Links-Rechts-Kontinuum, zusammen. Das betrifft vor allem die Entscheidung zwischen Marktfreiheit und Staatseingriff für eine hohe Beschäftigung. Von allen fünf Streitfragen ist dieser Zusammenhang bei allen Parteien (mit Ausnahme der CDU, wo es nach dem Asylrecht der zweitstärkste Zusammenhang ist) am stärksten.[250] Eine Ausnahme ist auch hier wieder die PDS, bei der die inhaltliche Abweichung keine ideologische Abweichung zur Folge hat und umgekehrt.

---

247 Hier wurde nicht explizit nach der Partei in Thüringen, sondern nach der Partei allgemein gefragt, daher beziehen sich die Angaben auf die Bundespartei. Bei der Frage, an welche Ebene die Mitglieder zuerst denken, wenn sie an ihre Partei denken, gab bei allen Parteien eine Mehrheit die Bundesebene an, gefolgt von der kommunalen Ebene; die wenigsten nannten die Partei in Thüringen.
248 Mittelwert der absoluten Abweichungen aller Mitglieder von der jeweils wahrgenommenen Position der eigenen Partei, in beide Richtungen und über alle fünf Statements aufsummiert.
249 FDP-Mitglieder weichen subjektiv insgesamt am häufigsten von der Parteilinie ab, bei der Streuung über die Skalen liegen sie mit CDU und SPD etwa gleichauf.
250 Dieses Ergebnis ist auch bei der Untersuchung ostdeutscher Kommunalpolitiker deutlich hervorgetreten, vgl. *G. Pollach / J. Wischermann / B. Zeuner* 2000, S. 241.

Bei der CDU weichen innerhalb der beiden Skalen – also sowohl inhaltlich als auch bei der Links-Rechts-Skala – Frauen, mittlere Jahrgänge, höher Gebildete und Altmitglieder etwas stärker von der (wahrgenommenen) Parteilinie ab als der Durchschnitt. Bei der SPD finden sich höhere Abweichungen bei Männern und gut Gebildeten, inhaltliche Differenzen verringern sich mit steigendem Alter. Die insgesamt sehr geringen Abweichungen bei der PDS sind bei Männern, Jüngeren und Mitgliedern mit Abitur stärker als im Durchschnitt. Bei der FDP zeigen sich Unterschiede in den beiden Abweichungsmaßen: Inhaltliche Differenzen geben Frauen, mittlere Jahrgänge, Universitätsabsolventen und Altmitglieder an. Auf der Links-Rechts-Skala findet sich kein Unterschied zwischen Mitgliedern, die nach der Wende in die FDP eingetreten sind und solchen, die vor der Wende bereits LDPD oder NDPD angehört haben; Männer, Jüngere und höher Gebildete weichen aber auf dieser Skala überdurchschnittlich ab. Bei Bündnis 90/Die Grünen weisen vor allem 30 bis 44-Jährige und niedrig Gebildete Differenzen zwischen der Selbst- und der Parteieinschätzung auf. Allen Parteien und beiden Abweichungsmaßen gemeinsam ist ein vergleichsweise starker Zusammenhang: Je homogener das Umfeld des Mitglieds ist, je mehr also der Freundeskreis und die Familie der gleichen Partei zuneigen, desto geringer sind die Abweichungen. Mitglieder mit einem heterogenen Umfeld tendieren zu stärkeren Abweichungen.

In neueren Untersuchungen zur innerparteilichen Partizipation wird häufig unterstellt, dass Parteimitglieder mit ideologischen oder inhaltlichen Extrempositionen einen größeren Anreiz haben, diesen auch durch Beteiligung in der Partei Ausdruck zu verleihen.[251] Dabei wird davon ausgegangen, dass sich den Parteien bestimmte Positionen eindeutig zuordnen lassen. Das ist offenbar in Thüringen nicht der Fall, eine eindeutige Positionierung beispielsweise der SPD ist aus diesen Umfragedaten und auch aus dem Parteiprogramm heraus nicht möglich. Das lässt es nicht sinnvoll erscheinen, diese politischen Einstellungen zur Erklärung innerparteilicher Partizipation heranzuziehen.

Das trifft in gleichem Maße für die ideologische Position auf der Links-Rechts-Skala zu. Hier ließen sich extreme Positionen bei der CDU (rechts) oder der PDS (links) noch plausibel als Anreiz zur Beteiligung interpretieren, aber bei der SPD geht das spätestens nicht mehr. SPD-Mitglieder in Thüringen sind ebenso wie die Parteispitze zwischen einer möglichen Zusammenarbeit mit CDU oder PDS hin- und hergerissen.[252] Somit haben beide Seiten, Anhänger einer rot-roten wie die einer großen Koalition, starke Anreize, ihrer Position innerparteilich Nachdruck zu verleihen. Für Bündnis 90/Die Grünen gilt das ähnlich: „Linke" Mitglieder mit PDS-nahen Positionen haben ähnlich starke Anreize wie Mitglieder, die aus der Bürgerbewegung kommen und mit der PDS nichts zu tun haben wollen. Die inhaltliche und die ideologische Position der Mitglieder ist daher für die Erklärung innerparteilicher Partizipation nicht geeignet, da sie nur schlecht interpretierbar ist. Ersatzweise werden in der weiteren Untersuchung die absoluten Abweichungen der Mitglieder von den perzipierten inhaltlichen und ideologischen Positionen ihrer Parteien zur Erklärung innerparteilicher Partizipation herangezogen.[253]

---

251 Vgl. *P. F. Whiteley / P. Seyd* 1996, *W. P. Bürklin* 1997. In der Untersuchung von *Bürklin* ist die Position bei verschiedenen politischen Sachfragen (kollektive Anreize genannt) sogar die erklärungskräftigste Variable. Vgl. auch Kap. 1.2.3.
252 Vgl. *K. Schmitt* 2000b, S. 110.
253 Dieser Zusammenhang wird im folgenden Kapitel überprüft.

Die Verbundenheit mit der eigenen Partei ist bei der PDS erwartungsgemäß am größten. Sie besteht beinahe ausschließlich aus Altmitgliedern, deren Verbleib in der Partei gegen den allgemeinen Trend 1989/90 eine besondere Bestätigung ihrer „Linientreue" ist. Die PDS bietet ihnen eine politische Heimat und eine Anerkennung ihrer Lebensleistungen, das belohnen sie mit einer intensiven Parteibindung, die fast 84 Prozent der Mitglieder als (sehr) stark einschätzen.

Abb. 16: **Stärke der Parteiverbundenheit**
(in Prozent)

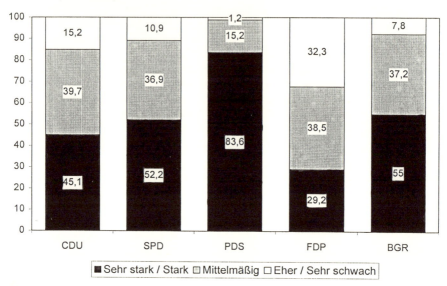

Bei SPD und Bündnis 90/Die Grünen schätzt die Mehrheit der Mitglieder ihre Parteibindung als (sehr) stark ein, bei der CDU etwas weniger. Die Mitglieder der FDP fühlen sich mit ihrer Partei am wenigsten verbunden, immerhin ein Drittel schätzen ihre Parteibindung als eher bzw. sehr schwach ein. Hier sind auch Austrittsgedanken sehr viel häufiger zu finden als bei den anderen. Bei der PDS sind diese wiederum am seltensten: 65 Prozent der PDS-Mitglieder haben nie daran gedacht, ihre Partei wieder zu verlassen. Es handelt sich offenbar um den harten Kern der Mitgliedschaft, der nach der großen Austrittswelle zu Beginn der 90er Jahre noch übrig geblieben ist. Dies könnte man zwar im Prinzip von der FDP ebenfalls behaupten, aber hier ist immerhin jedes vierte Mitglied erst nach der Wende eingetreten und die Parteibindung ist bei Altmitgliedern brüchiger als bei Neumitgliedern. Hinzu kommt sicherlich ein gewisses Frustrationspotenzial in der FDP, das seine Wurzeln in der fehlenden Landtags- und Öffentlichkeitspräsenz und eventuell dem dadurch geringeren Patronagenutzen der Parteimitgliedschaft hat.

Die Parteiverbundenheit ist bei Männern insgesamt etwas größer als bei Frauen. Sie hängt zwar nicht vom Alter der Mitglieder ab, sehr wohl aber von der Dauer der Parteimitgliedschaft: Je länger ein Mitglied seiner Partei bereits angehört, desto schwächer wird seine Parteibindung. Die einzige Ausnahme von dieser Regel bildet die PDS, bei der es genau anders herum ist. Bei CDU und FDP könnte man diesen Effekt auf den Wandel der Parteien seit der Wende zurückführen, denn hier ist eine leicht schwächere Parteibindung der Altmitglieder im Vergleich zu den Neumitgliedern insgesamt festzustellen. Allerdings tritt der Effekt auch innerhalb der Neumitglieder auf, ebenso wie bei SPD und Bündnis 90/Die Grünen. Die Arbeit in der Partei scheint die Mitglieder (Ausnahme PDS) also auf Dauer etwas zu entmutigen und zu desillusionieren. Ein homogenes Umfeld wirkt sich sehr positiv auf die Parteibindung aus. Eine (sehr) starke Parteibindung haben gut 70 Prozent der Mitglieder, deren Freundeskreis politisch überwiegend der gleichen Partei zuneigt, aber nur gut 40 Prozent derer, bei denen das nicht der Fall ist.

Die inhaltlichen Differenzen zwischen den Mitgliedern und ihren Parteien, die wie erwähnt bei der PDS am geringsten und bei der FDP am größten sind, schlagen direkt auf die Parteiverbundenheit durch. Je größer die Differenzen sind, desto weniger stark fühlen sich die Mitglieder mit ihrer Partei verbunden und desto häufiger haben sie bereits daran gedacht, ihre Partei wieder zu verlassen. Dieser Zusammenhang zwischen Parteibindung und Übereinstimmung mit der Parteilinie macht es eher unwahrscheinlich, dass fehlende Übereinstimmung zu mehr innerparteilicher Partizipation führt.

Unmittelbar im Zusammenhang mit der Beteiligung am politischen Prozess stehen politische Einstellungen, die sich auf die Beeinflussbarkeit des politischen Systems beziehen. Dieses „Political Efficacy"[254] genannte Konstrukt beinhaltet zwei Komponenten: Die interne Efficacy bezeichnet die eigene Kompetenzzuschreibung durch den Einzelnen, seinen Glauben daran, dass er über die Mittel zur politischen Einflussnahme verfügt. Externe Efficacy bezeichnet auf der anderen Seite die individuelle Einschätzung der Responsivität des politischen Systems, den Glauben daran, dass seine Teilnahme erwünscht und sinnvoll ist. Bei den Thüringer Parteimitgliedern ist die eigene Kompetenzzuschreibung insgesamt sehr hoch, ihr Verständnis für politische Fragen liegt deutlich über dem Bevölkerungsdurchschnitt, vor allem aber trauen sie sich – wenig überraschend – eine aktive Rolle in der Politik sehr viel häufiger zu. Dieser Abstand war zu erwarten, da die meisten Parteimitglieder bereits ein gewisses Maß an Aktivität vorzuweisen haben. Einzig bei der PDS liegt die Zustimmung zu dieser Frage deutlich unter dem Durchschnitt der übrigen Parteimitglieder. Der Grund dafür liegt im Zusammenhang dieser Frage mit dem Alter der Mitglieder. Dieser Zusammenhang ist bei allen Parteien stark, und die PDS hat wie gesehen die mit Abstand ältesten Mitglieder aller Thüringer Parteien.

Die deutlich höheren Werte bei der Einschätzung der Reaktionsbereitschaft des politischen Systems sind ebenfalls eine logische Folge der Rolle als Parteimitglied, da eine Ablehnung eben diese Rolle in Frage stellen würde.[255] Der starke positive Zusammenhang zwischen externer Efficacy und der Parteibindung sowie der inhaltlichen und

---

254 Entwickelt wurde das damals noch eindimensionale Konzept der Efficacy von *A. Campbell / G. Gurin / W. E. Miller* 1954. Zur empirischen Überprüfung der Messung dieses Konzepts vgl. *A. Vetter* 1997: Political Efficacy – Reliabilität und Validität: Alte und neue Messmodelle im Vergleich. Wiesbaden.
255 Die eigentlich für Parteimitglieder erstaunlich geringe Ablehnung der Behauptung, dass die Parteien nur die Stimmen der Wähler wollen, ihre Ansichten sie aber nicht interessieren, kann wohl nur dadurch erklärt werden, dass die Mitglieder hierbei jeweils nicht (nur) an ihre eigene Partei, sondern vor allem an die politischen Gegner gedacht haben.

ideologischen Nähe zur eigenen Partei ist nur folgerichtig; diese Fragen geben mehr Aufschluss über die Zufriedenheit mit der eigenen Partei als über die Reaktionsbereitschaft des politischen Systems. Die Korrelation zwischen interner und externer Efficacy sollte stark positiv sein,[256] bei den Thüringer Parteimitgliedern existiert sie aber nur bei Bündnis 90/Die Grünen marginal. Insgesamt deuten diese Befunde auf eine ungeeignete Messung der Reaktionsbereitschaft hin.[257]

Tab. 15: ***Einschätzung von eigener Kompetenz und Reaktionsbereitschaft des politischen Systems (Political Efficacy)***
(Zustimmung in Prozent)

	Bevölkerung[258]		Parteimitglieder				
	West	Ost	CDU	SPD	PDS	FDP	BGR
Eigene Kompetenz (Interne Efficacy)							
Ich traue mir zu, in einer Gruppe, die sich mit politischen Fragen befasst, eine aktive Rolle zu übernehmen.	35,9	24,2	49,3	61,6	34,0	50,3	68,0
Wichtige politische Fragen kann ich gut verstehen und einschätzen.	60,7	57,7	69,2	77,0	72,7	76,2	75,2
Reaktionsbereitschaft (Externe Efficacy)							
Die Bundestagsabgeordneten bemühen sich um einen engen Kontakt zur Bevölkerung.	17,0	14,4	37,2	21,6	44,6	14,4	15,2
Die Parteien wollen nur die Stimmen der Wähler, ihre Ansichten interessieren sie nicht. (% der Ablehnung)	14,9	11,1	42,2	37,4	30,1	31,7	33,5

Anmerkung: Zusammenfassung der Antwortkategorien „stimme sehr zu" und „stimme eher zu".

Bei der internen Efficacy ist ein kurzer Vergleich der Parteien durchaus sinnvoll. Bei der eigenen Kompetenz schätzen sich Mitglieder von SPD und Bündnis 90/Die Grünen vergleichsweise hoch ein, PDS-Mitglieder sind in dieser Hinsicht sehr viel skeptischer, Mitglieder von CDU und FDP liegen in der Mitte. Bei allen Parteien schätzen die Männer ihre Kompetenz immer deutlich höher ein als die Frauen, die Jüngeren – mit der Ausnahme Bündnis 90/Die Grünen, bei denen das Alter keine Rolle spielt – höher als die Älteren. Bei allen Parteien spielt die Bildung eine große Rolle: Je besser die Mit-

---

256 Vgl. *A. Vetter:* 1997, S. 14ff.
257 Darüber hinaus hängen die beiden hier verwendeten Items für die Messung der Reaktionsbereitschaft auch untereinander nur mäßig zusammen, so dass eine Zusammenfassung zu einem Index nur eingeschränkt sinnvoll ist. Die beiden Items für die Eigenkompetenz hängen bei allen Parteien stark positiv zusammen.
258 Quelle: Eigene Berechnungen für 1998 aus dem Datensatz "Politische Einstellungen, politische Partizipation und Wählerverhalten im vereinigten Deutschland 1994-1998", Nr. S3064 im Zentralarchiv für empirische Sozialforschung der Universität Köln, 2230 Befragte in Westdeutschland 1998; 2033 Befragte in Westdeutschland 1994.

glieder gebildet sind, desto kompetenter fühlen sie sich. Die Dauer der Mitgliedschaft hat keinen Einfluss, allerdings zeigt sich in der CDU, dass Neumitglieder ihre Kompetenz etwas höher bewerten als Altmitglieder. Ein homogenes persönliches Umfeld trägt ebenfalls dazu bei, die eigene Kompetenz höher zu bewerten. Noch stärker wirkt sich die Mitgliedschaft in Organisationen auf die Wahrnehmung der eigenen Kompetenz aus. Offenbar lassen sich die Fähigkeiten, die man in nichtpolitischen Organisationen braucht und erwirbt, auch in politischen Parteien gut verwenden. Die Parteibindung und die Eigenkompetenz haben aufeinander ebenfalls einen starken positiven Einfluss. Der Zusammenhang ist umso stärker, je mehr ein Mitglied den Eindruck hat, Anerkennung für seine Parteiarbeit zu bekommen. Anders ausgedrückt steigt die Parteibindung dann, wenn die eigene Kompetenz auch von anderen anerkannt wird.

2.3.4 Einschätzung der eigenen Parteiorganisation

Nach den politischen Einstellungen der Parteimitglieder soll nun deren Einschätzung ihrer eigenen Partei im Mittelpunkt stehen. Mit Ausnahme der PDS beschweren sich alle Parteimitglieder, dass es in ihrem Ortsverband zu wenige aktive Mitglieder gibt. Jeweils mehr als die Hälfte der Mitglieder der CDU (60 Prozent), der SPD (55 Prozent), der FDP (65 Prozent) und von Bündnis 90/Die Grünen (68 Prozent) findet, dass das auf ihren Ortsverband (sehr) zutrifft. Bei der PDS sind es nur 30 Prozent. Die Zufriedenheit mit dem Ortsverband hängt offenbar stark mit der Aktivität seiner Mitglieder zusammen, denn hier zeigt sich ein sehr ähnliches Bild (vgl. Tab. 16).

Diese Einschätzung der eigenen Partei variiert nur sehr geringfügig zwischen einzelnen soziodemographischen Gruppen innerhalb der Parteien. Die Einschätzung der Zufriedenheit mit dem Ortsverband steigt bei allen Parteien leicht mit dem Alter, die jüngeren sind also tendenziell unzufriedener. Auch das persönliche Umfeld hat keine Auswirkungen auf die Einschätzung der eigenen Partei.

Tab. 16: Zufriedenheit mit dem eigenen Ortsverband
(in Prozent)

	CDU	SPD	PDS	FDP	BGR*
Zufriedenheit mit dem Ortsverband					
Zufrieden	36,4	40,4	62,9	22,3	35,7
Teils / teils	36,8	37,6	32,9	42,0	49,1
Nicht zufrieden	26,8	21,9	4,2	35,7	15,2

*: Kreisverband bei Bündnis 90/Die Grünen

In einem direkten Zusammenhang mit der Zufriedenheit mit der Partei stehen auch die parteiinternen Informationen, die dem Mitglied zur Verfügung gestellt werden. Je mehr Informationen bereit gestellt werden, desto höher ist die Zufriedenheit mit der eigenen Parteigliederung. Vom Bundes- und vom Landesverband erhalten alle Parteimitglieder in unterschiedlichen Abständen regelmäßig Informationsmaterial. Auf der Kreisebene wird das Informationsangebot der Parteien dann schon deutlich dünner.

Abb. 17: **Einschätzung der Häufigkeit der Informationen vom Bundes-, Landes- und Kreisverband**
(in Prozent)

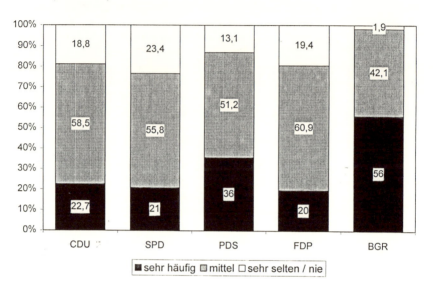

Einzig die PDS-Kreisverbände versorgen ihre Mitglieder fast flächendeckend mit Informationsmaterial, 90 Prozent der Thüringer PDS-Kreisvorsitzenden geben dies an. Bei der CDU sind es noch 42 Prozent, bei Bündnis 90/Die Grünen 35, bei der SPD 25 und bei der FDP nur noch 15 Prozent. Diese Mitgliederrundbriefe erscheinen meist zwischen vier und 12 mal im Jahr. Insgesamt geben Mitglieder von Bündnis 90/Die Grünen und der PDS am häufigsten an, Informationsmaterial ihrer Parteien zu erhalten.

Das Informationsmaterial, das die Parteien ihren Mitgliedern zur Verfügung stellen, dient dazu, sie in die Parteiarbeit einzubinden und über innerparteiliche Entwicklungen auf dem Laufenden zu halten. Je häufiger diese Informationen verbreitet bzw. rezipiert werden, desto zufriedener äußern sich die Mitglieder über ihre Partei und desto stärker ist ihre Bindung an die Partei.

Mindestens ebenso wichtig für die Verbundenheit mit der Partei ist der innere Zustand der Partei. Ist sie offen für neue Ideen, hat sie eine klare politische Linie, eine entschlossene Führung und kann sie die Probleme der Zukunft lösen? Am besten beurteilen die PDS-Mitglieder ihre Partei bei diesen Fragen. Während alle anderen Parteimitglieder bei der Beurteilung ihrer Partei eher in die Mitte der Skalen (teils-teils) streben, schätzen die PDS-Mitglieder ihre Partei in diesen Fragen eher stark ein. Auch Unionsmitglieder sind in Sachen Offenheit, Klarheit und Entschlossenheit eher optimistisch, vor allem FDP- und auch SPD-Mitglieder sind von diesen Eigenschaften ihrer Parteien weniger überzeugt. Bei der Lösungskompetenz für Probleme der Zukunft halten sich die Mitglieder aller Parteien eher zurück und liegen im Durchschnitt etwa in der Mitte der Skala,[259] einzig die FDP-Mitglieder bewerten ihre Partei in dieser Frage noch schlechter.

Der Glaube an die Zukunftsfähigkeit der Partei ist eine der wichtigsten Antriebsfedern für die Verbundenheit mit einer Partei. Dieser Zusammenhang ist bei allen Parteien weit größer als der zwischen inhaltlicher oder ideologischer Übereinstimmung und Parteiverbundenheit.[260] Anders ausgedrückt: Solange ein Mitglied gleich welcher Partei davon überzeugt ist, dass seine Partei die Probleme der Zukunft lösen kann, solange ist es der Partei eng verbunden; geht diese Überzeugung verloren, geht auch die Parteibindung verloren.

Bleibt die Frage, wie sich die Mitglieder ihre Partei denn idealerweise vorstellen. Sollte die innerparteiliche Diskussion zugunsten der Geschlossenheit der Partei hintangestellt werden, die Mitglieder der gewählten Parteiführung Vertrauen entgegenbringen und weitgehende Handlungsfreiheit gewähren? Diese Meinung vertreten vor allem PDS-Mitglieder, aber auch CDU-Mitglieder sind eher dieser Ansicht. Mitglieder von SPD und FDP halten die innerparteiliche Diskussion vergleichsweise für wichtiger. Bei den Mitgliedern von Bündnis 90/Die Grünen steht die Diskussion deutlich höher im Kurs als die innerparteiliche Geschlossenheit, Oppositionsgruppen innerhalb der Partei wollen sie das Recht auf öffentliche Vertretung ihrer Ansichten eher zugestehen als die Mitglieder der übrigen Parteien. Der Vorrang konkreter Problemlösungen vor der Durchsetzung des Parteiprogramms wird von Mitgliedern aller Parteien eher unterstützt, am stärksten bei der Union und der FDP, am wenigsten bei PDS und Bündnis 90/Die Grünen. CDU und PDS sollten nach dem Willen ihrer Mitglieder schlagkräftige, output-orientierte Parteien sein, Bündnis 90/Die Grünen eher eine diskussionsfreudige, input-orientierte Partei, SPD- und FDP-Mitglieder wollen eine Mischung aus beidem.

Die Beschreibung des inneren Zustands der Partei (Offenheit für neue Ideen, klare politische Linie oder Zukunftsfähigkeit) hängt nur schwach mit soziodemographischen Merkmalen zusammen. Tendenziell wird bei allen Partei außer Bündnis 90/Die Grünen der innere Zustand mit steigender Bildung schlechter, mit steigendem Alter besser eingeschätzt. Bei der Interessenpluralität (Input-Orientierung) innerhalb der Partei sind die Zusammenhänge dann endgültig verschwunden: Das wird von alten und jungen, neuen und langjährigen Mitgliedern gleichermaßen gewollt. Die Output-Orientierung, der Wunsch nach einer geschlossenen Partei mit weitgehender Handlungsfreiheit für die gewählte Parteiführung, wird hingegen mit dem Alter zunehmend gewünscht. Allein bei Bündnis 90/Die Grünen hat das Alter hier keinen Einfluss.

Den Einfluss „einfacher" Mitglieder auf die Partei schätzen vor allem Mitglieder von Bündnis 90/Die Grünen und der PDS eher groß ein, diejenigen der drei übrigen Parteien folgen mit beträchtlichem Abstand. Bei allen wird die Einflussmöglichkeit auf kommunaler Ebene deutlich höher eingeschätzt als auf Landes- oder Bundesebene. Diese Einschätzung hängt eng mit der Zuschreibung positiver Eigenschaften zur Partei und mit der Parteibindung zusammen. Große Einflussmöglichkeiten einzelner Mitglieder werden von diesen also bei allen Parteien goutiert. Der Zusammenhang mit der favorisierten

---

259 Skala von 1 „sehr stark" bis 5 „gar nicht": CDU: 2,6; SPD: 2,8; PDS: 2,5; FDP: 3,3; Bündnis 90/Die Grünen: 2,6.
260 Bei gleichzeitiger Schätzung der Koeffizienten im multiplen Regressionsmodell mit der Parteiverbundenheit als abhängiger Variable.

Parteiorganisationsform ist allerdings marginal: Ein stärkerer Wunsch nach einer inputorientierten Partei hat nur eine leicht geringere Einschätzung des Einflusses „einfacher" Mitglieder zur Folge. Daraus kann man den überraschenden Schluss ziehen, dass das Gros der Mitglieder mit ihren Einflussmöglichkeiten zufrieden ist.

2.3.5 Kosten und Nutzen der Parteimitgliedschaft

Wie bereits erläutert sollen Kosten und Nutzen der Parteiarbeit hier auf möglichst wenige Kernvariablen reduziert werden (vgl. Kap. 1.3). Der Nutzen der Parteimitgliedschaft kann sich einerseits aus dem Prozess der Parteiarbeit ergeben, z.B. dadurch, dass man schlicht Spaß an der Beteiligung hat. Andererseits kann sich ein Nutzen als Ergebnis der Beteiligung ergeben. Dieser kann in Anerkennung im sozialen Umfeld, in einem Informationsvorteil oder in Verantwortung und Entlohnung für ein Amt oder Mandat liegen. Demgegenüber stehen die Kosten der Beteiligung, vor allem die zu investierende Zeit und Energie.

Tab. 17: Kosten und Nutzen der Parteimitgliedschaft
(Zustimmung in Prozent)

	CDU	SPD	PDS	FDP	BGR
Kosten					
Nach einem langen Arbeitstag auf Parteiveranstaltungen zu gehen, kann sehr ermüdend sein.	55,4	56,6	38,3	52,1	70,0
Das Engagement in der Partei lässt häufig zu wenig Zeit für Freunde und Familie.	38,8	40,2	24,9	35,7	48,7
Für die Partei zu arbeiten kann manchmal sehr langweilig sein.	24,0	26,1	11,3	25,8	32,6
Nutzen					
Als aktives Mitglied kann man interessante Leute kennen lernen.	75,5	76,8	78,3	79,8	82,2
Nur wenn man als Parteimitglied auch aktiv ist, kann man für politische Fragen Sachverstand entwickeln.	61,4	57,9	66,1	53,8	46,3
Es macht Spaß sich im Wahlkampf zu engagieren.	43,9	43,4	49,8	34,5	33,6
Wer sich in einer Partei engagiert kann mit Achtung und Anerkennung rechnen.	35,7	28,4	35,7	28,0	20,9

Anmerkung: Zusammenfassung der Antwortkategorien „stimme sehr zu" und „stimme eher zu".

Bei den Kosten der Beteiligung findet sich zunächst ein recht einheitliches Bild. Ermüdende Parteiveranstaltungen werden in allen Parteien am häufigsten beklagt, fehlende Zeit für Freunde und Familie empfinden zwischen einem Viertel und der Hälfte der Parteimitglieder, während Langeweile weitaus seltener aufkommt. Die Antwortmuster bei CDU, SPD und FDP gleichen sich weitgehend. Die PDS-Mitglieder weichen hiervon deutlich nach unten ab und empfinden damit diese Kosten als nicht so schwerwiegend. Gerade das Gegenteil findet sich bei Bündnis 90/Die Grünen.

Zwei von drei Indikatoren für die Kosten beziehen sich auf den Faktor Zeit. Damit ist ein direkter Zusammenhang mit der Erwerbsstruktur innerhalb der einzelnen Parteien offensichtlich gegeben. Die PDS-Mitglieder gehen weitaus seltener einer Erwerbstätigkeit nach als der Durchschnitt, Mitglieder von Bündnis 90/Die Grünen deutlich häufiger (vgl. oben Tab. 12). Erschwerend kommt bei letzteren noch hinzu, dass aufgrund von Mitgliedermangel und Organisationsschwäche der Einzelne ohnehin mehr Zeit für die Parteiarbeit investieren muss (vgl. oben Abb. 5).

Beim Nutzen der Parteimitgliedschaft zeigt sich ebenfalls eine klare Reihenfolge. In allen Parteien kann man interessante Leute kennen lernen und Sachverstand entwickeln. Spaß im Wahlkampf haben weniger als die Hälfte der Parteimitglieder und Achtung und Anerkennung für Parteiarbeit bekommt nur mehr eine Minderheit. Die Unterschiede zwischen den Parteien sind hier nicht mehr so eindeutig wie bei den Kosten: Beim Kennen lernen interessanter Leute gibt es überhaupt keinen Unterschied. Bei den übrigen kann man in der Tendenz zwei Gruppen erkennen. Mitglieder von CDU, SPD und PDS sehen einen leicht größeren Nutzen in der Parteiarbeit als Mitglieder von FDP und Bündnis 90/Die Grünen. Vor allem Spaß im Wahlkampf und gesellschaftliche Anerkennung empfinden die Mitglieder der beiden kleinen Parteien deutlich seltener, was vermutlich auf die schlechten letzten Wahlergebnisse dieser Parteien zurückzuführen ist.

Die Gruppierung dieser Fragen in Prozess- und Ergebnisanreize ist schwierig. Spaß im Wahlkampf ist eindeutig mit dem Prozess des Engagements verbunden, Achtung und Anerkennung mit dem Ergebnis. Die Zunahme von politischem Sachverstand und von Kontakten zu interessanten Leuten lassen sich aber nicht eindeutig zuordnen.[261] Lernbegierige und kommunikative Menschen stellen wahrscheinlich den Prozess in den Vordergrund, während andere den Sachverstand und die Kontakte privat oder in der Partei ausnutzen wollen. Daher erscheint eine Unterteilung in Prozess- und Ergebnisanreize nicht sinnvoll, sie werden fortan unter dem Begriff Nutzen zusammengefasst.[262]

Die Einschätzung von Kosten und Nutzen der Parteiarbeit sind weitgehend unabhängig von Alter, Bildung oder Geschlecht der Mitglieder. Einzig für den Nutzen kann man feststellen, dass er in allen Parteien mit steigendem Alter leicht zunimmt und mit steigender Bildung leicht abnimmt. Parteimitglieder mit höherer Bildung haben wahrscheinlich auch außerhalb der Partei größere Möglichkeiten, interessante Leute kennen zu lernen und politische Informationen zu bekommen, weshalb sie die Möglichkeiten innerhalb der Parteien vergleichsweise als weniger nützlich erachten.

Ein parteipolitisch homogenes Umfeld steigert den Eindruck des Nutzens deutlich und senkt die empfundenen Kosten leicht. Der Grund dafür liegt auf der Hand: Ein Teil der interessanten Leute, die man kennen gelernt hat, zählt mittlerweile zum Freundeskreis. Von diesen und von den Parteimitgliedern in der Familie erhält man die Achtung und Anerkennung für sein Engagement. Die Zeit, die man mit Freunden und Familie

---

261 *Bürklin* ordnet sie den Prozessanreizen zu, ohne jedoch genauer darauf einzugehen, worin denn der "Erlebniswert" dieser beiden Anreize besteht, vgl. *W. P. Bürklin* 1997, S. 121.
262 Die fehlende Plausibilität dieser Unterteilung lässt sich auch methodisch unterstreichen: Eine Reliabilitätsanalyse und eine Faktorenanalyse verorten diese Items auf einer Dimension.

verbringt, lässt sich nicht mehr so genau von der Parteiarbeit trennen, daher wird das eine nicht mehr so stark gegen das andere aufgewogen.

Die Mitgliedschaft in weiteren Organisationen empfinden nur die FDP-Mitglieder als leicht kostendämpfend und nutzensteigernd. Bei ihnen rangieren die Berufsverbände gleich hinter den Sport- und Freizeitverbänden an zweiter Stelle; fast ein Viertel der FDP-Mitglieder sind Mitglied in einem Berufsverband, was auf Synergieeffekte der Zugehörigkeiten schließen lässt.

Erstaunlicherweise hat die Einschätzung der Kosten nichts mit der Einschätzung des eigenen Ortsverbands zu tun, sie werden also nicht etwa höher angesetzt, wenn der Ortsverband nicht aktiv ist oder zu wenige aktive Mitglieder hat. In diesem Fall ist allerdings der empfundene Nutzen sehr wohl eingeschränkt. Häufigere Informationen durch Bundes-, Landes- und Kreisverband tragen nur bei Mitgliedern von CDU, PDS und FDP zum Nutzen aus der Parteimitgliedschaft bei, bei SPD und Bündnis 90/Die Grünen hat das keinen Einfluss. Die Kosten werden dadurch nicht tangiert.

Einen sehr starken Zusammenhang zwischen den Kosten bzw. dem Nutzen der Parteiarbeit und der Parteibindung findet sich bei allen Parteien, sie schwächt sich bei steigenden Kosten ab und wird bei steigendem Nutzen stärker. Allerdings ist der Zusammenhang auch in umgekehrter Richtung durchaus plausibel, dass die Parteibindung also die Einschätzung von Kosten und Nutzen beeinflusst. Vor allem der Nutzen aus der Parteiarbeit hängt stark mit weiteren Einstellungen zusammen: Parteimitglieder, die ihre eigene Kompetenz oder die Reaktionsbereitschaft des politischen Systems hoch einschätzen oder die eine output-orientierte Partei bevorzugen, empfinden den Nutzen aus der Parteiarbeit stärker als andere.

Bei den Kosten gibt es nur einen eindeutigen, aber nicht besonders starken Zusammenhang: Sie werden als umso höher angesehen, je geringer die Reaktionsbereitschaft eingeschätzt wird. Die Kosten korrelieren auch mit dem hier gemessenen Nutzen der Parteiarbeit nur schwach negativ. Offenbar empfinden die Mitglieder die Kosten zwar (vgl. Tab. 17), aber sie bringen sie nicht unmittelbar in Verbindung mit der Einschätzung ihrer eigenen Partei. Erst wenn die Parteineigung schwächer wird, treten die Kosten mehr in den Vordergrund. Ist die Parteineigung stark, so werden die Kosten schlicht hingenommen, die Mitglieder akzeptieren sie beim Parteibeitritt oder Verbleib in der Partei.

Bleibt zum Abschluss noch ein Blick auf den kollektiven Nutzen der Parteiarbeit, der hier über die Einschätzung der Wirksamkeit der innerparteilichen Aktivität[263] für eine erfolgreiche Arbeit der Partei gemessen wird. Als erstes Ergebnis kann man festhalten, dass zwischen den Mitgliedern der verschiedenen Parteien die Einschätzung der Wirksamkeit der einzelnen Aktivitäten unterschiedlich ist. Vor allem Mitglieder von PDS und FDP weichen in ihrer Beurteilung häufiger von den Mitgliedern der übrigen drei Parteien ab. Die Reihenfolge von wirksamen und unwirksamen Aktivitäten ist jedoch bei allen Parteien sehr ähnlich.

---

263 Die Parteimitglieder wurden gebeten, zusätzlich zu der Angabe ihrer innerparteilichen Aktivitäten in den vergangenen 12 Monaten (vgl. Kap. 2.2.2) auch die Wirksamkeit dieser Aktivitätsformen für eine erfolgreiche Arbeit ihrer Partei einzuschätzen.

Tab. 18: ***Einschätzung der Wirksamkeit verschiedener Aktivitäten für eine
erfolgreiche Arbeit der Partei***
(Mittelwerte)

	CDU	SPD	PDS	FDP	BGR
Neue Mitglieder für die Partei werben	3,6	3,9	3,9	3,6	3,5
Handzettel, Plakate, Infostände	3,0	3,3	3,6	2,7	3,2
Organisatorische Aufgaben übernehmen	3,5	3,6	3,5	3,2	3,6
Diskussionen über kommunalpol. Themen	3,9	4,0	3,8	3,9	4,1
Diskussionen über landespolitische Themen	3,6	3,7	3,4	3,6	3,7
Diskussionen über bundespolitische Themen	3,5	3,6	3,4	3,4	3,6
Bei Bedarf zusätzlich Geld spenden	2,7	2,7	3,9	2,4	3,1
Bei sozialen Aktionen der Partei mitmachen	3,5	3,6	3,6	3,3	3,1
Diskussionen über Personalfragen	3,0	3,1	2,7	2,8	2,8
Für ein Amt oder Mandat kandidieren	3,3	3,4	2,9	3,2	3,5

Anmerkung: Mittelwerte der Skala von 1 „unwirksam" bis 5 „sehr wirksam"

Besonders wirksam für eine erfolgreiche Arbeit der Partei sind vor allem die Beteiligung an politischen Diskussionen, die Mitgliederwerbung und die Übernahme organisatorischer Aufgaben. Für deutlich weniger wirksam wurden vor allem zusätzliche Geldspenden, Beteiligung an Parteiwerbung mit Informationsständen und auch Personaldiskussionen eingeschätzt. FDP-Mitglieder stehen der Wirksamkeit innerparteilicher Aktivitäten für eine erfolgreiche Arbeit der Partei insgesamt vergleichsweise skeptisch gegenüber.

Die Einschätzung der Wirksamkeit verschiedener Parteiaktivitäten lässt sich nach dem gleichen Kriterium in zwei Gruppen teilen wie die Aktivitäten.[264] Die Wirksamkeit wird also aufgeteilt in die Wirksamkeit inhaltlicher und die formaler Aktivitäten.

Soziodemographische Unterschiede bezüglich der Wirksamkeit von Parteiaktivitäten sind selten auszumachen: Geschlechterunterschiede existieren kaum, lediglich die Wirksamkeit formaler Aktivität wird von Frauen leicht besser bewertet. Mit zunehmendem Alter werden inhaltliche Aktivitäten für etwas unwirksamer gehalten. Niedrige Bildung der Mitglieder geht mit schlechter Bewertung der Wirksamkeit einher, der Zusammenhang ist aber nicht sehr stark. Die Homogenität des Umfelds beeinflusst diese Einschätzungen genauso wenig wie eine starke Verankerung der Mitglieder in sonstigen Organisationen.

[264] Eine Faktorenanalyse der Wirksamkeit ergibt die gleiche Struktur wie die der Aktivitäten. Einzige Ausnahme ist die Wirksamkeit der Mitgliederwerbung, die nicht mehr der inhaltlichen, sondern der formalen Gruppe zugerechnet wird. Bei der Einteilung der Aktivitäten ist die Mitgliederwerbung allerdings auch nur äußerst knapp der inhaltlichen Aktivität zugeordnet worden. Sie scheint zwischen beiden Formen zu stehen. Die Mitgliederwerbung wird der Wirksamkeit inhaltlicher Aktivitäten zugeordnet. Im Folgenden werden auch für die Wirksamkeit die Gruppen nicht durch die Faktoren, sondern durch Summenscores gebildet. Zur Begründung des Vorgehens vgl. die Argumentation in Kap. 2.2.2.

Während die Einschätzung der Wirksamkeit von der politischen oder ideologischen Nähe zur eigenen Partei weitgehend unabhängig ist, hängt sie sehr wohl mit der Einschätzung der eigenen Partei zusammen. Die Wirksamkeit hängt sehr stark von den Einflussmöglichkeiten „einfacher" Parteimitglieder ab. Je größer der Einfluss eingeschätzt wird und je besser die verfügbaren Instrumente dafür sind (d.h. je wirksamer die Beteiligung eingeschätzt wird), desto zufriedener sind die Mitglieder auch insgesamt mit ihrer Partei. Erstaunlicherweise zeigt sich kein Zusammenhang zwischen der Wirksamkeit und der gewünschten Parteiorganisationsform. Input-orientierte Mitglieder halten diese Parteiaktivitäten nicht für wirksamer als andere, obwohl eine erfolgreiche Arbeit der Partei in ihrem Sinne ja sehr viel mit einer wirksamen Teilhabe einfacher Mitglieder zu tun haben müsste.

Die Wirksamkeit hängt sehr stark positiv mit dem sonstigen Nutzen aus der Parteiarbeit zusammen; bei den Kosten zeigt sich ein geringer negativer Zusammenhang. Generell kann man festhalten, dass die Mitglieder diejenigen Aktivitäten bevorzugen, von deren Wirksamkeit sie auch überzeugt sind.[265]

2.3.6 Zusammenfassung

Die Thüringer Parteien lassen sich anhand der hier präsentierten Merkmale in drei Gruppen einteilen: Auf der einen Seite steht die PDS, die Partei der Rentner, die beinahe ausschließlich aus stark parteiverbundenen Altmitgliedern besteht. Bei Parteiveranstaltungen oder auch in Wahlkampfzeiten ist die PDS-Basis mobilisierbar. Sie sorgt beispielsweise mit sozialen Aktionen und Anerkennung von DDR-Lebensleistungen für „Nestwärme" bei (vermeintlichen oder tatsächlichen) Einheitsverlierern. Impulse zur innerparteilichen Willensbildung gehen von der Basis kaum aus. Der Grund dafür liegt aber nicht in den Parteistrukturen, sondern darin, dass die einfachen Mitglieder keinen Wert auf inhaltliche Beteiligung legen. Sie wollen eine schlagkräftige Partei und scheinen überzeugt davon, dass diese ihre Interessen vertreten wird. Die Aktivitäten der PDS-Mitglieder haben vor allem selbstreferenzielle Züge.

Der PDS werden an der Basis (einfache Mitglieder und Ortsvorsitzende) in nächster Zeit die gravierendsten Veränderungen ins Haus stehen, denn sie kann die „natürlichen Abgänge" in keiner Weise durch Neuaufnahmen kompensieren. Damit ist sie wohl auf dem Weg von einer Milieupartei zu einer Funktionspartei. Im Thüringer Parteiensystem nimmt sie, gemessen an den Einstellungen ihrer Mitglieder, die linke Extremposition ein. Die mittlere Parteielite (Kreisvorsitzende) steuert jedoch einen klaren Kurs in Richtung Koalitionsfähigkeit, indem sie sich z.T. deutlich von den Einstellungen ihrer Mitgliedschaft distanziert. Die PDS ist die einzige Thüringer Partei, bei deren Mitgliedern „links" noch im Sinne von sozialistisch interpretiert werden kann.

Die zweite Gruppe von Parteien sind die Neugründungen SPD und Bündnis 90/Die Grünen. Sie sind die für Westdeutsche in Thüringen attraktivsten Parteien. Ihre Mitgliederzahlen stagnieren insgesamt auf vergleichsweise niedrigem Niveau. Dieses Handicap wird durch die überdurchschnittliche Aktivität der Mitglieder allerdings teilweise ausgeglichen. Wären SPD und Bündnis 90/Die Grünen beide im Thüringer Landtag vertreten,

---

[265] Es zeigen sich durchweg sehr hohe und signifikanten Korrelationen zwischen einer Aktivität und ihrer Wirksamkeit.

dann wären sie wechselseitig der Wunsch-Koalitionspartner.[266] Eine feste sozialstrukturelle Basis hat die SPD in Thüringen nicht, auch wenn sie von den gewerkschaftlich organisierten Arbeitern und Angestellten als Interessenvertretung favorisiert wird. Die Einstellungen der SPD-Mitglieder nehmen insgesamt meist eine Mittelposition zwischen PDS und CDU/FDP ein. Das ist vermutliche eine Folge des internen Konflikts zweier Flügel in der SPD, der sich im Wesentlichen an der Frage der Haltung zur PDS festmachen lässt.[267]

Bündnis 90/Die Grünen ist in Thüringen mit weitem Abstand die „jüngste" Partei; das typische Mitglied ist großstädtischer Angestellter. Mitglieder von Bündnis 90/Die Grünen vertreten in Thüringen die markantesten Positionen, vor allem wenn es um die Umwelt- oder Ausländerproblematik geht. Die fehlende Ebene der Ortsverbände scheint einer Abkoppelung der Ansichten von Kreisvorsitzenden und Mitgliedern entgegenzuwirken, sicherlich aber auch die insgesamt geringe Zahl der Mitglieder. In dieser Partei sind die Wurzeln in den Bürgerbewegungen der Wendezeit noch zu spüren (ganz ähnlich wie im Westen die Wurzeln der Anti-Atomkraft-Bewegung oder der Frauenbewegung), der innerparteilichen Geschlossenheit ziehen die Mitglieder die innerparteiliche Diskussion eindeutig vor.

Die dritte Gruppe der Thüringer Parteien sind die Parteien im Übergang: CDU und FDP. Beide tragen noch Spuren ihrer Blockvergangenheit, aber die CDU hat sich davon schon bedeutend weiter entfernt als die FDP. CDU und FDP bilden in ihren politischen Einstellungen den klaren Gegenpol zu den Mitgliedern der PDS (vor allem bei der Einstellung zum Sozialismus) und zu denen von Bündnis 90/Die Grünen (bei Umwelt- und Ausländerfragen). Zwischen CDU und FDP gibt es allerdings beinahe keine Unterschiede. Daher ist es nicht verwunderlich, dass sie sich gegenseitig als Koalitionspartner wünschen, falls beide im Landtag vertreten wären.[268]

Die CDU hat zwar keinen eindeutigen Schwerpunkt in einer Berufsgruppe, dafür aber bei den Konfessionsgebundenen und im ländlichen Raum: Jedes zweite CDU-Mitglied wohnt auf dem Land, 85 Prozent der CDU-Mitglieder gehören einer Konfession an. Jedes dritte Mitglied ist katholisch und die Mehrheit von diesen (57 Prozent) geht wöchentlich in die Kirche. CDU-Mitglieder sind deutlich aktiver als FDP-Mitglieder, besonders Parteiämter und Wahlmandate haben sie häufig inne.

Die FDP ist zusammen mit Bündnis 90/Die Grünen die Partei, deren Mitglieder die formal höchsten Bildungsabschlüsse haben. Sie hat auch in Thüringen mittlerweile einen recht hohen Anteil an Selbständigen und Freiberuflern in ihren Reihen, die vornehmlich aus kleinen und mittleren Städten stammen. Bei der innerparteilichen Aktivität bilden die FDP-Mitglieder das Schlusslicht; Mobilisierung in Wahlkampfzeiten könnte daher bei rasch sinkenden Mitgliederzahlen problematisch werden. Diese sind z.T. darauf zurückzuführen, dass sich die – eher sozial- und national- als wirtschaftsliberalen – Mitglieder in der programmatisch nach westdeutschem Muster umgebauten FDP nicht mehr wiederfinden. Ihr Weg könnte sie geradewegs in die CDU führen, denn FDP-Mitglieder

---

266 Vgl. *K. Schmitt* 1999a: Koalitionsoptionen in Thüringen aus der Sicht der Parteimitglieder, in: *O. N. Haberl / T. Korenke* (Hrsg.): Politische Deutungskulturen. Festschrift für Karl Rohe zum 65. Geburtstag. Baden-Baden, S. 346-365, hier S. 359.
267 Vgl. *K. Schmitt* 2000b, S. 106ff.
268 Vgl. *K. Schmitt* 1999a, S. 359.

stehen ihr inhaltlich sehr nahe.[269] Die FDP ist auf dem Weg zu einer Klientelpartei nach westdeutschem Vorbild.

Aus dieser Untersuchung der Zusammenhänge zwischen den Bestandteilen des Modells zur Erklärung innerparteilicher Partizipation ergeben sich einige Konsequenzen für dieses Modell (vgl. den Modellentwurf oben in Abb. 1). Bisher wurde von gleich starken Zusammenhängen der erklärenden Variablen untereinander ausgegangen. Allerdings hat sich gezeigt, dass zwischen der Sozialstruktur und dem persönlichen Umfeld – wenn überhaupt – nur eine sehr schwache Beziehung besteht. Die intrinsischen Motivationen hängen offenbar stark von der Sozialstruktur und auch vom Umfeld ab. Die Einschätzung der eigenen Partei ist nur wenig von Sozialstruktur oder Umfeld bestimmt, der Zusammenhang zu den intrinsischen Motivationen (v.a. der Parteibindung) ist aber sehr stark. Die Einschätzung von Kosten und Nutzen der Mitgliedschaft hängt mit allen übrigen Faktoren stark zusammen, einzig die Sozialstruktur scheint hierauf nur schwachen Einfluss zu haben. Diese Zusammenhänge sind aber nicht für jede Variable innerhalb der Variablengruppen gleich, und sie sind natürlich zusätzlich von Partei zu Partei unterschiedlich stark. Diese Zusammenhänge werden aber bei der Entwicklung des allgemeinen Modells, das dann auch Interaktionen zwischen diesen Variablen zulassen wird, berücksichtigt.

Zunächst jedoch soll ein einfaches additives Modell überprüft werden, in dem jede Erklärungsvariablen nur einen direkten Effekt auf die innerparteiliche Partizipation hat. Dabei wird auch der direkte Zusammenhang der Ressourcen mit der Partizipation untersucht. Die Vermutung, dass dieser direkte Zusammenhang nicht oder nur sehr schwach existiert, ist ja bisher noch nicht belegt worden. Die Zusammenhänge zwischen den Erklärungsvariablen der Bestandteile des Modells mit den beiden Typen innerparteilicher Partizipation werden zunächst getrennt vorgestellt, dann in das additive Modell integriert.

---

269 Dazu kommt die häufige Konfessionsbindung der FDP-Mitglieder, wobei aber fraglich ist, ob sie ein Grund zum Wechsel in die CDU ist. *Schmitt* weist für ostdeutsche FDP-Landtagsabgeordnete nach, dass diese zu politischem Stellungnahmen der Kirchen eine besonders ablehnende Haltung haben, vgl. *K. Schmitt* 1999b: Christliche Abgeordnete in den ostdeutschen Landtagen. Sozialisation und politische Orientierungen, in: *P. R. Weilemann / H.-J. Küsters / G. Buchstab* (Hrsg.): Macht und Zeitkritik. Festschrift für Hans-Peter Schwarz zum 65. Geburtstag. Paderborn u.a., S. 625-636, hier S. 635.

3. Kapitel: Die Erklärung innerparteilicher Partizipation

3.1 Erklärungsfaktoren für innerparteiliche Partizipation

3.1.1 Sozialstruktur und Ressourcen

Als Ressourcen, die auf die Stärke der Aktivität Einfluss haben könnten, kommen Bildung, Alter und Geschlecht, die soziale Schicht und die verfügbare Zeit in Betracht. Die soziale Schicht wird häufig durch Kombinationen von Einkommen, Bildung und Beruf definiert.[270] Im vorliegenden Fall ist das aber nicht vorteilhaft, da das Haushaltseinkommen hier nur in sehr groben Kategorien zur Verfügung steht und zudem beinahe die Hälfte aller Parteimitglieder (45,2 Prozent) nicht berufstätig ist. Ersatzweise wird Selbsteinstufung der sozialen Schicht verwendet, die eng mit Beruf und Einkommen zusammenhängt. Um die Ressource „verfügbare Zeit" zu messen kann man auf den Indikator Berufstätigkeit zurückgreifen. Dabei wird davon ausgegangen, dass Personen, die Voll- oder Teilzeit arbeiten bzw. eine Ausbildung absolvieren weniger Zeit für Parteiarbeit erübrigen können als Rentner, Arbeitslose oder Hausfrauen (-männer). Der Zusammenhang zwischen den verfügbaren Ressourcen und den beiden Typen innerparteilicher Aktivität ist in der folgenden Tabelle dargestellt, wobei jeweils der Anteil der Mitglieder mit hoher Aktivität in jeder Gruppe dargestellt ist.[271]

Wie in allen folgenden Tabellen musste die Gruppierung der Variablen relativ grob sein, um ausreichende Fallzahlen bei allen Parteien zu gewährleisten. Daher wird immer auch ein dem Skalenniveau der Variablen angemessenes Zusammenhangsmaß zur Interpretation herangezogen.[272]

Bereits auf den ersten Blick wird deutlich, dass die Ressourcen auf die Aktivität in den verschiedenen Parteien deutlich unterschiedliche Wirkungen haben. Der Zusam-

---

270 vgl. etwa *L. W. Milbrath / M . L. Goel* 1977, S. 90.
271 Anteil der Mitglieder jeder Partei, deren Aktivitätsniveau mittel oder hoch ist. Es handelt sich um diejenigen Mitglieder, die auf der Summenskala ihre eigenen Aktivitäten im Durchschnitt die Mittelkategorie erreicht haben. Die angegebenen Prozentzahlen addieren sich mit den Mitgliedern geringer Aktivität zu 100. Deren einzelne Werte sind hier der Übersichtlichkeit halber nicht aufgeführt. In Ausnahmefällen können unterschiedliche Fallzahlen von Zeile zu Zeile zu unstimmigen Ergebnissen führen. Bei der SPD liegt der Anteil derjenigen mit hoher formaler Partizipation sowohl bei Berufstätigen als auch bei Nicht-Berufstätigen unter dem Gesamt-Durchschnitt. Das liegt daran, dass einige SPD-Mitglieder die Frage nach der Berufstätigkeit nicht beantwortet haben und damit diese Anteilswerte auf der Grundlage leicht unterschiedlicher Populationen berechnet wurden.
272 Die standardisierten Mittelwerte liefern hier nicht mehr die gewünschten Ergebnisse. Falls diese Mittelwerte aus der Berechnung über alle Parteien verwendet würden, würden die Unterschiede innerhalb der Parteien durch die Unterschiede zwischen den Parteien überlagert. Würde man die Mittelwerte für jede Partei einzeln neu berechnen, so wäre gerade dieser Unterschied nicht mehr feststellbar. Daher wird auf Gruppenbildung in Kombination mit Zusammenhangsmaßen gesetzt, die beide Schlüsse zulassen. Die Zusammenhangsmaße werden dann selbstverständlich für die ungruppierten Variablen berechnet. Durch die zusätzliche Verwendung von Zusammenhangsmaßen kann außerdem eine falsche Interpretation der Zahlen vermieden werden. Beispielsweise beim Zusammenhang zwischen Alter und formaler Aktivität bei SPD-Mitgliedern deutet die grobe Altersgruppierung auf einen negativen Zusammenhang hin, der Korrelationskoeffizient zeigt jedoch einen positiven Zusammenhang an. Mit zunehmender Signifikanz des Zusammenhangs werden solche widersprüchlichen Informationen aber vermieden.

menhang zwischen Alter und Aktivität ist insgesamt schwach und zeigt im Parteivergleich ein heterogenes Bild: Einzig bei der FDP ist der Zusammenhang signifikant, das heißt, dass sich die Aktivität mit höherem Alter verringert. Bei der PDS trifft das für die inhaltliche Aktivität zu. Bei allen übrigen Parteien spielt das Alter der Mitglieder kaum eine Rolle.

Tab. 19: Zusammenhang zwischen Ressourcen und Aktivität
(Anteil der Mitglieder mit hoher Aktivität in Prozent, Korrelationen)

	Formale Aktivität					Inhaltliche Aktivität				
	CDU	SPD	PDS	FDP	BGR	CDU	SPD	PDS	FDP	BGR
GESAMT	34,6	42,2	57,1	24,2	33,8	55,4	65,6	44,7	48,6	61,4
Altersgruppen										
Bis 50	32,3*	43,7	62,1	30,4	33,7	56,5	64,7	48,1	52,8	60,3
Über 50	37,3	40,5	56,9	19,3	37,5	55,8	67,4	44,2	43,8	65,0
Pearsons r	.05	.07	-.05	-.13	.03	-.07	.04	**-.18**	**-.15**	.03
Geschlecht										
Männlich	33,3	39,1	60,7	24,2	33,1	59,0	67,3	52,3	50,2	65,5
Weiblich	40,0	51,5	53,3	21,9	36,3	44,7	60,7	34,8	40,6	53,8
Eta-Quadrat	.04	.12	.12	.06	.03	.12	.10	.26	.14	.08
Bildung										
POS/Hauptschule	31,4	45,6	48,5	16,1	40,0	52,3	65,6	35,8	48,2	55,0
EOS/Abitur/FS	37,2	45,2	60,3	31,0	39,5	52,0	70,9	53,2	50,4	61,8
Hochschule	35,8	37,2	64,7	22,2	28,4	65,4	61,0	49,3	47,5	64,2
Kendalls tau-b	.03	-.07	**.08**	.03	-.08	**.09**	-.05	**.09**	-.00	.05
Schicht										
Niedrig	26,6	40,4	54,5	17,6	27,3	44,7	64,7	44,1	37,3	50,0
Mitte	36,2	43,3	59,6	27,0	36,3	57,8	65,6	46,0	50,2	65,3
Hoch	38,0	38,5	80,0	20,0	36,0	58,8	65,9	53,3	53,3	64,0
Pearsons r	.08	.00	.05	.02	.09	**.16**	.01	.07	.06	.09
Berufstätigkeit										
Ja	34,5	42,2	58,6	24,9	32,1	61,5	65,4	51,8	52,4	62,5
Nein	34,3	42,9	56,8	22,7	45,0	45,6	65,1	43,0	40,2	60,0
Eta-Quadrat	.01	.02	.03	.03	.08	.16	.01	.08	.11	.04

Signifikanzniveau: **p<0.05**   **p<0.01**   Rest nicht signifikant

* Lesehilfe: Insgesamt sind in der CDU 34,6 Prozent der Mitglieder stark formal aktiv. In der Altersgruppe bis 50 Jahre sind es nur 32,3 Prozent, in der Gruppe über 50 Jahre 37,3 Prozent. Der Zusammenhang zwischen Alter und formaler Aktivität ist sehr gering positiv und nicht signifikant.

Die inhaltliche Aktivität ist in allen Parteien eher eine Sache der Männer. Der deutlichste Unterschied zeigt sich bei der PDS, wo die Männer auch die formale Aktivität dominieren. In den übrigen Parteien mit Ausnahme der FDP sind Frauen aber formal aktiver als die Männer.[273] Bei Bündnis 90/Die Grünen lässt sich ein Geschlechterunterschied kaum mehr ausmachen. Die formale Bildung der Parteimitglieder hängt in vielen Fällen nicht linear mit der Aktivität zusammen. Häufig ist es die mittlere Bildungsgruppe, die besonders aktiv ist. Der positive Zusammenhang bei der PDS kommt durch die geringere Aktivität der Mitglieder mit POS- oder Hauptschulabschluss zustande, der positive Zusammenhang bei der inhaltlichen Aktivität der CDU-Mitglieder durch die besonders große Aktivität der Hochschulabsolventen. Insgesamt zeigt sich, dass innerparteiliche Partizipation nicht übermäßig stark vom Bildungsniveau der Mitglieder abhängt.

Die selbst eingeschätzte Zugehörigkeit zu einer bestimmten sozialen Schicht wirkt sich auf die innerparteiliche Partizipation beinahe gar nicht aus. Nur bei der CDU steigt die inhaltliche Aktivität signifikant an, je höher die eigene soziale Schicht eingeschätzt wird. Die Berufstätigkeit der Mitglieder hat keinen signifikanten Einfluss auf ihre innerparteilichen Aktivitäten. Die häufig etwas größere Aktivität der Berufstätigen zeigt außerdem, dass die damit intendierte Messung der verfügbaren Zeit auf diese Weise nicht gelungen ist. Vielmehr scheinen sich mit der Berufstätigkeit Fähigkeiten (wie beispielsweise größere soziale Kompetenz) zu verbinden, die vor allem inhaltliche Aktivitäten eher begünstigen.

Der Einfluss der Ressourcenausstattung auf die Aktivität ist also bei den Thüringer Parteien sehr unterschiedlich, den Prototypen des aktiven Parteimitglieds kann man anhand der Ressourcen jedenfalls nicht ausmachen. Augenfällig ist außerdem, dass für die beiden Arten der Aktivität oftmals unterschiedliche Voraussetzungen günstig zu sein scheinen, wie bei der CDU am deutlichsten zu sehen ist. Bei PDS und FDP kommen die Aktiven aus den gleichen Gruppen, bei SPD und Bündnisgrünen ist die Identifizierung der Aktiven anhand der sozialstrukturellen Merkmale am schwierigsten.

Insgesamt sind Sozialstruktur und Ressourcen allein nur sehr bedingt geeignet, um die innerparteiliche Partizipation zu erklären (vgl. die Ergebnisse der multiplen Regressionsanalyse in Anhang 2.1; auf eine detaillierte Darstellung im Text wird aus Gründen der Übersichtlichkeit verzichtet). Bei der inhaltlichen Partizipation spielen sie alles in allem eine etwas größere Rolle, und hier trifft das vor allem auf PDS- und CDU-Mitglieder zu. Für ein Engagement, dass auf die Inhalte der Parteipolitik abzielt, sind verfügbare Ressourcen also zumindest in diesen beiden Parteien ein gewisser Vorteil. Bildung, Berufstätigkeit und Schicht-Selbsteinstufung haben nur wenig mit innerparteilicher Partizipation zu tun. Höheres Alter wirkt sich vor allem bei der formalen Partizipation negativ (bei PDS und FDP, positiv bei der SPD) aus. Das ist im Fall der PDS-Mitglieder nur scheinbar ein Widerspruch zu der Tatsache, dass sie die ältesten Mitglieder und gleichzeitig die höchsten formalen Partizipationsraten hat; die formale Partizipation geht in der PDS bei den sehr alten Mitgliedern zurück. Der Geschlechterunterschied ist bei der inhaltlichen Partizipation deutlich wichtiger als bei der formalen.

---

273 Das Zusammenhangsmaß Eta-Quadrat ist trotzdem positiv, da es einen maximalen Wertebereich von 0 bis +1 hat. Mit Eta-Quadrat kann man daher nur etwas über die Stärke des Zusammenhangs aussagen, nichts über die Richtung.

Die vorgestellten schwachen Beziehungen der Ressourcen zu den Aktivitäten deutet insgesamt darauf hin, dass ein direkter Einfluss nicht oder nur rudimentär vorhanden ist.

3.1.2 Persönliches Umfeld

Das persönliche Umfeld ist bei der Entscheidung, einer bestimmten Partei beizutreten, sicherlich ein gewichtiger Faktor. Ein parteipolitisch homogenes Umfeld kann aber nicht nur zum Beitritt motivieren, sondern auch Auswirkungen auf die innerparteiliche Aktivität haben. Während inhaltliche Aktivität vermutlich eher durch andere Faktoren bestimmt ist, dürfte bei der formalen Aktivität das Umfeld eine weitaus größere Rolle spielen. Formale Aktivitäten sind beinahe ausschließlich in der Gruppe denk- und durchführbar: Die Gruppendynamik kann jemanden dazu veranlassen, beim Plakate kleben mitzuhelfen, jedoch kaum dazu, einen durchdachten Redebeitrag bei Parteiversammlungen beizutragen. Dennoch ist ein gewisser Beitrag zur inhaltlichen Aktivität denkbar, etwa durch die häufigere Beschäftigung mit Parteipolitik in einem homogenen Umfeld.

Zum persönlichen Umfeld kann weiterhin auch die soziale Partizipation gerechnet werden, die mit der Mitgliedschaft in sonstigen Organisationen erfasst wird. Das sagt zwar nichts über die Aktivität des Einzelnen in diesen Organisationen aus, in der Summe aber lässt sich von mehreren Mitgliedschaften auf eine bessere Einbindung in das direkte Umfeld schließen. Die soziale Partizipation sollte sich positiv auf die innerparteiliche Partizipation auswirken.

Tab. 20: Zusammenhang zwischen persönlichem Umfeld und Aktivität
(Anteil der Mitglieder mit hoher Aktivität in Prozent, Korrelationen)

	Formale Aktivität					Inhaltliche Aktivität				
	CDU	SPD	PDS	FDP	BGR	CDU	SPD	PDS	FDP	BGR
GESAMT	34,6	42,2	57,1	24,2	33,8	55,4	65,6	44,7	48,6	61,4
Homogenität des Umfelds*										
Nein	28,7	38,4	40,4	16,0	28,8	49,4	62,3	34,0	39,5	50,8
Teilweise	30,7	42,6	53,1	27,4	34,8	47,6	64,3	44,4	51,1	60,7
Ja	40,2	44,1	60,3	31,2	36,3	64,3	69,3	45,8	58,4	70,0
Kendalls tau-b	**.12**	.06	**.11**	**.20**	.07	**.15**	.06	-.01	**.15**	**.13**
Mitglied in sonstigen Organisationen										
Nein, keine	25,5	33,8	42,6	11,5	24,2	46,2	57,1	25,7	34,6	41,7
Ja, eine	35,6	37,7	57,9	27,9	25,0	52,7	61,9	45,0	46,3	59,0
Ja, zwei o. mehr	38,5	49,0	72,5	28,2	37,2	62,9	72,0	65,9	60,7	69,3
Pearsons r	**.18**	**.18**	**.25**	**.18**	.10	**.21**	**.18**	**.28**	**.16**	**.15**

Signifikanzniveau: **p<0.05**   **p<0.01**   Rest nicht signifikant

*Anmerkung: Ein homogenes Umfeld liegt vor, wenn die Freunde überwiegend der gleichen Partei zuneigen und Familienangehörige in der gleichen Partei Mitglied sind. Trifft nur eines von beiden zu, ist das Umfeld teilweise homogen, trifft nichts davon zu, dann ist das Umfeld nicht homogen.

Der Einfluss der parteipolitischen Homogenität im persönlichen Umfeld ist bei allen Parteien deutlich vorhanden, sie motiviert offenbar zur Mitarbeit. Das gilt sehr ähnlich für beide Partizipationsarten, die Vermutung, dass inhaltliche Beteiligung durch ein homogenes Umfeld weniger befördert wird, bestätigt sich nicht. Einzig die Mitglieder der PDS lassen sich durch ein homogenes Umfeld zu formaler, aber nicht zu inhaltlicher Arbeit anregen.

Noch deutlicher ist der Einfluss der sozialen Partizipation: Parteimitglieder, die außerdem noch in einer oder mehreren anderen Organisationen vertreten sind, sind im Durchschnitt deutlich aktiver in ihrer Partei. Der Zusammenhang ist bei der inhaltlichen Aktivität insgesamt etwas stärker als bei der formalen. Wenn die sonstige soziale Partizipation in einer Partei eher die Ausnahme ist (wie bei der PDS, vgl. oben Tab. 13), wirkt sich dies stärker aktivitätsfördernd aus als wenn es eher die Regel ist (wie bei Bündnis 90/Die Grünen).

Das persönliche Umfeld hat deutlich stärkere Auswirkungen auf die innerparteiliche Partizipation als Sozialstruktur bzw. Ressourcen der Mitglieder (vgl. die multiple Regressionsanalyse in Anhang 2.2). Für die Beteiligung in der Partei ist die Organisationsmitgliedschaft insgesamt etwas wichtiger als die Homogenität des Umfelds. Die Aktivität der Mitglieder von Bündnis 90/Die Grünen lässt sich mit dem persönlichen Umfeld beinahe gar nicht erklären, die der SPD-Mitglieder nur schwach, während bei CDU, PDS und FDP das persönliche Umfeld durchaus ein gewichtiger Faktor ist.

3.1.3 Intrinsische Motivationen

Unter intrinsischen Motivationen werden hier alle Motivationen verstanden, die vom einzelnen Mitglied selbst ausgehen bzw. auf die das einzelne Mitglied Einfluss hat. Bei der inhaltlichen und der ideologischen Übereinstimmung bzw. Abweichung von der wahrgenommenen Parteilinie wird angenommen, dass größere Abweichungen zu verstärktem Engagement führen. Dies sollte allerdings nur für die inhaltliche Partizipation gelten, da es Mitgliedern mit abweichenden Positionen darauf ankommen sollte, ihre Partei in die von ihnen gewünschte Richtung zu verändern. Formale Partizipation hingegen sollte bei größerer Übereinstimmung mit der Parteilinie stärker sein, da durch sie vor allem eine vorhandene Parteilinie unterstützt und nach außen vertreten wird.

Die politische Eigenkompetenz (interne Efficacy) dürfte eine große Rolle bei der innerparteilichen Partizipation spielen. Zumindest bei Aktivitäten, die auf inhaltliche Arbeit und Politikformulierung zielen, ist diese Art von Selbstvertrauen unumgänglich; bei formaler Aktivität ist Eigenkompetenz jedoch vermutlich eher verzichtbar. Aufgrund der etwas problematischen Messung der Reaktionsbereitschaft des politischen Systems (externe Efficacy, vgl. Kap. 2.3.3) bei Parteimitgliedern ist hier nur ein schwacher Zusammenhang zu erwarten. Die Stärke der Parteibindung dürfte hingegen vermutlich auf beide Beteiligungstypen einen großen verstärkenden Einfluss haben. Ist die Bindung stark, so entscheidet man sich aufgrund seiner persönlichen Präferenzen für eine Art der Partizipation. Ist die Bindung schwach, wird man sich eher zurückhalten.

Insgesamt ist zu erwarten, dass die intrinsischen Motivationen stärkeren Einfluss auf die inhaltliche als auf die formale Beteiligung der Mitglieder haben, da erstere eher von der Person und weniger von den Umständen abhängt, während es bei letzterer umgekehrt sein dürfte. Das trifft vermutlich in besonderem Maße für die Eigenkompetenz und weniger für die übrigen intrinsischen Motivationen zu.

Tab. 21: Zusammenhang zwischen intrinsischen Motivationen und Aktivität (Anteil der Mitglieder mit hoher Aktivität in Prozent, Korrelationen)

	Formale Aktivität					Inhaltliche Aktivität				
	CDU	SPD	PDS	FDP	BGR	CDU	SPD	PDS	FDP	BGR
GESAMT	34,6	42,2	57,1	24,2	33,8	55,4	65,6	44,7	48,6	61,4
Ideologische Distanz										
Keine	37,8	43,9	59,6	30,3	42,4	61,2	65,6	45,1	58,6	64,1
Ein Punkt	34,0	42,7	59,6	18,5	24,7	56,7	69,0	50,3	45,4	57,6
Zwei und mehr	31,4	37,6	34,9	22,0	33,3	52,4	61,9	30,2	44,0	63,9
Pearsons r	*-.05*	*-.05*	*-.08*	*-.07*	*-.01*	*-.04*	*-.01*	*-.07*	*-.10*	*.01*
Inhaltliche Distanz										
Gering	38,5	46,2	59,2	26,4	35,2	53,8	67,1	46,9	58,7	65,4
Hoch	32,1	37,6	56,6	24,6	34,5	58,0	64,7	47,8	44,4	54,5
Pearsons r	*-.15*	*-.11*	*-.07*	*-.14*	*-.01*	*-.06*	*-.04*	*-.02*	*-.15*	*-.07*
Parteibindung										
Schwach	23,1	31,1	32,1	16,5	24,8	42,6	51,8	20,8	37,4	42,6
Stark	47,6	52,5	62,4	42,9	41,6	70,9	78,6	49,7	75,5	76,8
Pearsons r	*.31*	*.31*	*.34*	*.39*	*.25*	*.34*	*.30*	*.29*	*.38*	*.37*
Eigenkompetenz										
Gering	28,2	32,5	46,7	13,1	34,0	35,0	49,4	29,4	28,3	38,0
Hoch	38,5	45,8	69,2	29,2	33,9	66,7	71,7	60,7	58,8	67,8
Pearsons r	*.17*	*.14*	*.30*	*.23*	*.08*	*.42*	*.33*	*.40*	*.36*	*.35*
Reaktionsbereitschaft										
Gering	31,2	39,0	60,2	23,0	35,1	51,9	64,4	46,9	46,0	59,7
Hoch	39,9	50,3	57,0	26,4	34,8	60,5	70,2	46,0	56,9	66,7
Pearsons r	*.13*	*.18*	*.05*	*.19*	*.04*	*.12*	*.12*	*-.01*	*.16*	*.07*

Signifikanzniveau: p<0.05   p<0.01   Rest nicht signifikant

Sowohl bei der ideologischen als auch bei der inhaltlichen Distanz können die vorher geäußerten Vermutungen nicht aufrecht erhalten werden. Zwar zeigt sich eine etwas geringere Partizipationsbereitschaft bei zunehmender Distanz, aber dieser Zusammenhang ist bei beiden Beteiligungstypen sehr ähnlich. Für die inhaltliche Partizipation wurde aber der umgekehrte Zusammenhang als plausibel angenommen. Insgesamt ist die Beziehung zwischen der ideologischen oder inhaltlichen Distanz zur Partei und der innerparteilichen Partizipation vergleichsweise schwach.

Zwischen der Parteibindung und der Aktivität zeigt sich erwartungsgemäß ein sehr starker Zusammenhang: Je stärker sie ist, desto größer ist die Bereitschaft sowohl zur inhaltlichen als auch zur formalen Mitarbeit. Wenig überraschend zeigt sich das bei allen Parteien; die Parteibindung ist offenbar so etwas wie eine Voraussetzung für Engagement in der Partei.

Bei der Einschätzung der eigenen Kompetenz für die Teilhabe an der Politik zeigt sich der vermutete Zusammenhang: Je höher diese eingestuft wird, desto eher beteiligt sich ein Mitglied an der Parteiarbeit. Dieses Muster ist bei allen Parteien gleich, der Zusammenhang ist fast immer stark und signifikant. Bei der inhaltlichen Aktivität ist der Zusammenhang deutlich stärker als bei der formalen, am deutlichsten zu sehen bei Bündnis 90/Die Grünen. Für die inhaltliche Mitarbeit ist also die Einschätzung eigener Kompetenz sehr viel notwendiger als für formale. Das entspricht voll und ganz den Erwartungen. Eine positive Einschätzung der Reaktionsbereitschaft des politischen Systems verstärkt die innerparteiliche Aktivität bei CDU, SPD und FDP leicht, bei PDS und Bündnis 90/Die Grünen spielt diese Einschätzung keine Rolle für das Aktivitätsniveau.

Bei gleichzeitiger Schätzung der Partizipationstypen auf der Grundlage der intrinsischen Motivationen zeigt sich, dass sie auch ohne weitere Faktoren bereits gut geeignet sind, inhaltliche und formale Partizipation der Parteimitglieder zu erklären (vgl. Anhang 2.3). Bei der inhaltlichen Partizipation ist die Erklärungskraft durchweg deutlich höher als bei der formalen Partizipation.[274] Bei der CDU und bei Bündnis 90/Die Grünen hängt die formale Partizipation im Vergleich zu den anderen Parteien weniger von den intrinsischen Motivationen ab. Die inhaltliche wie die ideologische Distanz zur eigenen Partei trägt beinahe nichts zur Varianzerklärung bei, ebenso wenig wie die Einschätzung der Reaktionsbereitschaft des politischen Systems. Die Verbundenheit mit der eigenen Partei und die Tatsache, dass man sich selbst für politisch kompetent hält, sind die entscheidenden intrinsischen Motivationen für Engagement innerhalb der Partei. Für die inhaltliche Arbeit bei CDU, PDS und FDP ist die Eigenkompetenz etwas wichtiger als die Parteiverbundenheit, bei SPD und Bündnis 90/Die Grünen ist es umgekehrt. Für die formale Arbeit innerhalb der Partei ist hingegen die Verbundenheit mit der Partei bei allen Parteien die mit Abstand wichtigste intrinsische Motivation. Das bestätigt die These von der Parteibindung als Grundlage jeglicher innerparteilicher Partizipation.

3.1.4 Extrinsische Motivationen

Die Aktivität eines Parteimitglieds kann sinnvoll nicht allein aus Persönlichkeitsmerkmalen des Mitglieds erklärt werden. Sie hängt vielmehr ebenso davon ab, welche

---

274 Außerdem ist die Erklärungskraft nur dieser intrinsischen Motivationen für die inhaltliche Partizipation bei allen fünf Parteien höher als die Gesamterklärungskraft des erweiterten Rational-Choice-Modells bei *Bürklin* (vgl. *W. P. Bürklin* 1997, S. 137) und – mit Ausnahme der SPD, wo sie gleich hoch liegt – des General-Incentives-Model von *Whiteley* und *Seyd* (vgl. *P. F. Whiteley / P. Seyd* 1996, S. 226). Vermutlich wäre das Varianzerklärungspotenzial noch deutlich höher, wenn nicht die Beitrittsmotive von der Analyse ausgeschlossen worden wären. Zur Begründung des Ausschlusses vgl. Kap. 5.2.

Möglichkeiten und Angebote ihm zur Beteiligung angeboten werden. So dürfte es deutlich leichter fallen, in einem Ortsverband aktiv zu werden, wenn die übrigen Mitglieder ebenfalls aktiv sind. Unter extrinsischen Motivationen soll nun diese Angebotsseite der Beteiligung verstanden werden, und zwar so, wie das Mitglied sie wahrnimmt. Es handelt sich also um die Beurteilung der Partei durch die Brille des Mitglieds.

Generell sollte eine positive Einschätzung der eigenen Partei(-gliederung) die Mitglieder zu stärkerer Partizipation animieren. Es ist zwar auch plausibel, dass sich gerade diejenigen engagieren, die unzufrieden mit der Partei(-gliederung) sind. Aber nachdem sich gezeigt hat, dass ideologische und inhaltliche Distanz zur Partei eher aktivitätshemmend wirken, sollte sich hier ein ähnlicher Mechanismus zeigen. Wenn ein Mitglied zufrieden damit ist, wie sein Ortsverband organisiert ist und funktioniert, dann sollte das zur weiteren Mitarbeit motivieren. Gleiches gilt bei einer regelmäßigen Versorgung mit Informationsmaterial durch die Partei. Über die Bewertung des inneren Zustands kann man grob auf die Zufriedenheit der einzelnen Mitglieder mit der Partei schließen. Daher sollte sich auch hier ein positiver Zusammenhang zeigen: Je besser die Partei bewertet wird, desto stärker ist auch die Beteiligung an der Parteiarbeit.

Die Input- bzw. Outputorientierung bezieht sich auf die Erwartungen, die ein Mitglied an die Organisation seiner Partei stellen könnte. Input-Orientierung drückt sich dadurch aus, dass ein Mitglied von seiner Partei erwartet, möglichst viele unterschiedliche Interessen aufzunehmen und die innerparteiliche Geschlossenheit hinter der Meinungsfreiheit des Einzelnen zurückzustellen. Output-Orientierung geht mit Geschlossenheit und Parteidisziplin einher, die Mitglieder sollen der Parteiführung weitgehende Handlungsfreiheit gewähren. Wie bereits gezeigt wurde, haben die Mitglieder der fünf Parteien durchaus unterschiedliche Vorstellungen davon, ob sie ihre Partei lieber schlagkräftig und output-orientiert oder diskussionsfreudig und input-orientiert sehen wollen. Aber auch innerhalb jeder Partei gibt es beide Gruppen. Ob allerdings zumindest die Verfechter einer „Mitbestimmungs-Partei" sich stärker beteiligen ist fraglich, nachdem sie bereits eine höhere Wirksamkeit der Parteiarbeit verneint haben. Diese stärkere Beteiligung ist wenn überhaupt dann vor allem im inhaltlichen Bereich zu erwarten, dagegen sollten sich Befürworter einer output-orientierten Partei – wenn überhaupt – eher bei politikvermittelnden, formalen Aktivitäten beteiligen. Die Aktivität der Mitglieder sollte nicht zuletzt dann zunehmen, wenn sie den Eindruck haben, auch als „einfaches" Mitglied etwas in der Partei bewegen zu können.

Eine positive Beurteilung der eigenen Partei wirkt sich zwar positiv auf die Aktivität der Mitglieder aus, jedoch ist dieser Zusammenhang nur bei der SPD stark und signifikant. Während bei allen anderen Parteien nur die Frage nach der Zukunftsfähigkeit mit der Partizipation zusammenhängt, wirkt es sich bei der SPD auch positiv aus, wenn die Mitglieder ihr Offenheit für neue Ideen, eine klare politische Linie, eine entschlossene politische Führung und Einfluss in der Bundespartei zuschreiben. Auch hier zeigt sich, dass die Mitglieder ihren Parteien in besonderer Weise verbunden sind, wenn sie daran glauben, dass ihre Partei die Probleme der Zukunft lösen kann.

3. Kapitel: Die Erklärung innerparteilicher Partizipation

Tab. 22: **Zusammenhang zwischen extrinsischen Motivationen und Aktivität**
(Anteil der Mitglieder mit hoher Aktivität in Prozent, Korrelationen)

	Formale Aktivität					Inhaltliche Aktivität				
	CDU	SPD	PDS	FDP	BGR	CDU	SPD	PDS	FDP	BGR
GESAMT	34,6	42,2	57,1	24,2	33,8	55,4	65,6	44,7	48,6	61,4
Zufriedenheit mit dem Ortsverband										
Unzufrieden	30,8	38,0	56,4	20,5	34,7	51,9	63,9	41,9	43,9	59,9
Zufrieden	42,3	50,6	58,9	39,2	32,9	62,6	70,4	47,6	67,6	63,3
Pearsons r	**.19**	**.19**	.01	**.22**	-.04	**.16**	.05	.00	**.17**	.05
Informationen durch die Partei										
Selten	29,1	39,6	51,4	18,5	24,1	51,7	64,9	41,6	42,3	46,3
Oft	50,7	50,8	71,2	37,0	39,0	70,8	73,3	59,7	64,8	67,9
Kendalls tau-b	**.24**	**.14**	**.28**	**.20**	**.19**	**.18**	**.11**	**.20**	**.16**	**.23**
Zuweisung positiver Eigenschaften zur Partei										
Gering	31,1	41,1	57,1	24,7	30,9	54,7	64,9	41,4	46,8	60,6
Stark	42,9	47,9	58,5	26,1	44,4	58,9	72,7	47,1	67,4	68,9
Pearsons r	.08	**.21**	.08	.11	.03	.05	**.14**	.06	.09	.05
Input-Orientierung										
Dagegen	34,6	40,4	57,8	24,5	24,0	58,5	66,3	43,4	51,0	50,7
Dafür	35,0	43,3	59,1	25,0	38,0	54,2	65,9	46,6	47,7	66,7
Pearsons r	-.04	.03	**.09**	.11	**.15**	-.07	.03	.02	.01	.04
Output-Orientierung										
Dagegen	37,8	36,5	62,6	24,3	33,3	63,8	65,3	49,2	54,1	65,9
Dafür	34,3	45,5	57,4	23,8	34,4	53,6	66,5	45,1	45,7	55,9
Pearsons r	-.03	**.14**	-.01	.04	-.02	-.06	.06	-.06	-.04	-.09
Einfluss „einfacher" Parteimitglieder										
Gering	31,1	40,9	56,8	22,8	28,0	57,1	66,7	39,1	49,7	61,3
Groß	51,3	54,7	70,2	37,8	44,6	67,5	76,2	60,7	64,9	69,0
Pearsons r	**.25**	**.20**	**.15**	**.28**	**.27**	**.23**	**.15**	**.26**	**.26**	**.29**

Signifikanzniveau: p<0.05   **p<0.01**   Rest nicht signifikant

Die Zusammenhänge zwischen der favorisierten Parteiorganisationsform und den innerparteilichen Aktivitäten sind nicht nur schwach und nicht signifikant, sondern auch diffus. Offenbar spielen diese Orientierungen für die Thüringer Parteimitglieder bei der Entscheidung für oder gegen Aktivität in ihrer Partei keine Rolle. Daher ist es nur folgerichtig, dass sie auch für die Erklärung der Aktivität insgesamt nur sehr wenig beitragen. Einen deutlich größeren Einfluss auf das eigene Partizipationsverhalten hat da schon der Glaube daran, dass auch „einfache" Mitglieder in der Partei etwas verändern können. Wenn die Mitglieder die Einflussmöglichkeiten „einfacher" Mitglieder für groß halten, dann engagieren sie sich auch deutlich stärker, und zwar sowohl formal als auch inhaltlich und in allen Parteien.

Insgesamt sind die extrinsischen Motivationen der Mitglieder durchaus dazu in der Lage, einen deutlichen Beitrag zur Erklärung der innerparteilichen Partizipation zu leisten (vgl. Anhang 2.4).[275] Die Varianzerklärung dieser Variablen allein liegt zwischen 6,3 und 17,1 Prozent, wobei bei allen Parteien die formale Aktivität deutlich stärker von extrinsischen Motivationen beeinflusst wird als die inhaltliche. Das ist durchaus plausibel. Nachdem bereits gezeigt wurde, dass inhaltliche Partizipation deutlich stärker von Persönlichkeitsfaktoren abhängig ist als formale, wird hier klar, dass formale Partizipation sehr viel stärker auf ein positives Umfeld angewiesen ist als inhaltliche. Inhaltliche Partizipation hängt als individuelle Partizipation eher von individuellen Faktoren ab, während formale Partizipation als stärker kollektive Partizipation eher von den Möglichkeiten abhängt, die die Partei als Umfeld bietet. Vergleicht man die extrinsischen Bestimmungsfaktoren über alle Parteien hinweg, so zeigt sich deutlich die besondere Rolle der innerparteilichen Informationen. Hier bietet sich den Parteien ein großes Potenzial, um ihre Mitglieder an sich zu binden und zu Aktivität anzuhalten. Die Informationshäufigkeit ist bei allen Parteien die stärkste extrinsische Motivation. Des Weiteren spielen noch die Einflussmöglichkeiten für „einfache" Mitglieder und die Zufriedenheit mit dem Ortsverband eine Rolle. Alle anderen extrinsischen Motivationen sind zu vernachlässigen. Die Parteiunterschiede sind insgesamt eher gering. Bei den Mitgliedern von SPD und PDS zeigen sich am häufigsten signifikanten Zusammenhänge, bei der formalen Partizipation stärker als bei der inhaltlichen.

3.1.5 Kosten, Nutzen und Wirksamkeit des Engagements

Die vermuteten Zusammenhänge dieser Faktoren mit der innerparteilichen Aktivität sind einfach zusammenzufassen: Wahrgenommene Kosten wirken aktivitätshemmend, wahrgenommener Nutzen und die Einschätzung hoher Wirksamkeit der Beteiligung wirken aktivitätsfördernd. Nachdem sich in der bisherigen Analyse gezeigt hat, dass durchaus unterschiedliche Faktoren für inhaltliche oder formale Partizipation verantwortlich sind, ist zu vermuten, dass sich auch die Einschätzung der Wirksamkeit unterschiedlich auswirkt. Die Mitglieder bevorzugen nicht nur die Aktivität, die ihnen am meisten liegt, sondern auch diejenige, von deren Wirksamkeit sie überzeugt sind. Die Einschätzung der Wirksamkeit kann ebenso wie die Aktivitäten in zwei Gruppen eingeteilt werden, man kann die Einschätzung der Wirksamkeit inhaltlicher von derjenigen formaler Aktivitäten unterscheiden (vgl. Kap. 2.3.5). Da die Mitglieder die vermeintlich

---

275 Die extrinsischen Motivationen allein erklären wiederum ähnlich viel Varianz beider Partizipationstypen wie das erweiterte Rational-Choice-Modell bei *Bürklin*, vgl. *W. P. Bürklin* 1997, S. 137.

3. Kapitel: Die Erklärung innerparteilicher Partizipation

wirksameren Aktivitäten verstärkt ausüben ist zu vermuten, dass eine höhere Wirksamkeit formaler Aktivitäten auch vor allem mit der Ausübung formaler Aktivitäten zusammenhängt, mit der Ausübung inhaltlicher Aktivitäten jedoch nicht.[276]

Tab. 23: *Zusammenhang zwischen Kosten / Nutzen und Aktivität*
(Anteil der Mitglieder mit hoher Aktivität in Prozent, Korrelationen)

	Formale Aktivität					Inhaltliche Aktivität				
	CDU	SPD	PDS	FDP	BGR	CDU	SPD	PDS	FDP	BGR
GESAMT	34,6	42,2	57,1	24,2	33,8	55,4	65,6	44,7	48,6	61,4
Kosten										
Niedrig	35,4	45,8	61,5	27,2	38,0	57,9	71,5	50,0	54,3	63,3
Hoch	33,7	38,8	54,0	20,1	32,6	53,7	61,2	38,0	42,4	61,8
Pearsons r	-.04	*-.11*	*-.11*	-.13	-.03	-.08	*-.12*	*-.11*	*-.23*	-.00
Nutzen										
Niedrig	23,9	30,7	46,4	9,9	22,8	44,4	58,0	33,8	30,6	45,7
Hoch	40,0	48,6	63,3	31,0	43,7	61,5	70,3	51,4	59,1	73,0
Pearsons r	*.23*	*.25*	*.28*	*.27*	*.31*	*.22*	*.23*	*.19*	*.26*	*.29*
Wirksamkeit formaler Aktivität										
Unwirksam	25,5	30,4	24,5	17,3	19,5	47,2	59,2	20,4	46,4	56,3
Wirksam	43,5	50,8	68,3	36,3	45,5	65,3	70,9	53,1	57,0	65,2
Pearsons r	*.24*	*.33*	*.47*	*.21*	*.30*	*.19*	*.22*	*.33*	.11	.16
Wirksamkeit inhaltlicher Aktivität										
Unwirksam	31,9	36,2	51,7	13,3	22,9	34,8	48,7	27,8	35,6	50,0
Wirksam	37,1	44,5	61,9	30,4	38,6	66,4	71,6	55,7	57,1	64,9
Pearsons r	*.15*	*.15*	*.17*	.13	*.20*	*.38*	*.36*	*.36*	*.24*	*.30*

Signifikanzniveau: p<0.05   **p<0.01**   Rest nicht signifikant

Für alle drei Bereiche – Kosten, Nutzen und Wirksamkeit – zeigen sich deutliche und eindeutige Zusammenhänge mit der Aktivität. Werden die Kosten für das Engagement vom Mitglied stark wahrgenommen, so resultiert daraus eine leicht geringere Aktivität.

---

276 Das würde auch erklären, warum bei *Bürklin* die erwartete Wirksamkeit innerparteilicher Partizipation nichts zur Erklärung der ämterorientierten Partizipation beiträgt, bei der formalen Partizipation jedoch ein starker und signifikanter Einfluss vorliegt, vgl. *W. P. Bürklin* 1997, S. 137.

Insgesamt sind die Unterschiede zur Gruppe, die die Kosten weniger stark wahrnimmt, aber eher gering; die Kosten halten die Mitglieder nicht vom Engagement ab. Besonders gering ist dieser Zusammenhang bei der CDU und bei Bündnis 90/Die Grünen. Obwohl sie die Kosten wie die Mitglieder der anderen Parteien spüren (vgl. Kap. 2.3.5), hält sie das beinahe gar nicht von ihren Aktivitäten ab. Hier ist aber, ebenso wie beim Nutzen, von einer starken Wechselwirkung mit den Erwartungen an die Aktivität auszugehen: Bei allen Parteien zeigt sich, dass die Wirksamkeit der Aktivitäten umso höher eingeschätzt wird, je stärker der Nutzen ist, den man aus der Beteiligung zieht. Anders ausgedrückt wird die konkrete Aktivität dann für wirksamer gehalten, wenn ein Mitglied der Beteiligung oder dem Ergebnis der Beteiligung insgesamt einen persönlichen Nutzen zuschreibt.

Der allgemeine Nutzen aus der Parteiarbeit, der Elemente von Prozess- und Ergebnisanreizen enthält, wirkt sich deutlich positiv auf die innerparteiliche Partizipation aus. Die Unterschiede zwischen den Parteien sind gering, ebenso wie die Unterschiede je nach Partizipationstyp. Die Beurteilung der Wirksamkeit der Aktivitäten zeigt die vermuteten Einflüsse auf die Partizipation: Die Mitglieder aller Parteien lassen sich zur Partizipation animieren, wenn sie von der Wirksamkeit der Aktivitäten überzeugt sind. Überzeugung von der Wirksamkeit formaler Aktivitäten befördert besonders die Ausübung formaler Aktivitäten; ein analoger Zusammenhang findet sich bei der inhaltlichen Beteiligung. Deutlich geringer und teilweise weniger signifikant ist der kreuzweise Zusammenhang, die Überzeugung von der Wirksamkeit formaler Aktivitäten befördert die inhaltlichen Aktivitäten also nur bedingt. Da aber die Einschätzungen der Wirksamkeit ebenso wie die Aktivitätstypen eng zusammenhängen, ist auch eine wechselseitige Beziehung vorhanden. Der Anteil der formal besonders Aktiven steigt auch mit einer höheren Einschätzung der Wirksamkeit von inhaltlichen Aktivitäten, der Anteil der inhaltlich Aktiven steigt auch mit einer höheren Einschätzung der Wirksamkeit von formalen Aktivitäten. Insgesamt die geringsten Auswirkungen auf die innerparteiliche Partizipation zeigen sich bei der FDP, die stärksten bei der PDS.

Für die Schätzung der Höhe der innerparteilichen Partizipation sind Kosten, Nutzen und Wirksamkeit insgesamt gut geeignet, diese Faktoren erklären zwischen zehn und 30 Prozent der Varianz (vgl. Anhang 2.5). Zwischen den Parteien zeigen sich drastische Unterschiede, die weniger die inhaltliche Partizipation betreffen, dafür umso mehr die formale Partizipation. Bei diesem Partizipationstyp sind diese Einflussfaktoren bei CDU und FDP vergleichsweise schlecht zur Erklärung geeignet, bei SPD und Bündnis 90/Die Grünen leicht besser, aber bei der PDS erklären sie über 30 Prozent der Varianz.

Der Grund ist in der alles überragenden Bedeutung der Wirksamkeit zu finden, die für PDS-Mitglieder die wichtigste Antriebsfeder für formale Partizipation ist. Im Unterschied zu allen anderen Parteien ist hier nicht nur der Einfluss der formalen Wirksamkeit stark und signifikant, sondern auch der der Wirksamkeit inhaltlicher Partizipation. Dazu kommt wie bei allen anderen Parteien ein starker Einfluss des Nutzens der Parteiarbeit. Die Kosten der Parteiarbeit haben nur noch bei der FDP einen größeren negativen Einfluss auf das Ausmaß der formalen Partizipation.

Die inhaltliche Partizipation wird vor allem durch die erwartete Wirksamkeit der inhaltlichen Aktivitäten und vom Nutzen der Parteiarbeit motiviert. Die Kosten wirken wiederum nur bei der FDP aktivitätshemmend. Besonders interessant ist aber die bereits angesprochene Wechselwirkung der beiden Aktivitätstypen mit den beiden Wirksamkeitstypen. Zeigten sich bei den einfachen Korrelationen noch starker Zusammenhänge zwischen den gleichen Typen und schwächere zwischen verschiedenen Typen, so ändert sich dieses Bild in der multiplen Regressionsanalyse deutlich. Die meisten wechselseitigen Effekte, also z.B. der Einfluss der inhaltlichen Wirksamkeit auf die formale Partizipation, drehen bei gleichzeitiger Schätzung ins Negative (vgl. Anhang 2.5). Je höher also z.B. die Wirksamkeit inhaltlicher Aktivitäten eingeschätzt wird, desto weniger werden formale Aktivitäten ausgeübt. Der Grund liegt darin, dass bei gleichzeitiger Schätzung beide Wirksamkeitstypen gegeneinander abgewogen werden. Wenn die Mitglieder von der Wirksamkeit inhaltlicher Aktivitäten überzeugt sind, dann ist diese Überzeugung eine wichtige Motivation für inhaltliche Arbeit; wenn aber der Einsatz für die Partei insgesamt gleich bleibt, dann entscheiden sich diese Mitglieder auch für die inhaltliche Arbeit und damit gegen die formale. Dieser negative Effekt ist allerdings in den meisten Fällen nicht besonders stark und fast nie signifikant.[277] Die Ausnahme sind hier die Mitglieder der PDS, bei denen die Überzeugung von der Wirksamkeit inhaltlicher Arbeit die formale Beteiligung stark abschwächt. Bereits zuvor wurde festgestellt, dass von der PDS-Basis kaum Impulse zur innerparteilichen Willensbildung ausgehen, die Mitglieder sich stattdessen vornehmlich formal beteiligen. Hier zeigt sich, dass diejenigen, die inhaltliche Beteiligung für wirksam für eine gute Parteiarbeit halten, sich aus diesem Grund formal eher zurücknehmen. Sie wägen also zwischen ihren Aktivitäten sehr genau ab.

3.2 Die Gewichtung der fünf Komponenten des Modells

Bereits die deskriptive Analyse hat deutlich gemacht, dass die einzelnen Bestandteile des additiven Modells unterschiedlich starke Auswirkungen auf das Aktivitätsniveau der Parteimitglieder haben. Manche haben insgesamt nur sehr schwachen und von Partei zu Partei unterschiedlichen Einfluss darauf (z.B. Ressourcen), bei anderen ist der Einfluss deutlich höher und gleichgerichtet.

Die durchgeführten Regressionsanalysen haben bereits Auskunft über die Gewichtung der einzelnen Faktoren innerhalb der Bestandteile gegeben. Auch wenn die Unterschiede zwischen den Mitgliedschaften der fünf Parteien zum Teil nicht unerheblich waren, so kann man in der Tendenz doch bei allen Parteien ähnliche stärkere von schwächeren Einflüssen trennen. Im Bereich von Sozialstruktur und Ressourcen kristallisierte sich die Bildung als wichtigste Variable heraus. Für das persönliche Umfeld kann man beide Faktoren, die Homogenität und Organisationsmitgliedschaft, als bedeutsam für die innerparteiliche Partizipation benennen, wobei die Organisationsmitgliedschaft tendenziell einen etwas größeren Einfluss hat. Aus den intrinsischen Motivationen sticht eindeutig die Parteibindung der Mitglieder heraus, die hier mit deutlichem Abstand die Partizipation am stärksten beeinflusst. Aber auch die eigene Kompetenzzuschreibung (interne Efficacy) kann zur Parteiarbeit motivieren. Die übrigen intrinsischen Motiva-

---

[277] Die einfache positive Korrelation zwischen beispielsweise der Wirksamkeit inhaltlicher Aktivität und der Ausübung formaler Aktivitäten liegt einfach daran, dass allgemein die Parteiarbeit der gemeinsame Nenner ist. Die Korrelation wird sozusagen ohne Berücksichtigung der anderen Option errechnet.

tionen spielen dagegen kaum eine Rolle. Intrinsische Motivationen haben erwartungsgemäß einen größeren Einfluss auf die inhaltliche Partizipation, während extrinsische Motivationen eher die formale Partizipation beeinflussen. Bei den extrinsischen Motivationen spielt die Häufigkeit parteiinterner Informationen die wichtigste Rolle, aber auch die Zufriedenheit mit dem Ortsverband und die Einschätzung großer Einflussmöglichkeiten „einfacher" Parteimitglieder können die Mitglieder zur Beteiligung motivieren. Der Nutzen der Parteiarbeit hat eine große Bedeutung für das Ausmaß innerparteilicher Partizipation, während die Kosten der Parteiarbeit vernachlässigt werden können. Die größte Erklärungskraft aller Rational-Choice-Faktoren hat aber die erwartete Wirksamkeit des jeweiligen Partizipationstyps.

Das Erklärungspotenzial der Modellbestandteile unterscheidet sich deutlich. Während der Bereich Sozialstruktur / Ressourcen und das persönliche Umfeld nur wenig zur Erklärung beitragen, sind intrinsische und extrinsischen Motivationen sowie Kosten-Nutzen-Überlegungen recht gut in der Lage, das Ausmaß der innerparteilichen Partizipation zu erhellen. In der bisherigen Analyse wurde gezeigt, dass die Modellbestandteile untereinander zum Teil nicht unerheblich zusammenhängen. Daher sind die Informationen der einzelnen Regressionsanalysen mit den Modellbestandteilen zwar für die interne Gewichtung aussagekräftig, das Varianzaufklärungspotenzial der einzelnen Bestandteile wird aber durch die Zusammenhänge mit anderen Bestandteilen überschätzt, weshalb sie auch im Text nicht einzeln berichtet wurden.

Um zu verwertbaren Aussagen über die Gewichtung der Modellbestandteile zu kommen, bietet sich der Vergleich des minimalen Varianzaufklärungspotenzials an. Dabei werden die Faktoren eines Modellbestandteils erst dann in die Regressionsanalyse eingeführt, wenn bereits alle anderen Variablen enthalten sind. Der Zuwachs an Varianzaufklärung ist das minimale Varianzaufklärungspotenzial, das dann einzig dem zuletzt eingeführten Modellbestandteil zugeschrieben werden kann. Die folgende Tabelle gibt das minimale Varianzaufklärungspotenzial der Modellbestandteile für beide Aktivitätstypen und alle fünf Parteien wider. Darüber hinaus ist ihr auch das gesamte Erklärungspotenzial des additiven Modells zu entnehmen.

Zunächst kann man festhalten, dass die Bestandteile des Modellentwurfs insgesamt gut geeignet sind, um innerparteiliche Partizipation zu erklären. Das Varianzaufklärungspotenzial liegt zwischen 26,8 und 45,5 Prozent.[278] Insgesamt können beide Partizipationstypen ähnlich gut erklärt werden, obwohl sich Unterschiede zwischen den Parteien zeigen. Sowohl die inhaltliche wie die formale Partizipation der Mitglieder von CDU und SPD lassen sich mit diesem additiven Modell etwas schlechter erklären als bei den übrigen Parteien. Der Blick auf das minimale Erklärungspotenzial der einzelnen

---

278 Zum Vergleich: Das Generel Incentives Model von *Whiteley* und *Seyd* verfügt über ein Varianzaufklärungspotenzial von 18 Prozent, vgl. *P. F. Whiteley / P. Seyd* 1996, S. 224. Unter Berücksichtigung von Ressourcen- und Erwartungen-Werte-Normen-Modell erhöht sich dieses Potenzial auf 19 Prozent, vgl. *P. F. Whiteley / P. Seyd* 1996, S. 226. Das erweiterte Rational-Choice-Modell von *Bürklin* erklärt insgesamt 13 Prozent der Varianz der ämterorientierten Partizipation (West: 13 Prozent, Ost: 16 Prozent) und 9 Prozent der Varianz der geselligen Partizipation (West: 10 Prozent, Ost: 11 Prozent), vgl. *W. P. Bürklin* 1997, S. 135. Zusammen mit den Variablen des Ressourcen-Modells und des Erwartungen-Werte-Normen-Modells lässt sich diese Erklärungskraft auf 16 Prozent bei der ämterorientierten und 12 Prozent bei der geselligen Partizipation steigern, vgl. *W. P. Bürklin* 1997, S. 137.

3. Kapitel: Die Erklärung innerparteilicher Partizipation   117

Bestandteile verdeutlicht das Gewicht, das die einzelnen Faktoren für die innerparteiliche Partizipation haben.

Tab. 24: *Minimales Varianzaufklärungspotenzial der Bestandteile des additiven Modells nach Parteien*
(in Prozent)

	Formale Aktivität					Inhaltliche Aktivität				
	CDU	SPD	PDS	FDP	BGR	CDU	SPD	PDS	FDP	BGR
Ressourcen	3,3	1,1	2,5	3,7	6,9	0,0	1,4	2,9	2,5	1,9
Persönliches Umfeld	1,1	3,3	1,5	2,6	0,2	1,0	1,7	1,7	0,8	0,6
Intrinsische Motivationen	3,3	2,0	2,3	11,5	6,0	5,2	6,8	8,4	7,2	13,2
Extrinsische Motivationen	11,4	4,0	4,8	9,0	21,8	3,8	2,3	4,7	5,9	9,3
Kosten / Nutzen / Wirksamkeit	4,9	4,7	15,8	8,4	9,2	4,4	5,4	2,8	4,2	4,6
Varianzaufklärung insgesamt (R^2)	30,0	26,8	45,5	42,3	38,9	31,3	29,4	36,8	39,0	39,4

Zunächst zur inhaltlichen Partizipation, also der Teilnahme an Diskussionen und der Kandidatur für ein politisches Amt oder Mandat. Für die inhaltliche Partizipation sind in allen Parteien in erster Linie die intrinsischen Motivationen verantwortlich. Daher gilt generell: Je stärker die Parteibindung und je höher die eigene politische Kompetenz eingeschätzt werden, desto stärker ist der Antrieb, sich inhaltlich in die Partei einzubringen. An zweiter Stelle folgt bei CDU und SPD die Abwägung von Kosten, Nutzen und Wirksamkeit der Parteiarbeit. Hier tritt der wichtigste Unterschied zu den übrigen drei Parteien zutage. Die rationalen Überlegungen bezüglich Kosten, Nutzen und Wirksamkeit spielen bei ihnen zwar auch eine große Rolle, aber mit deutlichem Abstand sind bei PDS, FDP und Bündnis 90/Die Grünen die extrinsischen Motivationen vorrangig. Anders ausgedrückt ist die inhaltliche Arbeit bei diesen drei Parteien sehr viel stärker von einem intakten Parteiumfeld abhängig bzw. durch ein solches motivierbar. Die extrinsischen und auch die intrinsischen Motivationen machen den Unterschied zu CDU und SPD aus, denn sie tragen zum Teil erheblich mehr zur Erklärung von inhaltlicher Partizipation bei. Natürlich wägen dann auch Mitglieder von PDS, FDP und Bündnis 90/Die Grünen die möglichen Kosten, Nutzen und die Wirksamkeit der inhaltlichen Beteiligung ab. Sozialstruktur bzw. Ressourcen und auch das persönliche Umfeld sind für die Bestimmung inhaltlicher Mitarbeit von Parteimitgliedern wesentlich weniger bedeutsam, in manchen Fällen sogar völlig bedeutungslos. Das spricht dafür, dass diese beiden Variablengruppen keine direkten Effekte auf inhaltliche Partizipation haben, sondern dass sie wahrscheinlich nur über die anderen Motivationen vermittelt Einfluss ausüben können.

Bei der formalen Partizipation, also der Teilnahme an organisatorischen, geselligen und politikvermittelnden Aktionen der Partei, zeigt sich zunächst ein sehr ähnliches Bild. Wiederum ist dieser Partizipationstyp bei PDS, FDP und Bündnis 90/Die Grünen deutlich besser zu erklären als bei CDU und SPD. Auf den zweiten Blick zeigt sich jedoch ein erheblicher Unterschied zur inhaltlichen Partizipation, da es keine vergleichbare Reihenfolge der Motivationen zwischen den Mitgliedern unterschiedlicher Parteien mehr gibt. In jeder Partei sind andere Motivationen vorherrschend. Bei Mitgliedern von CDU und Bündnis 90/Die Grünen sind es vor allem extrinsische Motivationen, die zu formaler Mitarbeit anregen; wie noch zu zeigen sein wird, wirkt die Einschätzung des Parteiumfelds aber bei diesen Parteien teilweise gegensätzlich. An zweiter Stelle folgen Kosten-Nutzen-Abwägungen, dann die Ressourcen und die intrinsischen Motivationen. Nahezu bedeutungslos ist das persönliche Umfeld. Die formale Beteiligung von SPD-Mitglieder lässt sich nicht nur insgesamt am schlechtesten erklären, sondern es lässt sich auch keine Hauptantriebsfeder ausmachen. Ressourcen und intrinsische Motivationen tragen am wenigsten zur Varianzaufklärung bei. Bei PDS-Mitgliedern motiviert vor allem der Nutzen und die Wirksamkeit formaler Arbeit. Ein intaktes Parteiumfeld ist ebenfalls verhältnismäßig wichtig, die übrigen Motivationen sind nebensächlich. FDP-Mitglieder schließlich nehmen häufiger an formalen Aktionen ihrer Partei teil, wenn sie stärker intrinsisch motiviert sind. Eine gute Bewertung des Parteiumfelds und ein günstiges Verhältnis von Kosten, Nutzen und Wirksamkeit tragen ebenfalls erheblich zur Erklärung formaler Partizipation von FDP-Mitgliedern bei. Ressourcen bzw. Sozialstruktur und auch das persönliche Umfeld sind hier wie fast bei allen Parteien (Ausnahme Bündnis 90/Die Grünen) zu vernachlässigen; auch dieser Befund spricht gegen direkte Effekte dieser beiden Variablengruppen.

Der Vergleich der beiden Partizipationstypen zeigt, dass die Bestandteile des Modellentwurfs insgesamt gut in der Lage sind, die innerparteiliche Partizipation zu erklären. Es wird aber auch deutlich, dass sowohl zwischen den Partizipationstypen als auch zwischen den Parteien deutliche Unterschiede bestehen. Im Vergleich zum erweiterten Rational-Choice-Modell zeigt sich hier insbesondere die analytische Stärke dieses Modells, in dem die Bestandteile getrennt sind und daher diese Unterschiede zutage gefördert werden. Ein weiterer Vorzug ist die deutlich höhere Varianzaufklärungsleistung.

Die zentralen Bestandteile des erweiterten Rational-Choice-Modells sind auch in dem hier vorgestellten Modell enthalten, nämlich in den intrinsischen Motivationen und in der Kosten-Nutzen-Wirksamkeits-Komponente. Die entscheidenden Erweiterungen sind im persönlichen Umfeld und vor allem in den extrinsischen Motivationen zu sehen; diese beiden Komponenten sind zentrale Bestandteile des hier eingeführten Modells. Ohne diese beiden Bestandteile verringert sich die Varianzaufklärungsleistung zwischen vier und knapp zehn Prozentpunkten bei der inhaltlichen und zwischen sechs und knapp 22 Prozentpunkten bei der formalen Partizipation. Die sowohl von Whiteley und Seyd als auch von Bürklin verwendeten encompassing tests, die den empirischen Vergleich zweier konkurrierender Erklärungsmodelle zulassen (vgl. dazu Kap. 1.2.3), sind im Falle der extrinsischen Motivationen eindeutig: Für die Erklärung der inhaltlichen wie der formalen Partizipation der Mitglieder aller fünf Parteien tragen die extrinsischen Motivationen einen großen und höchstsignifikanten Anteil bei, auch dann, wenn bereits alle anderen Motivationen berücksichtigt wurden. Mit anderen Worten: Extrinsischen Motivationen sind zu einer deutlichen Verbesserung der Erklärungsleistung eines Modells in

3. Kapitel: Die Erklärung innerparteilicher Partizipation

der Lage, das bereits Sozialstruktur bzw. Ressourcen, politische Einstellungen und Einschätzungen von Kosten, Nutzen und Wirksamkeit der Parteiarbeit enthält. Das persönliche Umfeld der Mitglieder ist zur Verbesserung eines solchen Modells ebenfalls in der Lage, allerdings ist der Einfluss dieser Umfeldfaktoren weitaus geringer. Außerdem bestehen zwei wesentliche Ausnahmen: Bei Bündnis 90/Die Grünen ist das persönliche Umfeld weitgehend bedeutungslos, bei FDP-Mitgliedern gilt das für die Erklärung inhaltlicher Beteiligung (vgl. zu den Ergebnissen der encompassing tests Anhang 3).

Damit ist die Gewichtung der Modellbestandteile weitgehend klar. Der Blick auf die gesamten Regressionsmodelle ermöglicht jetzt eine genauere Analyse einzelner Faktoren innerhalb der Bestandteile des Modells. Besonderes Augenmerk liegt hierbei auf den Veränderungen im Vergleich zu den Ergebnissen der Analysen mit den einzelnen Bestandteilen in den vorangegangenen Abschnitten. Die Zusammenhänge der Variablen untereinander können zu einer deutlichen Verschiebung der Zusammenhänge mit den Partizipationstypen führen.[279] Aufschluss über diese Effekte gibt eine gleichzeitige Schätzung aller Effekte im multiplen Regressionsmodell. Die folgende Tabelle (vgl. unten Tab. 25) gibt die standardisierten Regressionskoeffizienten[280] der jeweils gleichzeitigen Schätzung der formalen und der inhaltlichen Aktivität wieder.

Zunächst ein Blick auf die einzelnen Erklärungsfaktoren. Im Bereich von Sozialstruktur bzw. Ressourcen zeigt sich zunächst, dass sowohl das Alter als auch die Selbsteinstufung in eine soziale Schicht der befragten Parteimitglieder keine direkten signifikanten Auswirkungen auf die Stärke ihrer Partizipation haben. Der formale Bildungsabschluss, das Geschlecht und die Berufstätigkeit sind nur in Einzelfällen und nur eingeschränkt signifikant. Damit ist klar, dass diese Faktoren in einem additiven Modell vernachlässigt werden können: Die direkten Effekte sind weitgehend bedeutungslos. Im nächsten Schritt der Modellentwicklung wird dann geprüft, ob diese Variablen indirekte, über andere Variablen vermittelte Einflüsse auf die innerparteiliche Partizipation haben (Kapitel 3.3).

Das persönliche Umfeld der Parteimitglieder zeigt ein interessantes Bild. Während es für das Partizipationsniveau der Mitglieder aller Parteien keine Rolle spielt, ob jemand Parteifreunde in der Familie oder im Freundeskreis hat, hat die Organisationsmitgliedschaft klare direkte Auswirkungen auf die innerparteiliche Partizipation.

---

279 So ist es etwa denkbar, dass die Mitgliedschaft in vielen sonstigen Organisationen eine starke Korrelation mit der Partizipation in Parteien hat, aber in dem Moment, wo die Einschätzung der Eigenkompetenz gleichzeitig in die Regressionsanalyse einbezogen wird, dieser starke Zusammenhang entfällt. Ein Grund dafür kann dann ein starker Zusammenhang zwischen Organisationsmitgliedschaft und Eigenkompetenz sein, wobei die Eigenkompetenz stärker mit der Partizipation zusammenhängt als die Organisationsmitgliedschaft. Die Eigenkompetenz übernimmt dann sozusagen die Erklärungskraft der Organisationsmitgliedschaft, wenn beide Variablen in die Regression eingehen.

280 Standardisierte Regressionskoeffizienten (Betakoeffizienten) können als Partialkorrelationskoeffizienten zwischen der abhängigen und der jeweiligen unabhängigen Variable interpretiert werden, da der Einfluss der übrigen unabhängigen Variablen herausgerechnet wird.

Tab. 25: Erklärung der formalen und der inhaltlichen Partizipation
(standardisierte Regressionskoeffizienten)

	Formale Aktivität					Inhaltliche Aktivität				
	CDU	SPD	PDS	FDP	BGR	CDU	SPD	PDS	FDP	BGR
Alter	.03	.07	-.07	-.09	.12	-.02	.06	-.07	-.04	.11
Bildung	.08	-.07	.02	-.00	**-.16**	.03	**-.10**	-.07	-.06	-.11
Geschlecht	-.08	**-.09**	.05	.10	-.00	.01	.04	**.15**	.07	.05
Schicht	.01	-.01	.04	-.05	.15	-.02	.05	-.06	.03	.04
Berufstätigkeit	-.04	.01	**-.11**	-.06	.05	.03	-.05	.02	-.03	.08
Homogenität des Umfelds	.03	.00	.03	.11	-.00	.07	.05	-.02	.04	.05
Organisationsmitgliedschaft	**.11**	**.19**	**.14**	**.12**	-.05	.09	**.12**	**.15**	.08	-.09
Parteibindung	.06	**.18**	**.20**	**.26**	**.24**	.07	**.20**	**.16**	.11	**.29**
Ideologische Differenz	.02	.04	.03	-.02	.09	-.01	.04	-.01	-.03	.10
Inhaltliche Differenz	-.08	-.02	-.05	.02	.07	-.05	.02	-.02	-.08	.04
Eigenkompetenz	.04	.07	.03	**.18**	-.01	**.22**	**.20**	**.23**	**.28**	**.23**
Reaktionsbereitschaft	-.04	.03	-.03	.02	.03	-.09	-.02	-.03	.11	-.11
Zufriedenheit mit OV	**.19**	.07	-.01	**.19**	**-.20**	**.16**	.02	-.01	**.16**	-.03
Häufigkeit parteiinterner Informationen	**.25**	**.16**	**.22**	**.15**	.15	**.13**	**.12**	**.15**	**.13**	**.20**
Input-Orientierung	.01	.03	.05	.10	.08	-.02	-.02	.04	.01	.04
Output-Orientierung	**-.17**	.03	-.06	-.08	-.08	**-.12**	-.01	-.05	-.05	-.10
Partei positive Eigenschaften	.01	.02	.06	**.14**	.15	.00	.03	.04	.11	.04
Stärke des Einflusses einfacher Mitglieder	.07	.06	-.01	.10	**.18**	.10	**.10**	**.12**	.08	**.17**
Kosten	.07	.01	.00	-.01	-.05	.04	-.04	.04	**-.15**	-.01
Nutzen	**.15**	**.10**	**.20**	**.13**	**.24**	.10	**.12**	.08	**.13**	.12
Wirksamkeit formaler Aktivität	**.21**	**.24**	**.48**	**.29**	.15	-.09	**-.11**	.01	-.07	-.12
Wirksamkeit inhaltlicher Aktivität	-.01	-.11	**-.38**	**-.20**	-.08	**.29**	**.25**	**.14**	.07	**.19**
Varianzaufklärung insgesamt (R^2)	30,0	26,8	45,5	42,3	38,9	31,3	29,4	36,8	39,0	39,4

Signifikanzniveau: p<0.05   **p<0.01**   Rest nicht signifikant

3. Kapitel: Die Erklärung innerparteilicher Partizipation

Je stärker die Einbindung in sonstige Organisationen ist, desto stärker ist auch die (vor allem formale) Beteiligung innerhalb der Partei. Einzige nennenswerte Ausnahme sind die Mitglieder von Bündnis 90/Die Grünen, bei denen der Zusammenhang sogar negativ ist (wenn auch nicht signifikant). Zu viele sonstige Engagements lassen ihnen vermutlich weniger Raum für die Parteiarbeit. Vom Erwerb sozialen Kapitals in anderen Organisationen kann auf der anderen Seite aber wohl nur bei SPD und PDS gesprochen werden. Denn nur hier ist der Zusammenhang von Organisationsmitgliedschaft und beiden Partizipationstypen stark und höchstsignifikant. Die Organisationsmitgliedschaft hat also über den starken Zusammenhang mit intrinsischen Motivationen und Kosten-Nutzen-Überlegungen hinaus eigenes Potenzial zur Erklärung der Partizipation.

Aus den intrinsischen Motivationen stechen zwei Faktoren deutlich heraus: die Parteibindung und die eigene Kompetenz für politische Fragen. Die Parteibindung ist in fast allen Fällen ein großer Anreiz für innerparteiliche Partizipation, wenn sie stark ist, dann beteiligen sich die Mitglieder auch an der Parteiarbeit. Bei der CDU ist dieser Zusammenhang allerdings nicht signifikant und deutlich schwächer. Je mehr politische Kompetenz die Mitglieder sich selbst zuschreiben, desto stärker bringen sie sich auch inhaltlich in die Partei ein. Diese Beziehung ist bei allen fünf Parteien sehr stark und höchstsignifikant. Für die formale Arbeit trifft das nur noch für FDP-Mitglieder zu. Daraus lässt sich schließen, dass formale Arbeit für FDP-Mitglieder etwas anderes bedeutet als für die übrigen Parteimitglieder, nämlich eine Tätigkeit, die Kompetenz verlangt. Die Einschätzung der Reaktionsbereitschaft des politischen Systems ist in jedem Fall unwichtig als Antrieb für innerparteiliche Partizipation.[281] Ebenso ist es mit der ideologischen und der inhaltlichen Differenz zwischen den Mitglieder und ihren Parteien. Weder größere Abweichungen noch größere Übereinstimmung motivieren die Mitglieder zur Beteiligung.

Im Bereich der extrinsischen Motivationen sind die Informationen der Parteien für die Mitglieder besonders hervorzuheben. Je häufiger sie Informationen der Partei bekommen, desto aktiver sind sie auch. Diese sind ein hervorragendes Mittel zur Einbindung der Mitglieder in die Partei, was auch im starken Zusammenhang von Informationshäufigkeit und Parteibindung deutlich wird. Die Zufriedenheit mit dem Ortsverband motiviert nur CDU- und FDP-Mitglieder dazu, sich stärker zu beteiligen, bei SPD und PDS spielt das keine Rolle. Mitglieder von Bündnis 90/Die Grünen beteiligen sich formal sogar erheblich weniger, wenn sie zufrieden mit ihrem Kreisverband sind. Offenbar ziehen sie es vor, ihre Ressourcen anders zu verwenden, wenn der Kreisverband auch ohne sie gut funktioniert. Wenn die Parteimitglieder den Eindruck haben, dass „einfache" Mitglieder etwas in der Partei bewirken können, so engagieren sie sich – eher inhaltlich als formal – stärker. Die Frage nach der gewünschten Parteiorganisationsform hat beinahe keine Auswirkungen auf die Aktivität. Nur bei der CDU sind die Mitglieder etwas weniger aktiv, je mehr sie eine output-orientierte Partei bevorzugen. Die Zuschreibung positiver Eigenschaften zur eigenen Partei hat kaum Auswirkungen. Der starke Zusammenhang dieser Faktoren mit der Parteibindung lässt vermuten, dass hier das Potenzial dieses Faktors bereits gebunden ist.

Während die Kosten der Parteiarbeit kaum aktivitätsmindernd wirken, tragen der Nutzen und die erwartete Wirksamkeit deutlich zur Aktivität der Mitglieder bei. Die im

---

281 Auf die möglicherweise ungeeignete Messung wurde bereits in Kap. 4.3 hingewiesen.

letzten Abschnitt beschriebenen bivariaten Zusammenhänge bleiben auch dann fast vollständig erhalten, wenn die übrigen Modellbestandteile mit eingeschlossen sind. Einzig der Einfluss des Nutzens auf die inhaltliche Arbeit geht leicht zurück.

Vergleicht man die signifikanten Erklärungsfaktoren für die inhaltliche und die formale Partizipation für jede Partei, dann zeigen sich sowohl Ähnlichkeiten als auch Unterschiede. Bei der SPD kann man am häufigsten ähnlich starke Einflüsse der einzelnen Faktoren auf die beiden Partizipationstypen feststellen. Die Organisationsmitgliedschaft, die Parteibindung, die Zufriedenheit mit dem Ortsverband, die Häufigkeit parteiinterner Informationen und der Nutzen wirken ähnlich stark und in gleicher Weise positiv auf die formale und die inhaltliche Partizipation. Die zwei Einschätzungen der Wirksamkeit von Aktivitäten wirken ebenfalls gleich stark, aber (wie bei allen Parteien) in unterschiedliche Richtungen. Bei den PDS-Mitgliedern lassen sich ebenfalls noch deutliche Ähnlichkeiten der Erklärungsmuster erkennen, aber bei CDU, FDP und Bündnis 90/Die Grünen unterscheiden sich die Erklärungsmuster deutlich voneinander.[282]

Vergleicht man die Erklärungsmuster für die inhaltliche und die formale Aktivität getrennt zwischen den Parteien, so überwiegen die Ähnlichkeiten zwischen den Parteien. Für die formale Aktivität sind Ressourcen fast immer bedeutungslos. Die Organisationsmitgliedschaft hat – außer bei Bündnis 90/Die Grünen – immer einen signifikanten Einfluss auf die formale Aktivität, die Homogenität des Umfelds ist hingegen nicht von Belang. Aus dem Bereich der intrinsischen Motivationen hat nur die Stärke der Parteibindung Auswirkungen auf das Ausmaß der formalen Partizipation; nur bei der FDP kommt noch die Einschätzung der eigenen Kompetenz hinzu. Unter den extrinsischen Motivationen stechen die Zufriedenheit mit dem Ortsverband und die Häufigkeit parteiinterner Informationen deutlich hervor, die bei fast allen Parteien das formale Partizipationsniveau beeinflussen. Die übrigen extrinsischen Motivationen haben nur vereinzelt Einfluss darauf. Die Bestandteile des Rational-Choice-Ansatzes sind mit Ausnahme der Kosten fast immer von Bedeutung, wenn man die Höhe der formalen Partizipation schätzen will.

Für die inhaltliche Partizipation sind die Ressourcen ebenfalls weitgehend bedeutungslos. Die Organisationsmitgliedschaft hat nur bei SPD und PDS Einfluss auf die inhaltliche Partizipation, die Homogenität des persönlichen Umfelds bei keiner Partei. Bereits der Vergleich des Varianzaufklärungspotenzials der einzelnen Variablengruppen hat gezeigt, dass die intrinsischen Motivationen bei der inhaltlichen Partizipation bei allen Parteien die wichtigste Rolle spielen. Dementsprechend ist hier über die Parteibindung hinaus noch die Eigenkompetenz der Mitglieder wichtig. Von den extrinsischen Motivationen ist insgesamt über alle Parteien hinweg die Häufigkeit parteiinterner Informationen die wichtigste für die inhaltliche Partizipation. Darüber hinaus kommen aus diesem Bereich nur noch zwei weitere Faktoren in Betracht: Bei der CDU und der FDP ist die Zufriedenheit mit dem Ortsverband sogar wichtiger als die Informationen. Bei SPD, PDS und Bündnis 90/Die Grünen ist die Stärke des Einflusses „einfacher" Mitglieder in der Partei die zweitwichtigste extrinsische Motivation für inhaltliche Arbeit. Innerhalb des Rational-Choice-Ansatzes ist nur ein Zusammenhang wirklich deutlich:

---

282 Dieser Befund deckt sich mit den Ergebnissen von *Bürklin*, der für die CDU ebenfalls unterschiedliche Erklärungsmuster für ämterorientierte und gesellige Partizipation festgestellt hat, vgl. *W. P. Bürklin* 1997, S. 137.

Wenn die Parteimitglieder (mit Ausnahme der FDP) von der Wirksamkeit inhaltlicher Arbeit überzeugt sind, dann engagieren sie sich auch. Sonstige Kosten- oder Nutzen-Faktoren spielen beinahe keine Rolle.

Der Vergleich zwischen Alt- und Neumitgliedern bei der CDU zeigt nur einen deutlichen Unterschied zwischen beiden Gruppen. Bei den Neumitgliedern ist der Einfluss der Eigenkompetenz auf die inhaltliche und die formale Partizipation erheblich geringer als bei den Altmitgliedern. Dieser geringere Einfluss wird auch durch keinen anderen Faktor ausgeglichen, so dass das Varianzaufklärungspotenzial für die Neumitglieder etwas unter dem der Altmitglieder liegt. Diejenigen CDU-Mitglieder, die erst nach der Wende in ihre Partei eingetreten sind, schätzen ihre eigene Kompetenz wie gesehen etwas höher ein als die Altmitglieder, diese Einschätzung schlägt sich aber nicht in verstärkter Beteiligung nieder. Ein Vergleich der Alt- und Neumitglieder der FDP ist aufgrund der zu geringen Fallzahl der Neumitglieder nicht möglich.

In der Problemstellung am Beginn dieser Arbeit wurde als Ziel formuliert, ein möglichst allgemeines, umfassendes und ökonomisches Modell zur Erklärung innerparteilicher Partizipation zu entwickeln. Auf der Grundlage der bisherigen Ergebnisse kann man bei diesem Modell von einem allgemeinen Modell sprechen, da es in der Lage ist, sowohl die inhaltliche als auch die formale Partizipation in allen fünf Parteien zu erklären. Die Erklärungsleistung ist durchweg gut, so dass auch das Ziel eines umfassenden Modells erreicht ist. Allerdings ist dieses Modell deshalb nicht besonders ökonomisch, weil es diese allgemeine und umfassende Erklärung mit sehr vielen verschiedenen Variablen erzielt. Von diesen Variablen ist aber ein größerer Teil nicht relevant oder nicht signifikant im Hinblick auf die Erklärung innerparteilicher Partizipation. In einem letzten Schritt soll nun versucht werden, dieses Modell soweit zu reduzieren, dass man von einem ökonomischen Modell sprechen kann. Dabei sollen allerdings sowohl die Allgemeingültigkeit für alle Parteien und beide Partizipationstypen als auch die umfassende Erklärung erhalten bleiben.

Zusammengefasst für beide Typen innerparteilicher Partizipation und über alle Parteien hinweg lassen sich demnach neun Einflussfaktoren herauskristallisieren, die in einem solchen Modell zur Erklärung innerparteilicher Partizipation enthalten sein müssen:

Aus dem Bereich Sozialstruktur und Ressourcen:

    1. Die formale Bildung.

Aus dem Bereich des persönlichen Umfelds:

    2. Die Mitgliedschaft in weiteren Organisationen außerhalb der Partei.

Aus dem Bereich der intrinsischen Motivationen:

    3. Die Parteibindung und
    4. Die Einschätzung der eigenen Kompetenz für politische Fragen (interne Efficacy).

Aus dem Bereich der extrinsischen Motivationen:

    5. Die Zufriedenheit der Mitglieder mit dem eigenen Ortsverband[283] und

---

283 Die Entscheidung für die Zufriedenheit mit dem Ortsverband und gegen die Stärke des Einflusses „einfacher" Mitglieder für das allgemeine Modell hat zwei Gründe: Zum einen hängt die Zufrie-

6. Die Häufigkeit der Informationen, die ein Mitglied von seiner Partei bekommt.

Aus dem Bereich des Rational-Choice-Ansatzes:

7. Der persönliche Nutzen aus der Parteiarbeit
8. Die Einschätzung der Wirksamkeit formaler Aktivitäten für eine erfolgreiche Parteiarbeit und
9. Die Einschätzung der Wirksamkeit inhaltlicher Aktivitäten für eine erfolgreiche Parteiarbeit.

In jedem der Bestandteile hat mindestens eine Variable so starken Einfluss auf die innerparteiliche Partizipation, dass der Bestandteil auch im reduzierten Modell vertreten ist. Damit bestätigt sich deutlich, dass das aus der allgemeinen Partizipationsforschung abgeleitete Modell nicht nur theoretisch sinnvoll ist. Vielmehr zeigt sich hier, dass jeder der Bestandteile auch empirisch relevant für die Erklärung innerparteilicher Partizipation ist. Besonders die Erweiterung der bisher verwendeten Modelle um die extrinsischen Motivationen hat sich nachhaltig bewährt. Die allgemeine Argumentation mit den verschiedenen Bestandteilen des Modellentwurfs kann damit beibehalten werden.

3.3 Ein Pfadmodell innerparteilicher Partizipation

Um ein allgemeines Modell innerparteilicher Partizipation erstellen zu können, müssen neben der Auswahl der relevanten Erklärungsfaktoren auch die Beziehungen dieser Faktoren untereinander berücksichtigt werden. Aus der Literatur zu politischer Partizipation lässt sich nur entnehmen, dass Ressourcen und Sozialstruktur keinen direkten, aber einen indirekten, über die politischen Einstellungen vermittelten Einfluss auf politische Partizipation haben (vgl. Kap. 1). Der direkte Einfluss ist auch bei den Thüringer Parteimitgliedern schwach, der indirekte wird im Folgenden überprüft. Über die Beziehungen der übrigen Bestandteile und ihre Stellung im Pfadmodell lässt sich aufgrund der bisherigen Analyse folgendes vermuten: Die Parteibindung hat sich als eine zentrale Motivation für innerparteiliche Partizipation herausgestellt. Daher nimmt sie auch im Modell eine zentrale Position ein, zumal sowohl extrinsische als auch weitere intrinsische Motivationen stark mit der Parteibindung zusammenhängen. Im oberen Teil des Modells (vgl. unten Abb. 18) finden sich die extrinsischen Motivationen „parteiinterne Informationen" und „Zufriedenheit mit dem eigenen Ortsverband", wobei erstere Einfluss auf letztere haben sollte. Beide beeinflussen die Parteibindung der Mitglieder, die auch das Bindeglied zur zweiten intrinsischen Motivation, der „Eigenkompetenz in politischen Fragen" (interne Efficacy), ist. Die Eigenkompetenz sollte eine stärkere Parteibindung zur Folge haben, weil die Partei für das Mitglied der Rahmen ist, in dem die Kompetenz zum Tragen kommt. Die eigene Bindung an die Partei wird größer, je größer die eigene Kompetenz eingeschätzt wird, weil die Partei der Ort ist, an dem diese Kompetenz anerkannt wird. Die Eigenkompetenz kann durch Erfahrungen durch die Mitgliedschaft in weiteren Organisationen erhöht werden, ebenso wie durch eine höhere

---

denheit stärker mit beiden Partizipationstypen zusammen, zum anderen hängen diese beiden Variablen auch untereinander stark zusammen, so dass davon auszugehen ist, dass der größte Teil des Varianzaufklärungspotenzials gebunden wird, wenn eine von beiden in das allgemeine Modell eingeht.

Bildung. Die Elemente des Rational-Choice-Ansatzes befinden sich im Pfadmodell ganz am Ende der hier formulierten „Kausalkette".[284] Diese Elemente haben schon einen sehr direkten Bezug zur innerparteilichen Partizipation, da es sich um konkrete Abwägungen von Vor- und Nachteilen oder von Kosten und Nutzen der Partizipation handelt. Besonders die Abwägung der Wirksamkeit von Aktivitäten ist sehr situationsspezifisch.

*Abb. 18: **Das Pfadmodell innerparteilicher Partizipation***

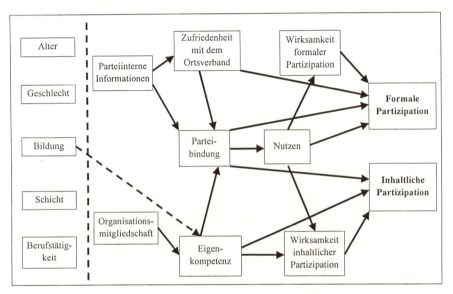

Diesem Pfadmodell zufolge ist also die Parteibindung die zentrale Motivation für innerparteiliche Partizipation, die von den positiven Einschätzungen des Parteiumfelds und der eigenen Kompetenz gespeist wird und ihrerseits dann besonders partizipationsfördernd wirkt, wenn in einer konkreten Situation die rationalen Abwägungen für Partizipation sprechen. Der Modellaufbau erfolgte im Wesentlichen aufgrund der Plausibilität der Wirkungszusammenhänge der Variablen untereinander. Alternativen hierzu wurden geprüft (etwa das Vertauschen von Parteibindung und Nutzen), ergaben aber keine Verbesserung der Erklärungsleistungen des Modells.

Für alle Elemente aus dem Bereich Sozialstruktur bzw. Ressourcen wurden in einem ersten Schritt direkte Einflüsse (Pfeile) auf alle anderen Variablen angenommen. Die Berechnung ergab, dass aus diesem Bereich lediglich die Bildung einen geringen, aber nennenswerten Teil zur Erklärung innerparteilicher Partizipation beitragen kann, der im Wesentlichen über die Eigenkompetenz vermittelt wird. Bei CDU- und PDS-Mitgliedern beeinflusst das Bildungsniveau beide Partizipationstypen, bei Mitgliedern von Bündnis 90/Die Grünen nur die inhaltliche Partizipation; bei SPD- und FDP-Mitglieder hat sie

---

284 Von echter Kausalität kann man in diesem Fall allerdings nicht sprechen, da die dafür notwendige zeitliche Reihenfolge von Ursache und Wirkung nur mit Paneldaten überprüfbar ist.

keinen relevanten Einfluss. Alle anderen Elemente aus dem Bereich Sozialstruktur / Ressourcen haben also auch indirekt in keinem Falle einen relevanten Einfluss auf die innerparteiliche Partizipation. Daher wird auch die Berechnung der Modelle für die einzelnen Parteien mit der Bildung als einziger Ressource durchgeführt.

Diese Darstellung des Modells ist aus Gründen der Übersichtlichkeit stark vereinfacht. Da alle hier verwendeten Variablen (mit Ausnahme der Ressourcen) im oben vorgestellten additiven Regressionsmodell eigenen direkten Einfluss auf die innerparteiliche Partizipation bzw. mindestens einen Partizipationstypus haben, werden auch die direkten Einflüsse im Pfadmodell zugelassen, die hier aus Gründen der Anschaulichkeit im Modell nicht eingezeichnet wurden. In die Berechnung dieses Pfadmodells werden darüber hinaus zunächst alle Beziehungen zwischen den Variablen einbezogen, sofern sie der angenommenen „Kausalkette" nicht widersprechen. Im Modell sind also alle Pfeile zugelassen, die von links nach rechts oder auf einer Ebene verlaufen. Pfeile, die von rechts nach links verlaufen sind also ausgeschlossen, etwa die Beeinflussung der Häufigkeit parteiinterner Informationen durch die Zufriedenheit mit dem Ortsverband. Die Modellberechnung und die Abbildungen der Modelle für jede Partei sind in Anhang 4 dokumentiert, wobei der Übersichtlichkeit halber in den Abbildungen nur die signifikanten ($p < 0,01$) und besonders relevanten direkten Beziehungen (Regressionskoeffizient $\geq 0,20$) wiedergegeben sind.[285]

Die Berechnung der Pfadanalyse, die in diesem einfachen Fall einer Reihe von hintereinander geschalteten Regressionsanalysen entspricht, kann dann Aufschluss über direkte, indirekte und Totaleffekte geben. Bei den totalen Effekte wird zu dem direkten Effekt der Variablen noch der indirekte, über andere Variablen vermittelte Einfluss hinzuaddiert. Die totalen Effekte geben damit Aufschluss über die insgesamt erklärungsstärksten Variablen im Modell.

Das Varianzaufklärungspotenzial des Pfadmodells übertrifft die im letzten Abschnitt erzielte Lösung des additiven Modells, in dem alle verfügbaren Variablen verwendet wurden (vgl. oben Tab. 25) zum Teil deutlich. Die eigentlich richtige Bezugsgröße zur Beurteilung der Varianzaufklärung ist aber ein reduziertes Regressionsmodell, dass nur die Variablen enthält, die auch im Pfadmodell enthalten sind. Durch diesen Vergleich kann man die Verbesserung der Schätzung durch die Berücksichtigung der Beziehungen der erklärenden Variablen untereinander abmessen.

Der folgenden Tabelle ist zunächst zu entnehmen, dass eine Regressionsanalyse, die nur die Variablen des Pfadmodells enthält (Additives Modell reduziert) eine zum Teil deutlich schlechtere Erklärungsleistung für die innerparteiliche Partizipation bietet als eine, die alle ursprünglichen Variablen des Modellentwurfs enthält (Additives Modell gesamt). Die große Menge der wenig relevanten und nicht signifikanten Variablen trägt hier also trotzdem erheblich zur Varianzaufklärung bei. Der Vorteil des reduzierten Modells liegt aber in seiner besseren Handhabbarkeit. Es enthält nur noch neun Variablen, das Gesamtmodell enthielt noch 22 Variablen.

---

285 Üblicherweise werden solche Beziehungen nicht eingezeichnet, bei denen das Signifikanzniveau $p < 0,01$ überschritten wird und/oder der standardisierte Regressionskoeffizient kleiner als 0,095 ist. Das Einzeichnen aller Regressionskoeffizienten über 0,095 hätte in der Regel eine Verdopplung der in den Modellen enthaltenen Pfeile zur Folge, vgl. die direkten Effekte in Anhang 4.

*Tab. 26: **Vergleich der Erklärungsleistungen von additivem Modell und Pfadmodell**
(in Prozent)*

	Formale Aktivität					Inhaltliche Aktivität				
	CDU	SPD	PDS	FDP	BGR	CDU	SPD	PDS	FDP	BGR
Additives Modell gesamt	30,0	26,8	45,5	42,3	38,9	31,3	29,4	36,8	39,0	39,4
Additives Modell reduziert	20,7	24,9	41,2	28,6	19,4	31,5	27,3	31,5	28,7	27,5
Pfadmodell	29,6	39,2	62,8	38,7	26,9	35,1	30,6	29,0	31,2	28,3

Der Vergleich mit dem Varianzaufklärungspotential des Pfadmodells zeigt, dass dieses Pfadmodell der multiplen Regressionsanalyse mit denselben Variablen (Additives Modell reduziert) deutlich überlegen ist. Teilweise übertrifft das Pfadmodell sogar das ursprüngliche additive Modell, obwohl in diesem mehr als doppelt so viele Variablen enthalten sind. Der Grund für diese Steigerung liegt darin, dass im Pfadmodell über die direkten Effekte hinaus auch die Zusammenhänge der Variablen untereinander berücksichtigt werden. Die Variablen verstärken sich also gegenseitig. Besonders bei der formalen Partizipation ist dieser Unterschied deutlich, bei der inhaltlichen Partizipation nur begrenzt festzustellen. Bei der inhaltlichen Partizipation kommt es also mehr auf die einzelnen Variablen an und weniger auf die Zusammenhänge und Wechselwirkungen. Die Variablen, die die stärksten Einflüsse auf inhaltliche Partizipation haben, hängen zwar untereinander zusammen, ihre Wirkungen auf die inhaltliche Partizipation verstärken sich aber nicht gegenseitig.

Ganz anders bei der formalen Partizipation. Hier zeigt sich, dass es stark auf die Kombination „günstiger" Umstände ankommt. So hat beispielsweise die Zufriedenheit mit dem Ortsverband bei allen Parteien einen sehr starken Einfluss auf die Parteibindung. Der direkte Effekt der Zufriedenheit auf die formale Partizipation bleibt aber dessen ungeachtet bestehen. Zusammen mit dem indirekten, über die Parteibindung vermittelten Effekt ergibt sich ein totaler Effekt der Zufriedenheit auf die formale Partizipation, der in den meisten Fällen deutlich über dem einfachen direkten Effekt liegt. Die folgende Tabelle gibt die totalen Effekte der Variablen des Pfadmodells auf die beiden Typen innerparteilicher Partizipation wieder. Im Vergleich zur Regressionsanalyse mit dem reduzierten additiven Modell, also mit den gleichen Variablen, haben zahlreiche Variablen deutlich an Stärke zugenommen.[286] Alle diese Variablen sind in der Tabelle grau hinterlegt.

---

286 Deutlich an Stärke zugenommen heißt hier, dass die Koeffizienten um mehr als .05 Punkte zugenommen haben müssen.

Tab. 27: Totale Effekte der Variablen des Pfadmodells

	Formale Aktivität					Inhaltliche Aktivität				
	CDU	SPD	PDS	FDP	BGR	CDU	SPD	PDS	FDP	BGR
Bildung	10	05	15	07	06	13	08	14	07	11
Organisationsmitgliedschaft	18	25	18	20	04	17	17	24	16	07
Parteibindung	22	29	22	27	30	13	24	17	25	26
Einschätzung der Eigenkompetenz	17	15	25	30	06	39	33	30	37	34
Zufriedenheit mit dem Ortsverband	22	25	02	29	-16	19	10	03	22	00
Parteiinterne Informationen	30	22	34	25	24	16	12	20	16	20
Nutzen	15	19	15	12	30	07	12	05	05	17
Wirksamkeit formaler Aktivität	20	30	54	18	16	09	09	01	10	10
Wirksamkeit inhaltlicher Aktivität	04	11	-35	13	04	30	29	27	17	17

Die Variablen aus dem Rational-Choice-Ansatz haben insgesamt am wenigsten an Erklärungskraft hinzugewonnen. Der Grund hierfür liegt in der Stellung im Pfadmodell. Durch ihre unmittelbare Nähe zur Partizipation ist der Zugewinn durch indirekte Effekte bei den Wirksamkeitstypen und beim Nutzen beinahe nicht gegeben. Die extrinsischen und die intrinsische Motivationen haben hingegen ebenso wie die Organisationsmitgliedschaft und die Bildung in vielen Fällen davon profitiert, dass nun auch die indirekten Effekte berücksichtigt werden. Einige Beispiele machen diesen Zugewinn deutlich.

Bei der SPD hat sich die Zufriedenheit mit dem Ortsverband in der multiplen Regression als wenig relevant für die formale Partizipation erwiesen (vgl. Tab. 25). Im Pfadmodell zeigt sich aber, dass diese Zufriedenheit sehr wichtig ist für die Parteibindung. Vermittelt über die Parteibindung stellt sich die Zufriedenheit dann als drittstärkste Erklärungsvariable für formale Partizipation heraus. Die Zufriedenheit mit dem Ortsverband muss also mit einer starken Parteibindung zusammentreffen, um aktivitätssteigernd zu wirken. Einen sehr ähnlichen Effekt kann man bei der Parteibindung der CDU-Mitglieder feststellen, die in der multiplen Regression nicht signifikant und nicht relevant ist, aber vermittelt über den Nutzen und die Wirksamkeit einen erheblichen Effekt auf die formale Partizipation der CDU-Mitglieder hat. Bei den Mitgliedern der PDS wird die Einschätzung der Eigenkompetenz erst durch den starken Einfluss der Bildung zum erklärungsstarken Faktor für die formale Partizipation.

Der Vergleich der totalen Effekte der Einflussfaktoren auf die innerparteiliche Partizipation der Parteien zeigt ein sehr ähnliches Bild wie bereits die vorherige Regressionsanalyse. Wie nach dem Vergleich des Varianzaufklärungspotenzials (vgl. Tab. 26) zu erwarten war, sind die deutlichsten und die meisten Verbesserungen im Bereich der formalen Partizipation zu finden.

Bei der inhaltlichen Partizipation sind die Bestimmungsgründe in allen Parteien ähnlich. Je mehr Kompetenz die Parteimitglieder sich selbst attestieren, desto mehr beteiligen sie sich an Diskussionen innerhalb der Partei und stehen für Kandidaturen zur Verfügung. Bei den drei großen Parteien, CDU, PDS und SPD kommt es dann darauf an, ob die Mitglieder diese Aktivitäten für wirksam halten, wie häufig sie mit parteiinternen Informationen versorgt werden und wie stark ihre Bindung an die Partei ist. Bei den beiden kleinen Parteien FDP und Bündnis 90/Die Grünen spielen diese Faktoren ebenfalls eine große Rolle, aber im Unterschied zu den großen Parteien kommt es bei ihnen weit weniger darauf an, dass eine Aktivität für wirksam gehalten wird. Im Falle der FDP lässt sich dieser Unterschied damit begründen, dass sie generell die Wirksamkeit innerparteilicher Partizipation für eine erfolgreiche Arbeit ihrer Partei skeptischer beurteilen als die Mitglieder anderer Parteien (vgl. Kap. 2.3.5). Mitgliedern von Bündnis 90/Die Grünen entscheiden nicht aufgrund der Wirksamkeit, ob und wenn ja welche Aktivitäten sie ausüben, da hier aufgrund von Mitgliedermangel und rudimentärer Organisationsstruktur gar nicht jedes Mal danach gefragt werden kann, ob eine Aktivität wirksam ist oder nicht. Mit dem Beitritt weiß ein Mitglied von Bündnis 90/Die Grünen in Thüringen, dass es eine aktive Rolle übernehmen muss. Am hohen Anteil derjenigen, die von der Wirksamkeit inhaltlicher Arbeit überzeugt ist, kann man ablesen: Wer nicht von der Wirksamkeit der Arbeit in der Partei überzeugt ist, der tritt erst gar nicht bei. Dafür spricht auch die mit deutlichem Abstand geringste Varianz bei Mitgliedern von Bündnis 90/Die Grünen bei der Frage nach der Wirksamkeit inhaltlicher Aktivität. Hier könnten die Beitrittsmotive sicherlich einen deutlichen Beitrag zur Verbesserung des Modells beitragen.

Hinzu kommt bei beiden kleinen Parteien, dass eine erfolgreiche Parteiarbeit bei ihrer derzeitigen Situation als außerparlamentarische Kraft in Thüringen nur schwer zu definieren ist. Für diese Interpretation spricht außerdem, dass sich dieser fehlende Einfluss der Wirksamkeit bei der Erklärung der formalen Partizipation wiederholt. Das sind aber beinahe auch schon die einzigen Gemeinsamkeiten dieser beiden Parteien. Wie bereits zuvor gesehen, sind die Parteibindung und Häufigkeit parteiinterner Informationen die einzigen Konstanten, die formale Partizipation bei allen Parteien befördern können. Bei den drei großen Parteien CDU, SPD und PDS kommt die Einschätzung der Wirksamkeit formaler Arbeit für die Partei als Antrieb hinzu. Gemeinsam ist letzteren auch der geringe Einfluss des Nutzens, der sich auch bei der FDP findet. Die Zufriedenheit mit dem eigenen Ortsverband wirkt sich bei CDU, SPD und FDP positiv auf das formale Aktivitätsniveau aus. Bei der SPD wird dieser Einfluss beinahe ausschließlich über die Parteibindung vermittelt. Bei der PDS ist dieser Einfluss nicht vorhanden, da ohnehin nur ein verschwindend geringer Anteil der PDS-Mitglieder mit ihrem Ortsverband unzufrieden ist. Bei Bündnis 90/Die Grünen schließlich wirkt die Zufriedenheit wie bereits erwähnt negativ.

Die Varianzaufklärungsleistung des Pfadmodells ist durchweg gut, so dass man hier von einem umfassenden Modell sprechen kann. Die Erklärungsleistung ist ebenfalls bei allen Parteien gut, der geforderte Allgemeinheitsgrad ist demnach ebenfalls gegeben. Im Vergleich zu den aus der Literatur bekannten erweiterten Rational-Choice-Modellen ist das Pfadmodell deutlich besser geeignet, die innerparteiliche Partizipation zu erklären. Mit einer geringen Anzahl unabhängiger Variablen ist dieses Modell zudem wesentlich ökonomischer als das additive Gesamtmodell. Gleichzeitig lässt es nach wie vor eine sehr genaue Unterscheidung der Einflüsse einzelner Motivationen auf den jeweiligen Partizipationstypus zu. Die Anbindung an die eingangs aus der Partizipationsforschung extrahierten Erklärungsansätze ist damit in vollem Umfang gegeben. Alle fünf theoretisch relevanten Einflussgrößen, Ressourcen, persönliches Umfeld, intrinsische und extrinsische Motivationen sowie Rational-Choice-Variablen sind auch praktisch relevant.

Theoretisch ist es denkbar, dass weitere Erklärungsvariablen, die hier im Pfadmodell nicht berücksichtigt wurden, deutlich zur Verbesserung des Modells beitragen könnten. Die Prüfung derjenigen Variablen aus dem additiven Modell, die keinen oder fast keinen direkten Einfluss auf die innerparteiliche Partizipation hatten, ergab allerdings, dass sie nur in Ausnahmefällen zur Verbesserung des Modells beitragen können. Das heißt, dass nur bei einzelnen Parteien erhöhte Erklärungsleistungen festgestellt wurden. So konnte beispielsweise durch die Berücksichtigung der Stärke des Einflusses „einfacher" Mitglieder in der Partei die Erklärungsleistung des Pfadmodells für die Mitglieder von Bündnis 90/Die Grünen verbessert werden, für die übrigen Parteien zeigte sich aber (fast) keine Verbesserung.

Für die Robustheit des Pfadmodells ist es nicht mehr möglich, weitere Variablen aus dem Modell zu entfernen, da darunter immer die Erklärungsleistung insgesamt deutlich leidet.[287] In Bezug auf die Auswahl der erklärenden Variablen – die im hier verwendeten Datensatz zur Verfügung standen – ist das Pfadmodell daher die bestmögliche Lösung.

Damit hat sich das Pfadmodell zur Erklärung innerparteilicher Partizipation bewährt.

3.4 Zusammenfassung

Mit dem Ziel der Entwicklung eines allgemeinen Modells zur Erklärung innerparteilicher Partizipation wurden in diesem Kapitel zunächst die Zusammenhänge zwischen den einzelnen Einflussfaktoren und den beiden Typen innerparteilicher Partizipation beschrieben. Daran anschließend wurde die Erklärungskraft des additiven Modells und seiner einzelnen Bestandteile überprüft. Dabei zeigte sich zunächst, dass das additive Modell durchaus gut dazu in der Lage ist, sowohl die inhaltliche als auch die formale Partizipation bei allen fünf Parteien zu erklären.

Ein Vergleich der Bestandteile des Modells ergab, dass die inhaltliche Partizipation bei allen fünf Parteien in ähnlicher Weise erklärt werden kann: Bei allen Parteien kommt es vor allem auf die intrinsischen Motivationen der Mitglieder an. Bei CDU- und SPD-Mitgliedern sind Kosten-Nutzen-Überlegungen die zweitwichtigsten und extrinsische Motivationen die drittwichtigsten Faktoren. Bei Mitgliedern von PDS, FDP und Bündnis 90/Die Grünen ist es umgekehrt. Das persönliche Umfeld und die Ressourcen spielen für die inhaltliche Partizipation dagegen kaum eine Rolle.

Bei der formalen Partizipation der Mitglieder lässt sich eine vergleichbare Rangfolge der Erklärungsgrößen nicht ausmachen, sondern formale Partizipation ist in allen Par-

---

287 Einzige Ausnahme ist die Bildung, auf deren Beitrag verzichtet werden könnte.

3. Kapitel: Die Erklärung innerparteilicher Partizipation

teien unterschiedlich motiviert. Die in dieser Untersuchung neu eingeführten extrinsischen Motivationen haben jedoch in jedem Fall erhebliche Erklärungskraft und sind zu einer deutlichen Verbesserung eines Modells in der Lage, das bereits Ressourcen, politische Einstellungen und Rational-Choice-Elemente einschließlich Erwartungen enthält.

Eine multiple Regressionsanalyse mit allen Erklärungsfaktoren unterstreicht die unterschiedliche Bedeutung einzelner Faktoren, die ansatzweise bereits die Deskription der einfachen Zusammenhänge ergeben hatte. Aus allen theoretisch relevanten Bereichen, Ressourcen, persönliches Umfeld der Mitglieder, intrinsische und extrinsische Motivationen und Kosten-Nutzen-Faktoren lassen sich eine oder mehrere Variablen als über alle Parteien hinweg bedeutsam für innerparteiliche Partizipation herausdestillieren. Es handelt sich um die Bildung, die Einschätzung der eigenen Kompetenz, die Parteibindung, die Zufriedenheit der Mitglieder mit ihrem Ortsverband, die Häufigkeit parteiinterner Informationsmaterialien, den persönlichen Nutzen aus der Parteiarbeit und die Einschätzung der Wirksamkeit innerparteilicher Aktivitäten für eine erfolgreiche Arbeit der Partei. Aus diesen Variablen wurde schließlich ein allgemeines Pfadmodell für innerparteiliche Partizipation erstellt.

Dieses Pfadmodell ist trotz deutlich beschränkter Anzahl der Erklärungsgrößen gut dazu in der Lage, bei allen fünf Parteien sowohl die formale als auch die inhaltliche Partizipation zu erklären. Dem additiven Gesamtmodell ist es deshalb überlegen, weil es weniger als die Hälfte der Erklärungsvariablen beinhaltet und trotzdem zu ähnlichen, teilweise sogar höheren Varianzerklärungsleistungen in der Lage ist. Dem reduzierten additiven Modell ist es überlegen, weil die Erklärungskraft mit der gleichen Variablenauswahl in jedem Fall deutlich höher ist. Damit genügt es den Anforderungen an ein zugleich umfassendes, allgemeines und ökonomisches Erklärungsmodell. Der Unterschied des Pfadmodells zum additiven Modell liegt darin, dass auch die Zusammenhänge der erklärenden Variablen untereinander berücksichtigt werden. Durch diese Berücksichtigung lässt sich die Erklärungsleistung vor allem für die formale Partizipation deutlich steigern. Bei der formalen Partizipation der Mitglieder kommt es daher nicht nur darauf an, dass bestimmte Motivationen vorhanden sind. Vielmehr zeigt sich, dass etwa das Zusammentreffen von Zufriedenheit mit dem eigenen Ortsverband und starker Parteibindung sich im Hinblick auf die formale Partizipation verstärken. Bei diesem Partizipationstypus kommt es also nicht zuletzt auf die Kombination „günstiger" Umstände an. Bei der inhaltlichen Partizipation ist diese Verbesserung der Erklärungsleistung durch die Interaktionen der Erklärungsvariablen deutlich weniger stark. Im Hinblick darauf, dass inhaltliche Partizipation eher eine individuelle Leistung, formale Partizipation aber viel stärker durch kollektive Zusammenarbeit geprägt ist, ist dieses Ergebnis durchaus plausibel. Für die formale Partizipation sind auch im Pfadmodell verstärkt die extrinsischen, für die inhaltliche verstärkt die intrinsischen Motivationen verantwortlich. Als zentrale Erklärungskraft für beide Partizipationstypen hat sich die Parteibindung der Mitglieder herausgestellt.

Fazit und Ausblick

Ziel dieser Arbeit war es, das Profil und die Partizipation der Parteimitglieder in Thüringen zu beschreiben und zu erklären. Die Grundlage für die Erklärung der innerparteilichen Partizipation bot ein Modell, das aus der Diskussion der politikwissenschaftlichen Partizipationsforschung entwickelt wurde. Mit den in diesem Modell enthaltenen Erklärungsgrößen als Leitfaden konnte zunächst das Profil der Parteimitglieder beschrieben und im Anschluss das Ausmaß und die Qualität der innerparteilichen Partizipation erklärt werden. Dabei wurde das Modell Schritt für Schritt fortentwickelt, um dem Anspruch an eine allgemeine, umfassende und ökonomische Erklärung nahe zu kommen.

Die innerparteiliche Partizipation ist ein international bisher kaum erforschtes Gebiet. In Deutschland gibt es bislang nur wenige Studien, die über die Beschreibung der Aktivitäten der Mitgliedschaft hinaus gehen. Eine vergleichende Studie über die fünf größten Parteien wurde hier erstmals vorgelegt. Grundlage für diese Untersuchung ist eine repräsentative Befragung von insgesamt 2509 Mitglieder von CDU, SPD, PDS, FDP und Bündnis 90/Die Grünen in Thüringen.

Im theoretischen Teil der Arbeit wurde gezeigt, dass über die bisher gebräuchlichen, speziellen Ansätze zur Erklärung innerparteilicher Partizipation hinaus auch die Ansätze der allgemeinen politikwissenschaftlichen Partizipationsforschung für die Erklärung innerparteilicher Partizipation fruchtbar gemacht werden können und müssen. Ausgehend von einer intensiven Diskussion des Forschungsstands wurde so ein theoretischer Ansatz für diese Untersuchung gewonnen, der in einem Modell zur Erklärung innerparteilicher Partizipation mündete. Dieses Modell integriert zentrale Erkenntnisse der politikwissenschaftlichen Partizipationsforschung und wird zugleich den Besonderheiten innerparteilicher Partizipation gerecht. Die Bestandteile des Modells sind die Ressourcen und das persönliche Umfeld der Mitglieder, die intrinsischen Motivationen (politische Einstellungen) und die extrinsischen Motivationen (Einschätzung des Parteiumfelds) der Mitglieder sowie die Kernvariablen des Rational-Choice-Ansatzes.

Die anschließende empirische Überprüfung verschiedener Möglichkeiten, innerparteiliche Partizipation zu operationalisieren, hat die Vorteile der hier angewandten Messung anhand der Häufigkeit der Ausübung verschiedener innerparteilicher Aktivitäten deutlich gemacht. Mit diesem Indikator ist es möglich, die theoretisch sinnvolle Unterscheidung zweier Typen innerparteilicher Partizipation empirisch nachzuweisen: Zum einen die inhaltliche Partizipation, also die Teilnahme an Diskussionen und die Kandidatur für ein Amt oder Mandat, zum anderen die formale Partizipation, die sowohl gesellige, organisatorische als auch soziale Arbeiten in der Partei umfasst.

Anhand dieser Partizipationstypen wurde sodann gezeigt, dass sich das Niveau und die Qualität innerparteilicher Partizipation zwischen den fünf untersuchten Parteien deutlich unterscheidet. Insgesamt haben SPD und PDS die aktivsten Mitglieder, die FDP die passivsten. Bei CDU, SPD, FDP und Bündnis 90/Die Grünen ist der Anteil inhaltlich aktiver Mitglieder deutlich größer als der Anteil formal aktiver. Bei der PDS ist der Anteil formal aktiver Mitglieder nicht nur deutlich größer als der inhaltlich aktiver, sondern auch deutlich größer als in allen anderen Parteien.

Den Ausgangspunkt für die Erklärung innerparteilicher Partizipation bot ein vergleichender Blick auf das Profil der Mitgliedschaften der Thüringer Parteien. Hier zeigten sich im Hinblick auf die Sozialstruktur und die politischen Einstellungen teilweise große Unterschiede zwischen den Parteien. Ältere sind unter Parteimitgliedern im Vergleich zur Bevölkerung deutlich überrepräsentiert, am stärksten bei der PDS, am schwächsten bei Bündnis 90/Die Grünen. Im Bezug auf die formale Bildung sind nur CDU-Mitglieder ein Abbild der Thüringer Bevölkerung, in allen anderen Parteien sind Mitglieder mit höheren Bildungsabschlüssen überrepräsentiert, am deutlichsten bei FDP und Bündnis 90/Die Grünen. Frauen sind sehr viel seltener Mitglied einer Partei, am stärksten sind sie noch in der PDS vertreten, am wenigsten in der FDP. Während in allen anderen Parteien die meisten Mitglieder berufstätig sind, sind vier von fünf Mitgliedern der PDS bereits im Ruhestand. Die größte Berufsgruppe unter den Parteimitgliedern machen die Angestellten aus, Selbständige sind stärker vertreten als Arbeiter. Wiederum mit Ausnahme der PDS sind Konfessionsgebundene in allen Parteien überrepräsentiert, evangelische Christen stärker, Katholiken nur in der CDU. In die PDS sind nach der Wende 1989/90 praktisch keine neuen Mitglieder eingetreten. In der FDP sind noch etwa drei Viertel aller Mitglieder Altmitglieder der Vorgängerparteien, in der CDU etwa die Hälfte. Sowohl was Sozialstruktur als auch was Einstellungen angeht, sind die Unterschiede zwischen Alt- und Neumitgliedern in CDU und FDP aber eher gering. SPD und Bündnis 90/Die Grünen sind in Thüringen die für Westdeutsche attraktivsten Parteien, jeweils etwa jedes fünfte Mitglied hatte seinen Wohnsitz vor der Wende in der Bundesrepublik.

Die Verbundenheit mit der eigenen Partei ist in der PDS am stärksten ausgeprägt, in der FDP am schwächsten; damit eng zusammenhängend sind FDP-Mitglieder am wenigsten, PDS-Mitglieder am meisten zufrieden mit ihrem eigenen Ortsverband. Austrittsgedanken finden sich konsequenterweise auch unter FDP-Mitglieder vergleichsweise am häufigsten, unter PDS-Mitgliedern am seltensten. In ihren politischen Einstellungen stehen sich die Mitglieder von CDU und FDP insgesamt ziemlich nahe, ihre Übereinstimmung mit der eigenen Parteilinie ist hingegen vergleichsweise gering. Diese ist wiederum am stärksten bei der PDS. Inhaltlich finden sich wechselnde Allianzen zwischen ihnen und den Mitgliedern von SPD und Bündnis 90/Die Grünen. Ideologisch markieren PDS-Mitglieder den linken Rand des Spektrums, SPD und Bündnis 90/Die Grünen verorten sich selbst zwischen PDS und CDU bzw. FDP.

Diese Unterschiede zwischen den Parteien können zu einem gewissen Teil auf die verschiedenen Entwicklungen zurückgeführt werden, die die Parteien seit 1989/90 genommen haben. Zwischen den beiden Neugründungen SPD und Bündnis 90/Die Grünen und zwischen den beiden Blockpartei-Nachfolgern CDU und FDP zeigen sich zumindest für die politischen Einstellungen der Mitglieder mehr Gemeinsamkeiten als zwischen diesen beiden Gruppen. Die geringe Mitgliederzahl und die organisatorische Schwäche von Bündnis 90/Die Grünen dürfte ein wichtiger Grund für den überdurchschnittlich großen Zeitaufwand der Mitglieder für ihre Partei sein, mit dem sie diese Schwächen auszugleichen versuchen. Die Mitglieder von Bündnis 90/Die Grünen und der FDP schätzen auch ihren persönlichen Nutzen aus der Mitgliedschaft und die Wirksamkeit ihres eigenen Beitrags für eine erfolgreiche Parteiarbeit erheblich geringer ein als die der übrigen Parteien, was eine Folge der schwachen Stellung und fehlender Parlamentspräsenz ihrer Parteien sein könnte. Eine Sonderposition in jeglicher Hinsicht nehmen die

Mitglieder der PDS ein, denn sowohl vom Sozialprofil als auch von den politischen Einstellungen her könnten die Unterschiede zu den anderen Parteien nicht größer sein. Die PDS erinnert an der Basis mehr an eine Selbsthilfegruppe für vermeintliche (oder tatsächliche) Einheitsverlierer als an eine politische Partei.

Das so ermittelte Profil der Parteimitglieder wurde anschließend mit den beiden Typen innerparteilicher Partizipation in Verbindung gebracht. Dabei wurden die Unterschiede zwischen den fünf Parteien und die Unterschiede zwischen den beiden Partizipationstypen in den Vordergrund gerückt. Zunächst stellte sich heraus, dass innerparteiliche Partizipation nur sehr begrenzt mit sozialstrukturellen Faktoren zusammenhängt. Das persönliche Umfeld der Mitglieder spielt hingegen eine verhältnismäßig große Rolle bei der Entscheidung für oder gegen die Beteiligung an der Parteiarbeit. Vor allem dann, wenn die Parteimitglieder auch in weiteren Organisationen wie z.B. Vereinen Mitglied sind, beteiligen sie sich auch verstärkt innerhalb der Partei. Bei den intrinsischen Motivationen zeigte sich, dass vor allem die Parteibindung und die Einschätzung der eigenen Kompetenz in politischen Fragen stark mit der innerparteilichen Partizipation korrelieren. Eine große Eigenkompetenz wirkt vor allem auf die inhaltliche Beteiligung positiv, eine starke Parteibindung auf die inhaltliche wie auf die formale. Von den extrinsischen Motivationen stachen zwei besonders hervor: Je zufriedener die Mitglieder mit dem eigenen Ortsverband sind und je häufiger sie parteiinternes Informationsmaterial rezipieren, desto höher liegt ihr Aktivitätsniveau. Die Elemente des Rational-Choice-Ansatzes schließlich hängen ebenfalls stark mit innerparteilicher Partizipation zusammen. Die Kosten des Engagements wirken leicht aktivitätshemmend, der Nutzen deutlich aktivitätssteigernd. Der stärkste Zusammenhang mit der Partizipation der Mitglieder konnte jedoch bei den Erwartungen an die Wirksamkeit des Engagements nachgewiesen werden.

Diese fünf Bestandteile des Modells wurden dann in einer multiplen Regressionsanalyse zur Erklärung der beiden Typen innerparteilicher Partizipation herangezogen. Dabei konnte gezeigt werden, dass die Bestandteile des Modells gut in der Lage sind, beide Partizipationstypen bei allen fünf Parteien zu erklären. Die Varianzerklärung dieses Modells lag weit höher, als es mit den bisher in der innerparteilichen Partizipationsforschung verwendeten Modellen möglich war. Anhand des minimalen Varianzaufklärungspotenzials konnte die Erklärungskraft der einzelnen Bestandteile bestimmt werden. Dabei zeigten sich sowohl Gemeinsamkeiten als auch Unterschiede zwischen den Parteien und den Partizipationstypen. Für die inhaltliche Partizipation sind in allen fünf Parteien die intrinsischen Motivationen der Mitglieder am wichtigsten, dann folgen extrinsische Motivationen und rationale Überlegungen bezüglich Kosten, Nutzen und Wirksamkeit des Engagements. Die Ressourcen und das persönliche Umfeld der Mitglieder sind für die inhaltliche Partizipation nahezu belanglos. Letzteres gilt im Wesentlichen auch für die formale Partizipation. Aber anders als bei der inhaltlichen Partizipation lassen sich hier die übrigen Bestandteile nicht in eine zwischen den Parteien vergleichbare Reihenfolge bringen. Für die formale Beteiligung sind diese Erklärungsgrößen zwar insgesamt ausschlaggebend, aber in jeder Partei sind jeweils andere Motive entscheidend.

Vor allem aber zeigte sich, dass die aus der Partizipationsforschung abgeleiteten und im hier vorgestellten Modell verwendeten Bestandteile durchgängig nicht nur theoretisch sinnvoll sind, sondern auch praktisch relevant für die Erklärung innerparteilicher

Partizipation. Bei der Betrachtung der einzelnen Variablen der Modellbestandteile erwiesen sich im Wesentlichen diejenigen als erklärungsstark, die bereits einen starken bivariaten Zusammenhang mit der innerparteilichen Partizipation aufgewiesen haben. Diese Variablen wurden dann dazu verwendet, ein Pfadmodell für die Erklärung innerparteilicher Partizipation zu entwickeln. Dieses Pfadmodell ist dem einfachen additiven Regressionsmodell – abgesehen von der deutlich geringeren Variablenanzahl und der daraus resultierenden besseren Handhabbarkeit – deshalb deutlich überlegen, weil es auch die zuvor gefundenen Beziehungen der erklärenden Variablen untereinander berücksichtigt. Seine Überlegenheit trat vor allem bei der Erklärung der formalen Partizipation der Parteimitglieder klar hervor. Dadurch dass sich die für die formale Partizipation erklärungsstarken Faktoren gegenseitig verstärken und das im Pfadmodell berücksichtigt wird, erreicht es in diesem Bereich eine deutlich höhere Varianzaufklärungsleistung als ein vergleichbares additives Regressionsmodell. Bei der Erklärung der inhaltlichen Partizipation ist dieser Effekt der sich gegenseitig verstärkenden Einflüsse deutlich geringer.

Insgesamt hat sich die Parteibindung der Mitglieder als die zentrale Erklärungsgröße für innerparteiliche Partizipation herausgestellt. Für die inhaltliche Partizipation kommen die Einschätzung der Eigenkompetenz und die Einschätzung der Wirksamkeit inhaltlicher Aktivitäten hinzu. Für die formale Partizipation sind über die Parteibindung hinaus die Häufigkeit parteiinterner Informationen, die Zufriedenheit mit dem eigenen Ortsverband und die Einschätzung der Wirksamkeit formaler Aktivitäten wichtig.

Die große Bedeutung, die dem Rational-Choice-Ansatz in der Forschung zu innerparteilicher Partizipation beigemessen wird, muss aufgrund der hier vorgelegten Ergebnisse relativiert werden. Die Kernvariablen dieses Ansatzes tragen zwar zur Erklärung der Aktivitäten bei, aber eine herausragende Stellung kommt ihnen nicht zu. Dabei spricht einiges dafür anzunehmen, dass die Aktivitäten von Parteimitgliedern sehr wohl nicht unwesentlich von Kosten-Nutzen-Kalkülen geleitet sind. Die Messung bereitet aber große Schwierigkeiten, gerade wenn die Mitglieder die Kosten und vor allem den Nutzen, den sie persönlich aus der Parteiarbeit ziehen, in einem Interview bekunden sollen. Auf „erweiterte Rational-Choice-Modelle" zurückzugreifen scheint nicht sinnvoll, da diese der analytischen Schärfe abträglich sind.

Auf der Basis dieser Befunde ist es plausibel davon auszugehen, dass die Parteien die innerparteiliche Partizipation ihrer Mitglieder zumindest teilweise steuern oder gar induzieren können. Bei der formalen Partizipation dürfte das einfacher möglich sein als bei der inhaltlichen. Formale Partizipation hängt sehr stark von der positiven Einschätzung des Parteiumfelds ab, die wiederum die Parteibindung der Mitglieder nachhaltig stärkt. Über die Herstellung eines positiven innerparteilichen „Klimas", vor allem über die Steigerung der Attraktivität der Ortsverbände können die Parteien die Mitglieder zur formalen Beteiligung anregen. Bei der inhaltlichen Partizipation ist die Steuerung durch die Parteien deutlich schwieriger, da sie stärker von individuellen Fähigkeiten der Mitglieder abhängt. Wenn die Mitglieder aber die Möglichkeit bekommen, diese Fähigkeit in die Partei einzubringen, dann steigert das deren Parteibindung und darüber die inhaltliche Partizipation. Kompetente Mitglieder lassen sich aber auch durch parteiinterne Informationsmaterialien nicht „herstellen", sie müssen weiterhin von den Parteien als Mitglieder geworben werden. Für solche potentiellen Mitglieder könnten die

Parteien am attraktivsten sein, die ihnen viele Partizipationsmöglichkeiten bieten.[288] Ein Blick auf die Parteibeitrittsmotive bestätigt diese Annahme. In allen Parteien war denjenigen Mitgliedern, die sich selbst für kompetent in politischen Fragen halten, die aktive politische Betätigung und die Durchsetzung von politischen Zielen deutlich wichtiger als denjenigen, die von ihrer eigenen Kompetenz weniger überzeugt waren. Eine Erweiterung innerparteilicher Mitbestimmungsinstrumente dürfte nicht nur für die Neumitgliederwerbung der Parteien hilfreich sein, sondern genauso für die Bindung und Aktivierung der aktuellen Mitglieder.[289] Diese Untersuchung hat gezeigt, dass die wichtigste Motivation für innerparteiliche Partizipation, die Parteibindung der Mitglieder, mit der Dauer der Mitgliedschaft abnimmt.

Für die weitergehende Untersuchung innerparteilicher Partizipation erscheint eine genauere Analyse der Parteibindungsmotive, der Parteibeitrittsmotive und in Ostdeutschland der Verbleibsmotive in ehemaligen Blockparteien und der PDS interessant, um den etwaigen Differenzen zwischen Wunsch und Wirklichkeit der Parteimitgliedschaft auf den Grund zu gehen. Die einfache Frage nach den Beitrittsmotiven reicht hier nicht aus: Zum einen dürften in Ostdeutschland die Motive für einen Parteibeitritt vor und nach der „Wende" deutlich unterschiedlich sein, da es sich um vollkommen andere Parteien in anderen Handlungszusammenhängen handelt. Zum anderen könnte diese Frage in besonderem Maße mit dem Problem der sozialen Erwünschtheit behaftet sein. Der äußerst geringe Stellenwert, den die Mitglieder aller Parteien den beruflichen oder sonstigen Vorteilen beim Beitritt zugemessen haben, deutet darauf hin.

Ungeachtet der großen Schwierigkeiten bei der Erhebung dürfte auch die Betrachtung von Kontexteffekten, z. B. der Parteienkonkurrenz vor Ort sinnvoll sein. Und natürlich ist es wie immer bei empirischen Untersuchungen sehr wünschenswert, solche Erhebungen zu verschiedenen Zeitpunkten durchzuführen und zu vergleichen oder im Idealfall mit einem Paneldesign anzugehen.

Die großen Übereinstimmungen der Thüringer Parteienstudie mit den Untersuchungen von Parteimitgliedern in anderen ostdeutschen Bundesländern lassen es plausibel erscheinen, dass die hier für Thüringen präsentierten Ergebnisse auch für Ostdeutschland insgesamt eine gewisse Verallgemeinerbarkeit besitzen. Die empirische Bestätigung, dass das hier entwickelte Pfadmodell in der Lage ist, die Strukturen und das Ausmaß innerparteilicher Partizipation bei allen fünf untersuchten Parteien ähnlich gut zu erklären, sprechen für einen sehr hohen Allgemeinheitsgrad dieses Modells. Damit ist auch eine Anwendung über Thüringen und Ostdeutschland hinaus denkbar, denn recht viel größer als zwischen FDP und PDS in Thüringen können die Unterschiede zwischen der FDP in Thüringen und der in Bayern eigentlich nicht sein.

---

288 Ähnlich argumentiert auch *Haungs* in seinem Plädoyer für eine erneuerte Mitgliederpartei, vgl. P. *Haungs* 1994, S. 113.
289 Vgl. die Kontroverse um die Erweiterung der innerparteilichen Mitbestimmungsinstrumente, befürwortend *B. Becker* 1996, *B. Becker* 1999: Mitgliederbeteiligung und innerparteiliche Demokratie in britischen Parteien – Modelle für die deutschen Parteien? Baden-Baden, S. 185; *P. Zeschmann* 1997: Mitgliederbefragungen, Mitgliederbegehren und Mitgliederentscheide: Mittel gegen Politiker- und Parteienverdrossenheit?, in: Zeitschrift für Parlamentsfragen 28, S. 698-712; kritisch *S. Schieren* 1996: Parteiinterne Mitgliederbefragungen: Ausstieg aus der Professionalität?, in: Zeitschrift für Parlamentsfragen 27, S. 214-229.

Literaturverzeichnis

Alemann, Ulrich von (Hrsg.), 1978: Partizipation – Demokratisierung – Mitbestimmung. Problemstellung und Literatur in Politik, Wirtschaft, Bildung und Wissenschaft. Eine Einführung, 2. Aufl. Opladen.

Alemann, Ulrich von, 2000: Das Parteiensystem der Bundesrepublik Deutschland. Bonn.

Almond, Gabriel A. / Verba, Sidney, 1963: The Civic Culture. Political Attitudes and Democracy in Five Nations. Princeton / New Jersey.

Almond, Gabriel A. / Verba, Sidney, 1989: The Civic Culture Revisited. Newbury Park / London / New Delhi.

Barnes, Samuel H. / Kaase, Max u.a, 1979: Political Action. Mass Participation in Five Western Democracies. Beverly Hills / London.

Barthel, Wilfried, 1995: Forschungsbericht Strukturen, politische Aktivitäten und Motivationen in der PDS: Mitgliederbefragung der PDS 1991. Berlin.

Becker, Bernd, 1996: Wozu denn überhaupt Parteimitglieder? Zum Für und Wider verstärkter parteiinterner Partizipationsmöglichkeiten, in: Zeitschrift für Parlamentsfragen 27, S. 712-718.

Becker, Bernd, 1999: Mitgliederbeteiligung und innerparteiliche Demokratie in britischen Parteien – Modelle für die deutschen Parteien? Baden-Baden.

Becker, Horst u.a. 1983: Die SPD von innen. Bonn.

Becker, Horst u.a. 1998: NRW-SPD von innen – die wichtigsten Ergebnisse, in: *Walsken, Ernst-Martin / Wehrhöfer, Ulrich* (Hrsg.): Mitgliederpartei im Wandel. Veränderungen am Beispiel der NRW-SPD. Münster u.a.

Behnke, Joachim, 1999: Die politische Theorie des Rational-Choice: Anthony Downs, in: *Brodocz, Andre / Schaal, Gary S.* (Hrsg.): Politische Theorien der Gegenwart. Opladen, S. 311-336.

Berelson, Bernard R. / Lazarsfeld, Paul F. / McPhee, William N., 1954: Voting. A Study of Opinion Formation in a Presidential Campaign. Chicago / London.

Bettenhäuser, Mathias, 2002: Die SPD, in: *Schmitt, Karl* (Hrsg.): Parteien in Thüringen – Ein Handbuch. Jena (Ms.).

Beyme, Klaus von 2001: Funktionenwandel der Parteien in der Entwicklung von der Massenmitgliederpartei zur Partei der Berufspolitiker, in: *Gabriel, Oscar W. / Niedermayer, Oskar / Stöss, Richard* (Hrsg.): Parteiendemokratie in Deutschland. 2. Aufl. Bonn, S. 315-339.

Birsl, Ursula / Lösche, Peter, 1998: Parteien in Ost- und Westdeutschland: Der gar nicht so feine Unterschied, in: Zeitschrift für Parlamentsfragen 29, S. 7-24.

Boll, Bernhard, 1996: Das Parteiensystem Sachsen-Anhalts, in: *Niedermayer, Oskar* (Hrsg.): Intermediäre Strukturen in Ostdeutschland. Opladen, S. 263- 287.

Boll, Bernhard u.a., 1999: Sozialprofil und Einstellungen der Mitglieder von Parteien in Ostdeutschland am Beispiel Sachsen-Anhalts, in: Aus Politik und Zeitgeschichte B12, S. 34-45.

Brady, Henry E. / Verba, Sidney / Schlozman, Kay Lehman, 1995: Beyond SES: A Resource Model of Political Participation, in: American Political Science Review 89, S. 271-294.

Brady, Henry E., 1999: Political Participation, in: *Robinson, John P. / Shaver, Phillip R. / Wrightsman, Lawrence S.* (Hrsg.): Measures of Political Attitudes. San Diego u.a., S. 737-801.

Bürklin, Wilhelm P., 1997: Bestimmungsgründe innerparteilicher Partizipation, in: *Bürklin, Wilhelm P. / Neu, Viola / Veen, Hans-Joachim*: Die Mitglieder der CDU. Interne Studie Nr. 148 der Konrad-Adenauer-Stiftung. St. Augustin, S. 73-143.

Bürklin, Wilhelm P. / Neu, Viola / Veen, Hans-Joachim, 1997: Die Mitglieder der CDU. Interne Studie Nr. 148 der Konrad-Adenauer-Stiftung. St. Augustin.

Buse, Michael J. / Nelles, Wilfried, 1978: Formen und Bedingungen der Partizipation im politisch-administrativen Bereich, in: *Alemann, Ulrich von* (Hrsg.): Partizipation – Demokratisierung – Mitbestimmung. Problemstellung und Literatur in Politik, Wirtschaft, Bildung und Wissenschaft. – Eine Einführung. 2. Aufl. Opladen, S. 41-111.

Campbell, Angus / Converse, Philip E. / Miller, Warren E. / Stokes, Donald E., 1960: The American Voter. Chicago / London.

Campbell, Angus / Gurin, Gerald / Miller, Warren E., 1954: The Voter Decides. Evanston.

Clarke, Harold D. u.a., 2000: Not for Fame or Fortune. A Note on Membership and Activity in the Canadian Reform Party, in: Party Politics, Vol. 6, S. 75-93.

Conway, Margaret M., 1991a: Political Participation in the United States. 2. Aufl. Washington.

Conway, Margaret M., 1991b: The Study of Political Participation: Past, Present, and Future, in: *Crotty, William*: Political Science: Looking to the Future. Vol. 3: Political Behavior. Evanston, S. 31-50.

Davidson, Russell / MacKinnon, James G., 1993: Estimation and Inference in Econometrics. New York.

Deth, Jan W. van, 1997: Formen konventioneller Partizipation. Ein neues Leben alter Dinosaurier?, in: *Gabriel, Oscar W.* (Hrsg.): Politische Orientierungen und Verhaltensweisen im vereinigten Deutschland. Opladen, S. 291-319.

Detterbeck, Klaus, 2002: Der Wandel politischer Parteien in Westeuropa. Eine vergleichende Untersuchung von Organisationsstrukturen, politischer Rolle und Wettbewerbsverhalten von Großparteien in Dänemark, Deutschland, Großbritannien und der Schweiz, 1960-1999. Opladen 2002.

Diederich, Nils, 1968: Party Member and Local Party Branch. Some Initial Findings of a Pre-Study on Membership Participation and Branch Meetings in Berlin Parties, in: *Stammer, Otto* (Hrsg.): Party Systems, Party Organizations and the Politics of New Masses. Parteiensysteme, Parteiorganisationen und die neuen politischen Bewegungen (als Manuskript gedruckt). Berlin, S. 107-115.

Dithfurth, Christian von, 1991: Blockflöten. Wie die CDU ihre real-sozialistische Vergangenheit verdrängt. Köln.

Dittberner, Jürgen, 1997: Neuer Staat mit alten Parteien? Die deutschen Parteien nach der Wiedervereinigung. Opladen.

Dittrich, Karl-Heinz, 1992: Das Bild der Parteien im vereinten Deutschland. Für welche Bevölkerungsgruppen setzen sie sich ein? in: Aus Politik und Zeitgeschichte, B 34-35, S. 26-35.

Dornheim, Andreas / Schnitzler, Stephan (Hrsg.), 1995: Thüringen 1989/90. Akteure des Umbruchs berichten. Erfurt.

Downs, Anthony, 1968: Ökonomische Theorie der Demokratie (hrsg. von Rudolf Wildenmann). Tübingen.

Dubin, Jeffrey A. / Rivers, Douglas, 1989/1990: Selection Bias in Linear Regression, Logit and Probit Models, in: Sociological Methods and Research Vol. 18, S. 360-390.

Duverger, Maurice, 1959: Die politischen Parteien (hrsg. von Siegfried Landshut). Tübingen.

Edinger, Michael / Lange, Erhard M. / Lembcke, Oliver, 1997: Thüringen, in: *Hartmann, Jürgen* (Hrsg.): Handbuch der deutschen Bundesländer. 3. Aufl. Frankfurt am Main / New York, S. 613-653.

Eldersveld, Samuel J., 1983: Motivations for Party Activism. Multi-National Uniformities and Differences, in: International Political Science Review 4, S. 57-70.

Epstein, Leon D., 1993: Political Parties in Western Democracies. New Brunswick / London.

Falke, Wolfgang, 1982: Die Mitglieder der CDU. Berlin.

Fishbein, Martin, 1967: Attitude and the Prediction of Behavior, in: *Ders.* (Hrsg.): Readings in Attitude Theory and Measurement. New York / London / Sydney, S. 477-492.

Fisher, Justin, 1997: Donations to Political Parties, in: Parliamentary Affairs, Vol. 50, No. 2, S. 235-245.

Fisher, Justin, 1999: Modelling the Decision to Donate by Individual Party Members. The Case of British Parties, in: Party Politics 5, S. 19-38.

Forschungsgruppe Wahlen, 1990: Wahl in den Neuen Bundesländern Mecklenburg-Vorpommern, Brandenburg, Sachsen-Anhalt, Thüringen, Sachsen. Eine Analyse der Landtagswahlen vom 14. Oktober 1990 (Berichte der Forschungsgruppe Wahlen Nr. 60). Mannheim.

Forschungsgruppe Wahlen, 1994: Wahl in Thüringen. Eine Analyse der Landtagswahl vom 16. Oktober 1994 (Berichte der Forschungsgruppe Wahlen Nr. 78). Mannheim.

Forschungsgruppe Wahlen, 1999: Wahl in Thüringen. Eine Analyse der Landtagswahl vom 12. September 1999 (Berichte der Forschungsgruppe Wahlen Nr. 98). Mannheim.

Fuchs, Dieter, 1987: Trends politischer Unterstützung in der Bundesrepublik, in: *Berg-Schlosser, Dirk / Schissler, Jakob* (Hrsg.): Politische Kultur in Deutschland. Bilanz und Perspektiven der Forschung. Opladen, S. 357-377.

Fuchs, Dieter, 1995: Die Struktur politischen Handelns in der Übergangsphase, in: *Klingemann, Hans-Dieter / Erbring, Lutz / Diederich, Nils* (Hrsg.): Zwischen Wende und Wiedervereinigung. Analysen zur politischen Kultur in West- und Ost-Berlin 1990. Opladen, S. 135-147.

Gabriel, Oscar W. / Niedermayer, Oskar 2001: Parteimitgliedschaften: Entwicklung und Sozialstruktur, in: *Dies. / Stöss, Richard* (Hrsg.): Parteiendemokratie in Deutschland. 2. Aufl. Bonn, S. 274-296.

Gabriel, Oscar W. / Niedermayer, Oskar / Stöss, Richard (Hrsg.), 2001: Parteiendemokratie in Deutschland. 2. Aufl. Bonn.

Gabriel, Oscar W. 1999: Sozialkapital und Institutionenvertrauen in Österreich und Deutschland, in: *Plasser, Fritz u.a.*: Wahlen und politische Einstellungen in Deutschland und Österreich. Frankfurt am Main, S. 147-189.

Garner, Robert / Kelly, Richard, 1993: British Political Parties Today. Manchester / New York.

Gerner, Manfred, 1994: Partei ohne Zukunft? Von der SED zur PDS. München.

Gibowski, Wolfgang G., 1990: Demokratischer (Neu-)beginn in der DDR. Dokumentation und Analyse der Wahl vom 8. März 1990, in: Zeitschrift für Parlamentsfragen 21, S. 5-22.

Green, Donald P. / Shapiro, Ian, 1999: Rational Choice. Eine Kritik am Beispiel von Anwendungen in der Politischen Wissenschaft. München.

Greven, Michael Th., 1987: Parteimitglieder. Ein empirischer Essay über das politische Alltagsbewußtsein in Parteien. Opladen.

Grönebaum, Stefan, 1997: Wird der Osten rot? Das ostdeutsche Parteiensystem in der Vereinigungskrise und vor den Wahlen 1998, in: Zeitschrift für Parlamentsfragen 28, S. 407-424.

Güllner, Manfred / Marvick, Dwaine, 1976: Aktivisten in einer Parteihochburg: Zum Beispiel Dortmund, in: Wahlforschung. Sonden im politischen Markt (Reihe transfer). Opladen, S. 121-132.

Hallermann, Andreas, 2002: Die FDP, in: *Schmitt, Karl* (Hrsg.): Parteien in Thüringen – Ein Handbuch. Jena (Ms.).

Haufe, Gerda / Bruckmeier, Karl (Hrsg.), 1993: Die Bürgerbewegungen in der DDR und in den ostdeutschen Ländern. Opladen.

Haungs, Peter, 1994: Plädoyer für eine erneuerte Mitgliederpartei. Anmerkungen zur aktuellen Diskussion über die Zukunft der Volksparteien, in: Zeitschrift für Parlamentsfragen 25, S. 108-115.

Heidar, Knut, 1994: The Polymorphic Nature of Party Membership, in: European Journal of Political Research 25, S. 61-86.

Helwig, Gisela, 1990: Bund freier Demokraten. Die Liberalen auf dem mühsamen Weg zur Vereinigung, in: Deutschland Archiv 23, S. 511-514.

Herzberg, Wolfgang / Mühlen, Patrick von zur (Hrsg.), 1993: Auf den Anfang kommt es an. Sozialdemokratischer Neubeginn in der DDR 1989. Interviews und Analysen. Bonn.

Holtmann, Everhard / Boll, Bernhard, 1995: Sachsen-Anhalt. Eine politische Landeskunde. Magdeburg.

Hirschfield, Robert S. / Swanson, Bert E. / Blank, Blanche D., 1971: A Profile of Political Activists in Manhattan, in: *Wright, William E.* (Hrsg.): A Comparative Study of Party Organization. Ohio, S. 247-268.

INFAS, 1990: Die fünf neuen Bundesländer 1990. Landtagswahlen am 14. Oktober 1990. Bonn-Bad Godesberg.

Jankowski, Thomas B. / Strate, John M., 1995: Modes of Participation over the Adult Life Span, in: Political Behavior 17, S. 89-106.

Jennings, M. Kent / van Deth, Jan W., 1990: Continuities in Political Action. A Longitudinal Study of Political Orientations in Three Western Democracies. Berlin / New York.

Jung, Matthias, 1990: Parteiensystem und Wahlen in der DDR. Eine Analyse der Volkskammerwahl vom 18. März 1990 und der Kommunalwahlen vom 6. Mai 1990, in: Aus Politik und Zeitgeschichte, B 27, S. 3-15.

Jung, Matthias, 1992: Die FDP nach der Bundestagswahl 1990, in: *Eisenmann, Peter / Hirscher, Gerhard* (Hrsg.): Die Entwicklung der Volksparteien im vereinten Deutschland. München, S. 70-83.

Kaase, Max, 1976: Bedingungen unkonventionellen politischen Verhaltens in der Bundesrepublik Deutschland, in: *Graf Kielmansegg, Peter* (Hrsg.): Legitimationsprobleme politischer Systeme. Politische Vierteljahresschrift 17, Sonderheft 7, S. 179-216.

Kaase, Max / Marsh, Alan, 1979a: Political Action: A Theoretical Perspective, in: *Barnes, Samuel H. / Kaase, Max u.a.*: Political Action. Mass Participation in Five Western Democracies. Beverly Hills / London, S. 27-56.

Kaase, Max / Marsh, Alan, 1979b: Political Action Repertory: Changes Over Time and a New Typology, in: *Barnes, Samuel H. / Kaase, Max u.a.*: Political Action. Mass Participation in Five Western Democracies. Beverly Hills / London, S. 137-166.

Kaase, Max, 1981: Politische Beteiligung und politische Ungleichheit, in: *Albertin, Lothar / Link, Werner* (Hrsg.): Politische Parteien auf dem Weg zur parlamentarischen Demokratie in Deutschland. Entwicklungslinien bis zur Gegenwart. Düsseldorf, S. 363-377.

Kaase, Max, 1990: Mass Participation, in: *Jennings, M. Kent / van Deth, Jan u.a.* (Hrsg): Continuities in Political Action. A Longitudinal Study of Political Orientations in Three Western Democracies. Berlin / New York, S. 23-64.

Kaase, Max, 1992: Politische Beteiligung, in: *Nohlen, Dieter* (Hrsg.): Lexikon der Politik, Band 3: Die westlichen Länder. München, S. 339-346.

Katz, Richard / Mair, Peter, 1992: The Membership of Political Parties in European Democracies, 1960-1990, in: European Journal of Political Research 22, S. 329-345.

Katz, Richard / Mair, Peter, 1994: How Parties Organize. Change and Adaption in Party Organizations in Western Democracies. London u.a.

Katz, Richard / Mair, Peter, 1995: Changing Models of Party Organization and Party Democracy. The Emergence of the Cartel Party, in: Party Politics 1, S. 5-28.

Kiefer, Markus, 1996: Die politischen Parteien, in: *Schmitt, Karl* (Hrsg.): Thüringen. Eine politische Landeskunde. Köln / Weimar, S. 37-67.

Kießling, Andreas, 1999: Politische Kultur und Parteien im vereinten Deutschland. München.

Klages, Helmut, 1998: Engagement und Engagementpotential in Deutschland, in: Aus Politik und Zeitgeschichte B38, S. 29-38.

Klatt, Hartmut, 1993: Die Parteienstruktur in den neuen Ländern, in: Politische Studien Sonderheft 4, S. 34-51.

Klein, Ansgar / Schmalz-Bruns, Rainer (Hrsg.), 1997: Politische Beteiligung und Bürgerengagement in Deutschland. Bonn.

Klumpjan, Helmut, 1998: Die amerikanischen Parteien. Von ihren Anfängen bis zur Gegenwart. Opladen.

Koch, Susanne, 1994: Parteien in der Region. Eine Zusammenhangsanalyse von lokaler Mitgliederpräsenz, Wahlergebnis und Sozialstruktur. Opladen.

Koch, Willy / Niedermayer, Oskar, 1991: Parteimitglieder in Leipzig. Leipzig / Mannheim.

Koch-Baumgarten, Sigrid, 1997: Postkommunisten im Spagat. Zur Funktion der PDS im Parteiensystem, in: Deutschland Archiv 30, S. 864-878.

Kühnel, Steffen / Fuchs, Dieter, 2000: Instrumentelles oder expressives Wählen? Zur Bedeutung des Rational-Choice-Ansatzes in der Empirischen Wahlforschung, in: *M. Klein u.a.* (Hrsg.): 50 Jahre Empirische Wahlforschung in Deutschland, Wiesbaden, S. 340-360.

Lancaster, Kevin, 1991: Moderne Mikroökonomie. 4. Aufl. Frankfurt / New York.

Lang, Jürgen P. u.a. 1995: Auferstanden aus Ruinen...?: die PDS nach dem Super-Wahljahr 1994. Interne Studie Nr. 111 der Konrad-Adenauer-Stiftung. St. Augustin.

Langguth, Gerd, 1994: Bündnis 90/Die Grünen nach ihrer zweiten Parteigründung - Vier Thesen, in: Politische Studien 334, S. 36-51.

Lapp, Peter Joachim, 1988: Die Blockparteien im politischen System der DDR. Melle.

Lazarsfeld, Paul F. / Berelson, Bernard / Gaudet, Hazel, 1968: The People's Choice. How the Voter makes up his Mind in a Presidential Campaign. 3. Aufl. New York / London [1944].

Leighley, Jan E., 1995: Attitudes, Opportunities and Incentives: A Field Essay on Political Participation, in: Political Research Quarterly 48, S. 181-209.

Linnemann, Rainer, 1994: Die Parteien in den Neuen Bundesländern. Konstituierung, Mitgliederentwicklung, Organisationsstrukturen. Münster / New York.

Lösche, Peter, 1993: Lose verkoppelte Anarchie. Zur aktuellen Situation von Volksparteien am Beispiel der SPD, in: Aus Politik und Zeitgeschichte, B 43, S. 34-45.

Lösche, Peter / Walter, Franz, 1996: Die FDP: Richtungsstreit und Zukunftszweifel. Darmstadt.

Luce, R. Duncan / Raiffa, Howard, 1989: Games and Decisions. Introduction and Critical Survey. Nachdruck, New York [1957].

Maor, Moshe, 1997: Political Parties and Party Systems. Comparative Approaches and the British Experience. London / New York.

Marcowitz, Reiner, 2002: Der schwierige Weg zur Einheit. Die Vereinigung der deutschen Liberalen 1989/90. Dresden 2002.

Marsh, Alan / Kaase, Max, 1979: Measuring Political Action, in: *Barnes, Samuel H. / Kaase, Max u.a.*: Political Action. Mass Participation in Five Western Democracies. Beverly Hills / London, S. 57-96.

May, John D., 1973: Opinion Structure of Political Parties: The Special Law of Curvilinear Disparity, in: Political Studies 21, S. 135-151.

Memmeler, Björn, 2002: Bündnis 90/Die Grünen, in: *Schmitt, Karl* (Hrsg.): Parteien in Thüringen – Ein Handbuch. Jena (Ms.).

Mensch, Kirsten, 1999: Die segmentierte Gültigkeit von Rational-Choice-Erklärungen. Warum Rational-Choice-Modelle die Wahlbeteiligung nicht erklären können. Opladen.

Meyenberg, Rüdiger, 1978: SPD in der Provinz. Empirische Untersuchung über die soziale Struktur, die politische Aktivität und das gesellschaftliche Bewusstsein von SPD-Mitgliedern am Beispiel des Unterbezirks Oldenburg (Oldb). Frankfurt am Main.

Milbrath, Lester W. / Goel, M. L., 1977: Political Participation. 2. Aufl. Chicago.

Mintzel, Alf / Oberreuter, Heinrich (Hrsg.), 1992: Parteien in der Bundesrepublik Deutschland, Opladen 2. Aufl.

Muller, Edward N., 1978: Ein Modell zur Vorhersage aggressiver politischer Partizipation, in: Politische Vierteljahresschrift 19, S. 514-558.

Muller, Edward N., 1979: Aggressive Political Participation. Princeton.

Muller, Edward N., 1982: An Explanatory Model for Differing Types of Participation, in: European Journal of Political Research 10, S. 1-16.

Muller, Edward N. / Opp, Karl-Dieter, 1986: Rational-Choice and Rebellious Collective Action, in: American Political Science Review 80, S. 471-487.

Muller, Edward N. / Opp, Karl-Dieter, 1987: Rebellious Collective Action Revisited, in: American Political Science Review 81, S. 557-564.

Narud, Hanne Marthe / Skare, Audrun, 1999: Are Party Activists the Party Extremists? The Structure of Opinion in Political Parties, in: Scandinavian Political Studies 22, S. 45-65.

Naßmacher, Hiltrud, 1994: Politikwissenschaft. München / Wien.

Neu, Viola, 1997: Die Mitglieder der CDU, in: *Bürklin, Wilhelm P. / Neu, Viola / Veen, Hans-Joachim*: Die Mitglieder der CDU. Interne Studie Nr. 148 der Konrad-Adenauer-Stiftung. St. Augustin, S. 17-72.

Neugebauer, Gero, 1994a: Die SPD: Im Osten auf neuen Wegen? (Berliner Arbeitshefte und Berichte zur sozialwissenschaftlichen Forschung Nr. 86). Berlin.

Neugebauer, Gero, 1994b: Im Aufschwung Ost. Die PDS. Eine Bilanz, in: Gegenwartskunde 43, S. 431-444.

Neugebauer, Gero, 1996: Die SPD, in: *Niedermayer, Oskar* (Hrsg.), Intermediäre Strukturen in Ostdeutschland. Opladen, S. 41-66.

Neugebauer, Gero / Stöss, Richard, 1996: Die PDS. Geschichte. Organisation. Wähler. Konkurrenten. Opladen.

Niclauß, Karlheinz, 2002: Das Parteiensystem der Bundesrepublik Deutschland. Eine Einführung. 2. Aufl. Paderborn u.a.

Nie, Norman H. / Verba, Sidney, 1975: Political Participation, in: *Greenstein, Fred I. / Polsby, Nelson W.* (Hrsg.): Handbook of Political Science. Vol. 4: Nongovernmental Politics. Reading, S. 1-74.

Niedermayer, Oskar / Schmitt, Hermann, 1983: Sozialstruktur, Partizipation und politischer Status in Parteiorganisationen, in: Politische Vierteljahresschrift 24, S. 293-310.

Niedermayer, Oskar, 1987: Innerparteiliche Partizipation der neuen Mitglieder, in: Ders. / *Reif, Karl-Heinz / Schmitt, Hermann* (Hrsg.): Neumitglieder in der SPD. Ergebnisse einer empirischen Untersuchung im Bezirk Pfalz. Neustadt.

Niedermayer, Oskar, 1989: Innerparteiliche Partizipation. Opladen.

Niedermayer, Oskar / Stöss, Richard (Hrsg.), 1993: Stand und Perspektiven der Parteienforschung in Deutschland. Wiesbaden.

Niedermayer, Oskar, 1994: Politische Repräsentation auf lokaler Ebene: Parteimitglieder und Funktionäre in Leipzig, in: Ders. / *Stöss, Richard* (Hrsg.): Parteien und Wähler im Umbruch. Opladen, S. 214-226.

Niedermayer, Oskar / Stöss, Richard (Hrsg.), 1994: Parteien und Wähler im Umbruch. Opladen.

Niedermayer, Oskar, (Hrsg.) 1996: Intermediäre Strukturen in Ostdeutschland. Opladen.

Niedermayer, Oskar, 2001: Beweggründe des Engagements in politischen Parteien, in: *Gabriel, Oscar W. / Ders. / Stöss, Richard* (Hrsg.): Parteiendemokratie in Deutschland. 2. Aufl. Bonn, S. 297-311.

Niedermayer, Oskar, 2001a: Von der Hegemonie zur Pluralität: Die Entwicklung des ostdeutschen Parteiensystems, in: *Bertram, Hans / Kollmorgen, Raj* (Hrsg.): Die Transformation Ostdeutschlands. Opladen.

Niedermayer, Oskar, 2001b: Entwicklung und Sozialstruktur der Parteimitgliedschaften im ersten Jahrzehnt nach der Vereinigung, in: Zeitschrift für Parlamentsfragen 32, S. 434-439.

Niedermayer, Oskar, 2001c: Nach der Vereinigung: Der Trend zum fluiden Fünfparteiensystem, in: *Gabriel, Oscar W. / Ders. / Stöss, Richard* (Hrsg.): Parteiendemokratie in Deutschland. 2. Aufl. Bonn, S. 107-127.

Niedermayer, Oskar, 2002: Parteimitgliedschaften im Jahr 2001, in: Zeitschrift für Parlamentsfragen 33, S. 361-367.

Oberndörfer, Dieter / Schmitt, Karl (Hrsg.), 1991: Parteien und regionale politische Traditionen in der Bundesrepublik Deutschland. Berlin.

Olson, Mancur, 1968: Die Logik des kollektiven Handelns. Kollektivgüter und die Theorie der Gruppen. Tübingen.

Opp, Karl-Dieter u.a. 1984: Soziale Probleme und Protestverhalten. Eine empirische Konfrontation des Modells rationalen Verhaltens mit soziologischen und demographischen Hypothesen am Beispiel von Atomkraftgegnern. Opladen.

Opp, Karl-Dieter, 1986: Soft Incentives and Collective Action: Participation in the Antinuclear Movement, in: British Journal of Political Science 16, S. 87-112.

Padgett, Stephen (Hrsg.), 1993: Parties and Party Systems in the New Germany. Aldeshot.

Pappi, Franz Urban, 1991: Wahrgenommenes Parteiensystem und Wahlentscheidung in Ost- und Westdeutschland, in: Aus Politik und Zeitgeschichte, B 44, S. 15-26.

Parry, Geraint / Moyser, George / Day, Neil, 1992: Political Participation and Democracy in Britain. Cambridge.

Patzelt, Werner J. / Algasinger, Karin, 1996: Das Parteiensystem Sachsens, in: *Niedermayer, Oskar* (Hrsg.): Intermediäre Strukturen in Ostdeutschland. Opladen, S. 237-262.

Pfahl-Traughber, Armin, 1995: Wandlung zur Demokratie? Die programmatische Entwicklung der PDS, in: Deutschland Archiv 28, S. 359-368.

Poguntke, Thomas / Schmitt-Beck, Rüdiger, 1994: Still the same with a new name? Bündnis 90/Die Grünen after the Fusion, in: German Politics 3, S. 91-113.

Poguntke, Thomas, 1996: Bündnis 90/Die Grünen, in: *Niedermayer, Oskar* (Hrsg.): Intermediäre Strukturen in Ostdeutschland. Opladen, S. 87-112.

Poguntke, Thomas, 2000: Parteiorganisation im Wandel. Gesellschaftliche Verankerung und organisatorische Anpassung im europäischen Vergleich, Wiesbaden.

Pollach, Günter / Wischermann, Jörg / Zeuner, Bodo, 2000: Ein nachhaltig anderes Parteiensystem. Profile und Beziehungen von Parteien in ostdeutschen Kommunen. Ergebnisse einer Befragung von Kommunalpolitikern. Opladen.

Pratchett, Lawrence, 1999: New Fashions in Public Participation: Towards Greater Democracy?, in: Parliamentary Affairs 52, S. 616-633.

Putnam, Robert D., 1995: Bowling Alone: America's Declining Social Capital, in: Journal of Democracy 6, S. 65-78.

Raschke, Joachim (Hrsg.), 1993: Die Grünen. Wie sie wurden, was sie sind. Köln.

Richter, Michael / Rissmann, Martin (Hrsg.) 1995: Die Ost-CDU: Beiträge zu ihrer Entstehung und Entwicklung. Weimar.

Riker, William H., 1997: The Ferment of the 1950s and the Development of Rational Choice Theory, in: *Monroe, Kristen R* (Hrsg.): Contemporary Empirical Political Theory, Berkeley / Los Angeles / London, S. 191-201.

Rose, Richard, 1962: The Political Ideas of English Party Activists, in: American Political Science Review 56, H. 2, S. 360-371.

Roth, Dieter, 1990: Die Wahlen zur Volkskammer in der DDR, in: Politische Vierteljahresschrift 31, S. 369-393.

Roth, Dieter, 1991: Die Volkskammerwahl in der DDR am 18. März 1990. Rationales Wählerverhalten beim ersten demokratischen Urnengang, in: *Liebert, Ulrike / Merkel, Wolfgang* (Hrsg.), Die Politik zur deutschen Einheit. Probleme - Strategien – Kontroversen. Opladen, S. 115-138.

Roth, Dieter / Emmert, Thomas, 1994: Wählerentscheidungen und Wählereinstellungen in Ostdeutschland vor und nach der ersten gesamtdeutschen Bundestagswahl, in: *Niedermayer, Oskar / Stöss, Richard* (Hrsg.), Parteien und Wähler im Umbruch. Parteiensystem und Wählerverhalten in der ehemaligen DDR und den neuen Bundesländern. Opladen, S. 239-265.

Rudzio, Wolfgang, 2000: Das politische System der Bundesrepublik Deutschland. 5. Aufl. Opladen.

Samuelson, Paul A., 1953: Comsumption Theorems in Terms of Overcompensation rather than Indifference Comparisons, in: Economica, Vol. XX, No. 77, S. 1-9.

Sauer, Thomas, 2002a: Die CDU, in: *Schmitt, Karl* (Hrsg.): Parteien in Thüringen – Ein Handbuch. Jena (Ms.).

Sauer, Thomas, 2002b: Die PDS, in: *Schmitt, Karl* (Hrsg.): Parteien in Thüringen – Ein Handbuch. Jena (Ms.).

Scarrow, Susan E., 1996: Parties and their Members. Organizing for Victory in Britain and Germany. Oxford.

Schefold, Dian, 1989: Politische Mitwirkung der Bürger auf Landesebene, in: Zeitschrift für Parlamentsfragen 20, S. 425-441.

Schieren, Stefan, 1996: Parteiinterne Mitgliederbefragungen: Ausstieg aus der Professionalität?, in: Zeitschrift für Parlamentsfragen 27, S. 214-229.

Schiller, Theo / Weinbach, Kerstin, 1996: Die FDP: Wahlen und Wähler, in: *Niedermayer, Oskar* (Hrsg.): Intermediäre Strukturen in Ostdeutschland. Opladen, S. 135-150.

Schlumberger, Friedrich-Claus, 1994: Organisatorische Probleme beim Aufbau der CDU Thüringen, in: *Schmid, Josef u.a.* (Hrsg.): Probleme der Einheit. Organisationsstrukturen und Probleme von Parteien und Verbänden. Marburg, S. 25-30.

Schmid, Josef u.a. (Hrsg.), 1994a: Probleme der Einheit. Organisationsstrukturen und Probleme von Parteien und Verbänden. Marburg.

Schmid, Josef, 1994b: Parteistrukturen nach der Einheit - Am Beispiel des Indikators Parteifinanzen, in: *ders. u.a.* (Hrsg.), Probleme der Einheit. Organisationsstrukturen und Probleme von Parteien und Verbänden. Marburg, S. 55-74.

Schmidt, Ute, 1991: Die Parteienlandschaft in Deutschland nach der Vereinigung, in: Gegenwartskunde 40, S. 515-544.

Schmidt, Ute, 1994: Transformation einer Volkspartei. Die CDU im Prozeß der deutschen Vereinigung. in: *Niedermayer, Oskar / Stöss, Richard* (Hrsg.): Parteien und Wähler im Umbruch. Opladen, S. 37-74.

Schmidt, Ute, 1996: Risse im Gefüge der vereinigten CDU, in: Frankfurter Hefte / Neue Gesellschaft, H. 4, S. 303-308.

Schmidt, Ute, 1996: Die CDU, in: *Niedermayer, Oskar* (Hrsg.): Intermediäre Strukturen in Ostdeutschland. Opladen, S. 13-39.

Schmidt, Ute, 1997: Von der Blockpartei zur Volkspartei? Die Ost-CDU im Umbruch 1989-1994. Opladen 1997.

Schmidt, Ute, 1998: Sieben Jahre nach der Einheit. Die ostdeutsche Parteienlandschaft im Vorfeld der Bundestagswahl 1998, in: Aus Politik und Zeitgeschichte B 1-2, S. 37-53.

Schmidt-Urban, Karin, 1981: Beteiligung und Führung in lokalen Parteieinheiten. Eine Studie zur organisationsbezogenen „Apathie" von Parteimitgliedern, durchgeführt in zwei Ortsvereinen der SPD. Frankfurt am Main.

Schmitt, Karl, 1991: Parteien und regionale politische Traditionen. Eine Einführung, in: *Oberndörfer, Dieter / Ders.* (Hrsg.): Parteien und regionale politische Traditionen. Berlin, S. 9-20.

Schmitt, Karl, 1993: Politische Landschaften im Umbruch. Das Gebiet der ehemaligen DDR 1928-1990, in: *Gabriel, Oscar W. / Troitzsch, Klaus* (Hrsg.): Wahlen in Zeiten des Umbruchs. Frankfurt am Main, S. 403-441.

Schmitt, Karl, 1994a: Thüringen: Umbrüche einer politischen Landschaft, in: *Jäger, Wolfgang u.a.* (Hrsg.): Republik und Dritte Welt. Festschrift für Dieter Oberndörfer zum 65. Geburtstag. Paderborn u.a., S. 383-392.

Schmitt, Karl, 1994b: Im Osten nichts Neues? Das Kernland der deutschen Arbeiterbewegung und die Zukunft der politischen Linken, in: *Bürklin, Wilhelm P. / Roth, Dieter* (Hrsg.): Das Superwahljahr. Bonn, S. 185-218.

Schmitt, Karl, 1995a: Die Landtagswahlen 1994 im Osten Deutschlands. Früchte des Föderalismus: Personalisierung und Regionalisierung, in: Zeitschrift für Parlamentsfragen 26, S. 261-295.

Schmitt, Karl, 1995b: Systemwandel und Wandel politischer Einstellungen in den neuen Bundesländern, in: *Benkenstein, Martin* (Hrsg.): Politische und wirtschaftliche Entwicklungen in Osteuropa - Perspektiven für die Neuen Bundesländer. München. S. 133-159.

Schmitt, Karl, 1996a: Wahlergebnisse: Kontinuität und Umbruch, in: *ders.* (Hrsg.): Thüringen. Eine politische Landeskunde. Köln / Weimar, S. 68-84.

Schmitt, Karl (Hrsg.), 1996b: Thüringen. Eine politische Landeskunde. Köln / Weimar.

Schmitt, Karl, 1999a: Koalitionsoptionen in Thüringen aus der Sicht der Parteimitglieder, in: *Haberl, Othmar Nikola / Korenke, Tobias* (Hrsg.): Politische Deutungskulturen. Festschrift für Karl Rohe zum 65. Geburtstag. Baden-Baden, S. 346-365.

Schmitt, Karl, 1999b: Christliche Abgeordnete in den ostdeutschen Landtagen. Sozialisation und politische Orientierungen, in: *Weilemann, Peter R. / Küsters, Hanns Jürgen / Buchstab, Günter* (Hrsg.): Macht und Zeitkritik. Festschrift für Hans-Peter Schwarz zum 65. Geburtstag. Paderborn u.a., S. 625-636.

Schmitt, Karl 2000a: Die Landtagswahlen in Brandenburg und Thüringen vom 5. und 12. September 1999: Landespolitische Entscheidungen im Schlagschatten der Bundespolitik, in: Zeitschrift für Parlamentsfragen 31, S. 43-68.

Schmitt, Karl 2000b: Parteimitglieder in Thüringen, in: *Esser, Hartmut* (Hrsg.): Der Wandel nach der Wende. Gesellschaft, Wirtschaft, Politik in Ostdeutschland. Wiesbaden, S. 91-112.

Schmitt, Karl 2001: Wählt der Osten anders? Eine Zwischenbilanz zehn Jahre nach der deutschen Wiedervereinigung, in: *Eith, Ulrich / Mielke, Gerd* (Hrsg.): Gesellschaftliche Konflikte und Parteiensysteme. Länder- und Regionalstudien. Wiesbaden, S. 96-110.

Schneider, Herbert 2001: Parteien in der Landespolitik, in: *Gabriel, Oscar W. / Niedermayer, Oskar / Stöss, Richard* (Hrsg.): Parteiendemokratie in Deutschland. 2. Aufl. Bonn, S. 385-405.

Schnell, Rainer / Hill, Paul B. / Esser, Elke, 1999: Methoden der empirischen Sozialforschung. 6. Aufl. München / Wien.

Seyd, Patrick / Whiteley, Paul F., 1992: Labour's Grass Roots. The Politics of Party Membership. Oxford.

Statistisches Bundesamt (Hrsg.), 1999: Statistisches Jahrbuch 1999 für die Bundesrepublik Deutschland. Stuttgart.

Stöss, Richard 2000: Mehr Kontinuität als Wandel. Das Parteiensystem vor und nach der Vereinigung, in: *Czada, Roland / Wollmann, Hellmut* (Hrsg.): Von der Bonner zur Berliner Republik. 10 Jahre Deutsche Einheit (Leviathan Sonderheft 19/1999). Wiesbaden.

Tan, Alexander C., 1997: Party Change and Party Membership Decline, in: Party Politics 3, S. 363-377.

Tan, Alexander C., 1998: The Impacts of Party Membership Size: A Cross-National Analysis, in: The Journal of Politics 60, S. 188-198.

Thüringer Landesamt für Statistik (Hrsg.), 1999: Statistisches Jahrbuch Thüringen 1999. Erfurt.

Uehlinger, Hans-Martin, 1988: Politische Partizipation in der Bundesrepublik. Opladen.

Ulbig, Stacy G. / Funk, Carolyn L., 1999: Conflict Avoidance and Political Participation, in: Political Behavior 21, S. 265-282.

Veen, Hans-Joachim u.a., 1990: DDR-Parteien im Vereinigungsprozeß. Profil und Organisationsstruktur der SPD, der Liberalen, der Grünen/Bündnis 90 und der PDS. Interne Studien Nr. 20 der Konrad-Adenauer-Stiftung. St. Augustin.

Veen, Hans-Joachim, 1992: Die Grünen zu Beginn der neunziger Jahre. Profil und Defizite einer fast etablierten Partei. Bonn u. a.

Veen, Hans-Joachim, 1994: Schluß, Neubeginn und Übergang - Die erste gesamtdeutsche Wahl und die Veränderungen der Wähler und Parteistrukturen in Deutschland, in: *Hübner, Emil / Oberreuter, Heinrich* (Hrsg.): Parteien in Deutschland zwischen Kontinuität und Wandel. München, S. 125-168.

Veen, Hans-Joachim / Neu, Viola, 1995: Politische Beteiligung in der Volkspartei. Erste Ergebnisse einer repräsentativen Untersuchung unter CDU-Mitgliedern. Interne Studie Nr. 113 der Konrad-Adenauer-Stiftung. Sankt Augustin.

Verba, Sidney / Nie, Norman H. / Kim, Jae-on, 1971: The Modes of Democratic Participation: A Cross-National Comparison. Beverly Hills.

Verba, Sidney / Nie, Norman H., 1972: Participation in America: Social Equality and Political Democracy. New York u.a.

Verba, Sidney / Nie, Norman H. / Kim, Jae-on, 1978: Participation and Political Equality. A Seven-Nation Comparison. Chicago / London.

Verba, Sidney / Schlozman, Kay Lehman / Brady, Henry / Nie, Norman H., 1993: Citizen Activity: Who Participates? What do they say?, in: American Political Science Review 87, S. 303-318.

Verba, Sidney / Schlozman, Kay Lehman / Brady, Henry E., 1995: Voice and Equality. Civic Voluntarism in American Politics. Cambridge / London.

Vetter, Angelika, 1997: Political Efficacy – Reliabilität und Validität: Alte und neue Messmodelle im Vergleich. Wiesbaden.

Volkens, Andrea / Klingemann, Hans-Dieter, 1992: Die Entwicklung der deutschen Parteien im Prozeß der Vereinigung, in: *Jesse, Eckardt / Mittag, Armin* (Hrsg.), Die Gestaltung der deutschen Einheit. Bonn, S. 189-214.

Vorländer, Hans, 1992: Die FDP nach der deutschen Vereinigung, in: Aus Politik und Zeitgeschichte B5, S. 14-20.

Vorländer, Hans, 1996: Die FDP: Entstehung und Entwicklung, in: *Niedermayer, Oskar* (Hrsg.): Intermediäre Strukturen in Ostdeutschland. Opladen, S. 113-133.

Walsken, Ernst-Martin / Wehrhöfer, Ulrich (Hrsg.), 1998: Mitgliederpartei im Wandel. Veränderungen am Beispiel der NRW-SPD. Münster u.a.

Walter, Franz, 1994: Partei der Bessergekleideten. Die FDP auf dem Weg zurück in die Zukunft, in: Blätter für deutsche und internationale Politik 39, S. 1091-1100.

Walter, Franz, 1995: Die SPD nach der deutschen Vereinigung, in: Zeitschrift für Parlamentsfragen 26, S. 85-112.

Werz, Nikolaus / Hennecke, Hans-Jörg (Hrsg.), 2000: Parteien und Politik in Mecklenburg-Vorpommern. München.

Whiteley, Paul F. u.a., 1993: Explaining Party Activism. The Case of the British Conservative Party, in: British Journal of Political Science 24, S. 79-94.

Whiteley, Paul F. / Seyd, Patrick / Richardson, Jeremy, 1994: True Blues. The Politics of Conservative Party Membership. Oxford.

Whiteley, Paul F., 1995: Rational Choice and Political Participation – Evaluating the Debate, in: Political Research Quarterly 48, S. 211-233.

Whiteley, Paul F. / Seyd, Patrick, 1996: Rationality and Party Activism: Encompassing Tests of Alternative Models of Political Participation, in: European Journal of Political Research 29, S. 215-234.

Whiteley, Paul F. / Seyd, Patrick, 1998: The Dynamics of Party Activism in Britain: A Spiral of Demobilization?, in: British Journal of Political Science 28, S. 113-137.

Widfeldt, Anders, 1995: Party Membership and Party Representativeness, in: *Klingemann, Hans-Dieter / Fuchs, Dieter* (Hrsg.): Beliefs in Government. Vol. 1: Citizens and the State. New York, S. 134-182.

Widfeldt, Anders, 1999: Loosing Touch? The Political Representativeness of Swedish Parties, 1985-1994, in: Scandinavian Political Studies 22, S. 307-326.

Wielgohs, Jan / Schulz, Marianne / Müller-Enbergs, Helmut, 1992: Bündnis 90. Entstehung, Entwicklung, Perspektiven. Ein Beitrag zur Parteienforschung im vereinigten Deutschland. Berlin.

Wilson, David, 1999: Exploring the Limits of Public Participation in Local Government, in: Parliamentary Affairs 52, S. 246-259.

Wittke, Thomas, 1994: Die FDP am Scheideweg, in: Aus Politik und Zeitgeschichte B1, S. 12-16.

Wolfinger, Raymond E. / Rosenstone, Steve J., 1980: Who votes? New Haven / London.

Wright, William E., 1971: Comparative Party Models: Rational-Efficient and Party Democracy, in: *ders.* (Hrsg.): A Comparative Study of Party Organization. Ohio, S. 17-54.

Zeschmann, Philip, 1997: Mitgliederbefragungen, Mitgliederbegehren und Mitgliederentscheide: Mittel gegen Politiker- und Parteienverdrossenheit?, in: Zeitschrift für Parlamentsfragen 28, S. 698-712.

Zintl, Reinhard, 1994: Die Kriterien der Wahlentscheidung in Rational-Choice-Modellen, in: *Rattinger, Hans / Gabriel, Oscar W. / Jagodzinski, Wolfgang* (Hrsg.): Wahlen und politische Einstellungen im vereinigten Deutschland. Frankfurt a. M., S. 501-523.

Zintl, Reinhard, 1997: Methodologischer Individualismus und individualistische Theorie, in: *Benz, Arthur / Seibel, Wolfgang* (Hrsg.): Theorieentwicklung in der Politikwissenschaft – eine Zwischenbilanz. Baden-Baden, S. 33-43.

Zimmerling, Ruth, 1994: 'Rational Choice'-Theorien: Fluch oder Segen für die Politikwissenschaft?, in: *Druwe, Ulrich / Kunz, Volker* (Hrsg.): Rational Choice in der Politikwissenschaft. Grundlagen und Anwendungen. Opladen, S. 14-25.

Anhang

1. **Dokumentation der wichtigsten verwendeten Variablen** — 157
    1.1 Aktivitäten — 157
    1.2 Soziodemographie — 162
    1.3 Erklärende Variablen — 165

2. **Standardisierte Regressionskoeffizienten der multiplen Regressionsanalyse mit den einzelnen Bestandteilen des Modells** — 171
    2.1 Ressourcen — 171
    2.2 Persönliches Umfeld — 171
    2.3 Intrinsische Motivationen — 172
    2.4 Extrinsische Motivationen — 172
    2.5 Kosten, Nutzen und Wirksamkeit — 173

3. **Tests für die Verbesserung des Modells durch einzelne Bestandteile (encompassing tests)** — 175

4. **Ergebnisse der Pfadanalyse** — 177
    4.1 Ergebnisse für die CDU — 177
        4.1.1 Abbildung — 177
        4.1.2 Regressionsgewichte — 178
        4.1.3 Standardisierte direkte Effekte — 179
        4.1.4 Standardisierte totale Effekte — 180
    4.2. Ergebnisse für die SPD — 181
        4.2.1 Abbildung — 181
        4.2.2 Regressionsgewichte — 182
        4.2.3 Standardisierte direkte Effekte — 183
        4.2.4 Standardisierte totale Effekte — 184

4.3	Ergebnisse für die PDS	185
4.3.1	Abbildung	185
4.3.2	Regressionsgewichte	186
4.3.3	Standardisierte direkte Effekte	187
4.3.4	Standardisierte totale Effekte	188
4.4	Ergebnisse für die FDP	189
4.4.1	Abbildung	189
4.4.2	Regressionsgewichte	190
4.4.3	Standardisierte direkte Effekte	191
4.4.4	Standardisierte totale Effekte	192
4.5	Ergebnisse für Bündnis 90/Die Grünen	193
4.5.1	Abbildung	193
4.5.2	Regressionsgewichte	194
4.5.3	Standardisierte direkte Effekte	195
4.5.4	Standardisierte totale Effekte	196

5. Fragebogen   197

1. Dokumentation der wichtigsten verwendeten Variablen

1.1 Aktivitäten

Wie häufig haben Sie in den letzten 12 Monaten folgende Aufgaben für Ihre Partei übernommen? (Frage Nr. 19 im Fragebogen, vgl. Anhang 5)

a) Neue Mitglieder für die Partei werben.

		PARTEI					Gesamt
		CDU	SPD	PDS	FDP	B90/GR	
sehr häufig	%	3,0	2,7	2,8	2,5	3,6	2,9
	N	14	17	16	8	8	63
eher häufig	%	5,8	6,1	4,1	3,2	8,1	5,3
	N	27	38	23	10	18	116
manchmal	%	21,0	24,2	13,5	8,9	24,0	18,5
	N	98	151	76	28	53	406
eher selten	%	21,4	22,4	20,8	16,8	25,3	21,3
	N	100	140	117	53	56	466
sehr selten/nie	%	48,8	44,6	58,8	68,6	38,9	52,0
	N	228	279	331	216	86	1140
Gesamt	%	100,0	100,0	100,0	100,0	100,0	100,0
	N	467	625	563	315	221	2191

b) Handzettel verteilen, Plakate kleben, Infostände betreuen.

		PARTEI					Gesamt
		CDU	SPD	PDS	FDP	B90/GR	
sehr häufig	%	2,4	3,8	8,6	2,9	2,7	4,6
	N	11	24	51	9	6	101
eher häufig	%	5,2	11,0	14,2	3,2	6,3	9,1
	N	24	69	84	10	14	201
manchmal	%	15,0	20,7	24,1	7,1	19,8	18,4
	N	69	130	142	22	44	407
eher selten	%	14,6	17,1	15,9	10,6	18,0	15,4
	N	67	107	94	33	40	341
sehr selten/nie	%	62,8	47,4	37,1	76,2	53,2	52,5
	N	289	297	219	237	118	1160
Gesamt	%	100,0	100,0	100,0	100,0	100,0	100,0
	N	460	627	590	311	222	2210

c) Organisatorische Aufgaben übernehmen.

		PARTEI					Gesamt
		CDU	SPD	PDS	FDP	B90/GR	
sehr häufig	%	6,4	8,1	9,3	7,0	10,8	8,2
	N	30	50	54	22	24	180
eher häufig	%	13,9	15,6	17,1	10,1	16,2	14,9
	N	65	97	99	32	36	329
manchmal	%	23,5	25,6	21,8	14,6	20,3	22,0
	N	110	159	126	46	45	486
eher selten	%	13,9	14,0	15,7	11,4	15,8	14,2
	N	65	87	91	36	35	314
sehr selten/nie	%	42,3	36,6	36,1	57,0	36,9	40,6
	N	198	227	209	180	82	896
Gesamt	%	100,0	100,0	100,0	100,0	100,0	100,0
	N	468	620	579	316	222	2205

d) Sich aktiv an Diskussionen über kommunalpolitische Themen beteiligen.

		PARTEI					Gesamt
		CDU	SPD	PDS	FDP	B90/GR	
sehr häufig	%	18,9	21,0	12,8	17,6	13,4	17,2
	N	91	133	76	57	30	387
eher häufig	%	28,4	30,1	26,4	21,9	26,3	27,2
	N	137	191	156	71	59	614
manchmal	%	23,4	23,3	29,9	27,2	27,7	26,1
	N	113	148	177	88	62	588
eher selten	%	10,8	10,4	15,9	7,4	15,2	12,0
	N	52	66	94	24	34	270
sehr selten/nie	%	18,5	15,1	15,0	25,9	17,4	17,6
	N	89	96	89	84	39	397
Gesamt	%	100,0	100,0	100,0	100,0	100,0	100,0
	N	482	634	592	324	224	2256

e) Sich aktiv an Diskussionen über landespolitische Themen beteiligen.

		PARTEI					Gesamt
		CDU	SPD	PDS	FDP	B90/GR	
sehr häufig	%	8,5	10,7	8,6	7,8	9,4	9,1
	N	40	67	49	25	21	202
eher häufig	%	23,9	23,0	18,4	18,1	16,1	20,6
	N	113	144	105	58	36	456
manchmal	%	23,9	28,4	25,2	24,4	31,7	26,4
	N	113	178	144	78	71	584
eher selten	%	17,8	17,7	22,6	16,6	20,1	19,1
	N	84	111	129	53	45	422
sehr selten/nie	%	26,0	20,3	25,2	33,1	22,8	24,9
	N	123	127	144	106	51	551
Gesamt	%	100,0	100,0	100,0	100,0	100,0	100,0
	N	473	627	571	320	224	2215

f) Sich aktiv an Diskussionen über bundespolitische Themen beteiligen.

		PARTEI					Gesamt
		CDU	SPD	PDS	FDP	B90/GR	
sehr häufig	%	9,6	9,7	11,0	9,1	9,4	9,9
	N	45	61	63	29	21	219
eher häufig	%	18,4	24,6	20,8	19,2	16,1	20,7
	N	86	154	119	61	36	456
manchmal	%	27,2	27,1	25,6	20,8	26,3	25,7
	N	127	170	146	66	59	568
eher selten	%	15,8	17,2	18,4	17,0	19,6	17,5
	N	74	108	105	54	44	385
sehr selten/nie	%	28,9	21,4	24,2	33,8	28,6	26,2
	N	135	134	138	107	64	578
Gesamt	%	100,0	100,0	100,0	100,0	100,0	100,0
	N	467	627	571	317	224	2206

g)   In Vereinigungen der Partei mitarbeiten.

		PARTEI					Gesamt
		CDU	SPD	PDS	FDP	B90/GR	
sehr häufig	%	4,5	7,2	4,3	3,9	3,6	5,0
	N	20	44	23	12	8	107
eher häufig	%	6,3	10,4	6,7	6,5	6,4	7,6
	N	28	64	36	20	14	162
manchmal	%	11,2	10,1	6,5	5,5	9,5	8,7
	N	50	62	35	17	21	185
eher selten	%	16,0	13,5	8,9	12,9	9,1	12,3
	N	71	83	48	40	20	262
sehr selten/nie	%	62,0	58,8	73,6	71,3	71,4	66,3
	N	276	361	396	221	157	1411
Gesamt	%	100,0	100,0	100,0	100,0	100,0	100,0
	N	445	614	538	310	220	2127

h)   Bei Bedarf zusätzlich Geld spenden.

		PARTEI					Gesamt
		CDU	SPD	PDS	FDP	B90/GR	
sehr häufig	%	2,1	2,1	14,6	1,6	2,2	5,6
	N	10	13	94	5	5	127
eher häufig	%	9,4	9,4	26,3	6,1	3,6	13,2
	N	44	59	170	19	8	300
manchmal	%	24,9	27,6	43,5	20,1	26,0	30,4
	N	117	173	281	63	58	692
eher selten	%	21,3	18,7	8,8	13,1	15,7	15,4
	N	100	117	57	41	35	350
sehr selten/nie	%	42,2	42,2	6,8	59,2	52,5	35,5
	N	198	264	44	186	117	809
Gesamt	%	100,0	100,0	100,0	100,0	100,0	100,0
	N	469	626	646	314	223	2278

Partizipation in politischen Parteien 161

i) Bei sozialen Aktionen der Partei mitmachen (z.B. Seniorenbetreuung, Hausbesuche alter/ kranker Mitglieder).

		PARTEI					Gesamt
		CDU	SPD	PDS	FDP	B90/GR	
sehr häufig	%	4,0	3,9	8,6	2,8	,5	4,7
	N	19	24	51	9	1	104
eher häufig	%	7,8	5,8	15,0	6,9	2,7	8,6
	N	37	36	89	22	6	190
manchmal	%	16,7	12,8	19,7	10,4	5,5	14,4
	N	79	79	117	33	12	320
eher selten	%	19,9	17,2	15,7	12,9	12,7	16,3
	N	94	106	93	41	28	362
Sehr selten/nie	%	51,6	60,3	41,0	67,0	78,6	56,1
	N	244	372	243	213	173	1245
Gesamt	%	100,0	100,0	100,0	100,0	100,0	100,0
	N	473	617	593	318	220	2221

j) Sich an Diskussionen über Personalfragen beteiligen.

		PARTEI					Gesamt
		CDU	SPD	PDS	FDP	B90/GR	
sehr häufig	%	3,9	5,2	2,8	4,1	4,9	4,1
	N	18	32	16	13	11	90
eher häufig	%	11,0	12,7	9,7	9,8	9,9	10,9
	N	51	79	56	31	22	239
manchmal	%	22,0	22,2	17,4	16,1	21,5	20,0
	N	102	138	100	51	48	439
eher selten	%	17,3	16,9	15,1	13,2	20,2	16,3
	N	80	105	87	42	45	359
sehr selten/nie	%	45,8	43,0	55,0	56,8	43,5	48,7
	N	212	267	316	180	97	1072
Gesamt	%	100,0	100,0	100,0	100,0	100,0	100,0
	N	463	621	575	317	223	2199

k) Für ein Amt oder Mandat kandidieren.

		PARTEI					Gesamt
		CDU	SPD	PDS	FDP	B90/GR	
sehr häufig	%	4,1	6,2	2,6	5,5	3,7	4,5
	N	19	38	15	17	8	97
eher häufig	%	10,6	7,6	3,5	4,8	8,7	6,9
	N	49	46	20	15	19	149
manchmal	%	9,9	10,7	3,7	10,3	8,7	8,4
	N	46	65	21	32	19	183
eher selten	%	11,7	11,3	7,4	6,1	7,3	9,2
	N	54	69	42	19	16	200
sehr selten/nie	%	63,7	64,2	82,7	73,3	71,7	71,0
	N	295	391	470	228	157	1541
Gesamt	%	100,0	100,0	100,0	100,0	100,0	100,0
	N	463	609	568	311	219	2170

1.2 Soziodemographie

Geschlecht

		PARTEI					Gesamt
		CDU	SPD	PDS	FDP	B90/GR	
männlich	%	75,4	74,5	57,1	80,3	64,2	69,7
	N	399	500	397	285	147	1728
weiblich	%	24,6	25,5	42,9	19,7	35,8	30,3
	N	130	171	298	70	82	751
Gesamt	%	100,0	100,0	100,0	100,0	100,0	100,0
	N	529	671	695	355	229	2479

Welchen höchsten Bildungsabschluss haben Sie?

		PARTEI					Gesamt
		CDU	SPD	PDS	FDP	B90/GR	
POS/Hauptsch.	%	36,0	28,4	27,4	17,0	17,8	27,1
	N	187	187	176	60	41	651
EOS/Abitur	%	6,3	9,4	2,0	6,8	10,0	6,4
	N	33	62	13	24	23	155
Fachschule	%	31,2	26,4	36,7	29,7	23,5	30,4
	N	162	174	236	105	54	731
Hochschule	%	26,5	35,8	33,9	46,5	48,7	36,1
	N	138	236	218	164	112	868
Gesamt	%	100,0	100,0	100,0	100,0	100,0	100,0
	N	520	659	643	353	230	2405

Falls Sie derzeit berufstätig sind oder früher berufstätig waren, welcher dieser Berufsgruppen gehör(t)en Sie an?

		PARTEI					Gesamt
		CDU	SPD	PDS	FDP	B90/GR	
(Fach)Arbeiter	%	19,0	19,5	17,5	5,5	9,3	15,9
	N	99	124	116	19	19	377
Lehrberuf	%	8,4	6,8	12,8	10,2	9,8	9,6
	N	44	43	85	35	20	227
einf./mittl. Angest.	%	22,8	30,9	43,4	18,0	39,5	31,5
	N	119	196	287	62	81	745
höh./geh. Angest.	%	15,5	18,6	17,1	26,7	19,5	18,8
	N	81	118	113	92	40	444
einf./mittl. Beamte	%	1,0	,9	2,3	2,0	1,5	1,5
	N	5	6	15	7	3	36
höh./geh. Beamte	%	8,2	8,3	1,5	9,6	2,9	6,1
	N	43	53	10	33	6	145
Landwirt	%	5,0	,2	,9	1,2	,5	1,6
	N	26	1	6	4	1	38
Handw./Untern.	%	14,4	7,4	2,1	17,4	6,3	8,8
	N	75	47	14	60	13	209
Freie Berufe	%	5,6	6,1	2,0	8,7	9,3	5,5
	N	29	39	13	30	19	130
nicht berufst.	%	,2	1,3	,5	,6	1,5	,7
	N	1	8	3	2	3	17
Gesamt	%	100,0	100,0	100,0	100,0	100,0	100,0
	N	522	635	662	344	205	2368

Sind Sie zur Zeit berufstätig?

		PARTEI					Gesamt
		CDU	SPD	PDS	FDP	B90/GR	
Vollzeit	%	55,7	60,3	18,6	61,2	59,8	47,6
	N	296	401	130	218	137	1182
Teilzeit	%	4,0	5,1	1,6	5,9	12,2	4,6
	N	21	34	11	21	28	115
Ausbild./Wehr/Zivild.	%	,9	4,1	,4	1,1	10,0	2,5
	N	5	27	3	4	23	62
Rentner	%	29,4	20,9	73,6	25,0	4,4	36,6
	N	156	139	515	89	10	909
arbeitslos	%	8,7	8,4	5,7	6,5	10,5	7,6
	N	46	56	40	23	24	189
Hausfrau/mann	%	1,3	1,2	,1	,3	3,1	1,0
	N	7	8	1	1	7	24
Gesamt	%	100,0	100,0	100,0	100,0	100,0	100,0
	N	531	665	700	356	229	2481

Um die Stellung einer Person in der Gesellschaft zu charakterisieren, benutzt man immer wieder Begriffe wie Oberschicht, Mittelschicht, Unterschicht. Wie würden Sie im großen und ganzen die soziale Schicht kennzeichnen, der Sie angehören?

		PARTEI					Gesamt
		CDU	SPD	PDS	FDP	B90/GR	
Unterschicht	%	7,2	7,9	27,7	5,1	,5	12,2
	N	38	52	187	18	1	296
2	%	12,7	16,5	29,3	11,1	19,4	18,7
	N	67	109	198	39	43	456
3	%	64,7	61,2	40,7	66,4	57,2	56,6
	N	341	403	275	233	127	1379
4	%	13,3	12,4	1,9	15,7	21,2	11,0
	N	70	82	13	55	47	267
Oberschicht	%	2,1	2,0	,4	1,7	1,8	1,5
	N	11	13	3	6	4	37
Gesamt	%	100,0	100,0	100,0	100,0	100,0	100,0
	N	527	659	676	351	222	2435

1.3 Erklärende Variablen

In welchen weiteren Organisationen, außer Ihrer Partei sind Sie Mitglied?
- in einer Gewerkschaft
- in einem Berufsverband
- in einem Betriebs-/ Personalrat
- in einer kirchlichen Gruppe
- in einem Umweltverband
- in einem Sport-/Jugend-/Freizeitverein
- in einem Wohlfahrtsverband
- in einer Bürgerinitiative
- in der Freiwilligen Feuerwehr
- in anderen Organisationen

Anzahl der Organisationen (Frage Nr. 21)

		PARTEI					Gesamt
		CDU	SPD	PDS	FDP	B90/GR	
Keine	%	23,9	21,0	30,7	24,9	16,3	24,5
	N	129	141	217	89	38	614
Eine	%	36,9	33,1	45,2	41,1	34,3	38,6
	N	199	223	319	147	80	968
Zwei	%	25,8	28,7	16,7	24,6	24,0	23,7
	N	139	193	118	88	56	594
Drei	%	9,3	11,9	5,9	7,0	16,3	9,4
	N	50	80	42	25	38	235
Vier	%	3,7	4,2	1,3	1,7	6,0	3,1
	N	20	28	9	6	14	77
Fünf	%	,2	1,0	,1	,6	1,7	,6
	N	1	7	1	2	4	15
Sechs	%	,2	,1		,3	1,3	,2
	N	1	1		1	3	6
Gesamt	%	100,0	100,0	100,0	100,0	100,0	100,0
	N	539	673	706	358	233	2509

Gibt es in Ihrer Familie weitere Parteimitglieder? (Frage Nr. 3)

		PARTEI					Gesamt
		CDU	SPD	PDS	FDP	B90/GR	
Nein	%	59,9	68,5	47,0	71,5	65,7	60,7
	N	322	461	332	256	153	1524
Ja	%	40,1	31,5	53,0	28,5	34,3	39,3
	N	216	212	375	102	80	985
Gesamt	%	100,0	100,0	100,0	100,0	100,0	100,0
	N	538	673	707	358	233	2509

Und wie ist es in Ihrem Freundeskreis: Neigen die meisten Ihrer Freunde der (CDU, ...) zu, neigen sie eher einer anderen oder keiner Partei zu? (Frage Nr. 5)

		PARTEI					Gesamt
		CDU	SPD	PDS	FDP	B90/GR	
gleiche Partei	%	48,7	45,7	73,9	20,1	56,5	51,4
	N	243	288	488	67	122	1208
andere Partei	%	5,1	9,0	2,1	20,7	7,9	7,8
	N	27	57	14	69	17	184
keine Partei	%	46,2	45,2	24,0	59,2	35,6	40,8
	N	234	285	167	197	77	960
Gesamt	%	100,0	100,0	100,0	100,0	100,0	100,0
	N	504	630	669	333	216	2352

Absolute Differenz zwischen der Einstufung der eigenen Position auf der Links-Rechts-Skala (Frage Nr. 27) und der Einstufung der eigenen Partei auf dieser Skala (Frage Nr. 28)

		PARTEI					Gesamt
		CDU	SPD	PDS	FDP	B90/GR	
keine Differenz	%	44,9	30,9	67,6	33,7	43,3	45,7
	N	206	192	431	106	94	1029
ein Punkt	%	31,4	39,5	25,5	35,9	39,6	33,4
	N	144	245	163	113	86	751
2 Punkte und mehr	%	23,7	29,6	6,9	30,5	17,1	20,9
	N	109	184	44	96	37	470
Gesamt	%	100,0	100,0	100,0	100,0	100,0	100,0
	N	459	621	638	315	217	2250

Absolute Differenz zwischen Selbsteinschätzung und Einschätzung der eigenen Partei bei fünf politischen Sachfragen (Frage Nr. 33)

		PARTEI					Gesamt
		CDU	SPD	PDS	FDP	B90/GR	
gering 0-5 Punkte	%	42,8	49,8	81,7	41,2	75,0	58,2
	N	211	310	512	134	165	1332
hoch 6 Punkte und mehr	%	57,2	50,2	18,3	58,8	25,0	41,8
	N	282	313	115	191	55	956
Gesamt	%	100,0	100,0	100,0	100,0	100,0	100,0
	N	493	623	627	325	220	2288

Einschätzung der Eigenkompetenz (Interne Efficacy)
(Kombination von Frage Nr. 39i und 39l)

		PARTEI					Gesamt
		CDU	SPD	PDS	FDP	B90/GR	
gering 2-6	%	34,3	24,3	43,6	33,5	21,7	32,7
	N	173	157	274	112	50	766
hoch 7-10	%	65,7	75,7	56,4	66,5	78,3	67,3
	N	332	490	354	222	180	1578
Gesamt	%	100,0	100,0	100,0	100,0	100,0	100,0
	N	505	647	628	334	230	2344

Einschätzung der Reaktionsbereitschaft des politischen Systems (Externe Efficacy) (Kombination von Frage Nr. 39j und 39k)

		PARTEI					Gesamt
		CDU	SPD	PDS	FDP	B90/GR	
groß 5-14	%	27,3	31,3	50,6	27,5	60,6	37,7
	N	120	183	265	76	117	761
gering 15-25	%	72,7	68,7	49,4	72,5	39,4	62,3
	N	319	402	259	200	76	1256
Gesamt	%	100,0	100,0	100,0	100,0	100,0	100,0
	N	439	585	524	276	193	2017

Wie stark fühlen Sie sich heute – alles in allem – Ihrer Partei verbunden? (Frage Nr. 10)

		PARTEI					Gesamt
		CDU	SPD	PDS	FDP	B90/GR	
sehr stark	%	9,5	11,4	28,4	6,8	8,7	14,9
	N	50	76	198	24	20	368
stark	%	35,6	40,8	55,2	22,4	46,3	41,6
	N	187	272	385	79	107	1030
mittelmäßig	%	39,7	36,9	15,2	38,5	37,2	31,6
	N	209	246	106	136	86	783
eher schwach	%	8,9	8,8	1,2	22,9	5,2	8,4
	N	47	59	8	81	12	207
sehr schwach	%	6,3	2,1		9,4	2,6	3,5
	N	33	14		33	6	86
Gesamt	%	100,0	100,0	100,0	100,0	100,0	100,0
	N	526	667	697	353	231	2474

Zuweisung positiver Eigenschaften zur eigenen Parteien
(Summe der Fragen Nr. 34 a-e)

		PARTEI					Gesamt
		CDU	SPD	PDS	FDP	B90/GR	
stark 5-10	%	36,6	19,3	69,0	14,1	20,7	36,3
	N	187	126	462	47	46	868
gering 11-25	%	63,4	80,7	31,0	85,9	79,3	63,7
	N	324	526	208	286	176	1520
Gesamt	%	100,0	100,0	100,0	100,0	100,0	100,0
	N	511	652	670	333	222	2388

Häufigkeit der parteiinternen Informationsmaterialien
(Summe der Fragen Nr. 13 a-c)

		PARTEI					Gesamt
		CDU	SPD	PDS	FDP	B90/GR	
oft 2-6	%	34,3	34,9	46,7	37,7	74,8	42,5
	N	140	196	222	109	160	827
selten 7-12	%	65,7	65,1	53,3	62,3	25,2	57,5
	N	268	365	253	180	54	1120
Gesamt	%	100,0	100,0	100,0	100,0	100,0	100,0
	N	408	561	475	289	214	1947

Einstellung gegenüber verschiedenen Parteiorganisationsformen: Input-Orientierung (Summe der Fragen Nr. 35a und 35d)

		PARTEI					Gesamt
		CDU	SPD	PDS	FDP	B90/GR	
dafür 2-5	%	58,9	57,8	59,5	55,9	67,1	59,1
	N	298	377	391	190	153	1409
dagegen 6-10	%	41,1	42,2	40,5	44,1	32,9	40,9
	N	208	275	266	150	75	974
Gesamt	%	100,0	100,0	100,0	100,0	100,0	100,0
	N	506	652	657	340	228	2383

Einstellung gegenüber verschiedenen Parteiorganisationsformen: Output-Orientierung (Summe der Fragen Nr. 35b, c und f)

		PARTEI					Gesamt
		CDU	SPD	PDS	FDP	B90/GR	
dafür 3-8	%	74,0	66,2	80,7	65,2	42,0	69,5
	N	378	433	534	223	94	1662
dagegen 9-15	%	26,0	33,8	19,3	34,8	58,0	30,5
	N	133	221	128	119	130	731
Gesamt	%	100,0	100,0	100,0	100,0	100,0	100,0
	N	511	654	662	342	224	2393

Wie zufrieden sind Sie, alles in allem, mit der Arbeit ihres Ortsverbandes? (Frage Nr. 14)

		PARTEI					Gesamt
		CDU	SPD	PDS	FDP	B90/GR	
zufrieden 1+2	%	36,4	40,4	63,0	22,3	35,7	42,8
	N	188	263	418	75	82	1026
unzufrieden 3-5	%	63,6	59,6	37,0	77,7	64,3	57,2
	N	328	388	246	261	148	1371
Gesamt	%	100,0	100,0	100,0	100,0	100,0	100,0
	N	516	651	664	336	230	2397

Einschätzung der Kosten der Parteiarbeit (Summe der Fragen Nr. 39b, c und d)

		PARTEI					Gesamt
		CDU	SPD	PDS	FDP	B90/GR	
niedrig 3-9	%	49,2	50,2	75,8	54,5	35,4	56,1
	N	247	326	483	181	80	1317
hoch 10-15	%	50,8	49,8	24,2	45,5	64,6	43,9
	N	255	324	154	151	146	1030
Gesamt	%	100,0	100,0	100,0	100,0	100,0	100,0
	N	502	650	637	332	226	2347

Einschätzung des Nutzens der Parteiarbeit (Summe der Fragen Nr. 39 a, f, g und h)

		PARTEI					Gesamt
		CDU	SPD	PDS	FDP	B90/GR	
niedrig 4-12	%	29,8	33,4	24,7	35,7	42,1	31,4
	N	149	217	156	119	93	734
hoch 13-20	%	70,2	66,6	75,3	64,3	57,9	68,6
	N	351	432	475	214	128	1600
Gesamt	%	100,0	100,0	100,0	100,0	100,0	100,0
	N	500	649	631	333	221	2334

Einschätzung der Wirksamkeit formaler Aktivitäten
(Summe der Fragen Nr. 20 b, c, h und i)

		PARTEI					Gesamt
		CDU	SPD	PDS	FDP	B90/GR	
unwirksam 4-12	%	44,0	40,8	24,1	57,5	40,1	39,0
	N	216	267	158	187	89	917
wirksam 13-20	%	56,0	59,2	75,9	42,5	59,9	61,0
	N	275	388	498	138	133	1432
Gesamt	%	100,0	100,0	100,0	100,0	100,0	100,0
	N	491	655	656	325	222	2349

Einschätzung der Wirksamkeit inhaltlicher Aktivitäten
(Summe der Fragen Nr. 20 a, d, e, f, j und k)

		PARTEI					Gesamt
		CDU	SPD	PDS	FDP	B90/GR	
unwirksam 6-18	%	28,7	24,0	37,0	29,8	22,5	29,3
	N	141	157	243	97	50	688
wirksam 19-30	%	71,3	76,0	63,0	70,2	77,5	70,7
	N	350	498	413	228	172	1661
Gesamt	%	100,0	100,0	100,0	100,0	100,0	100,0
	N	491	655	656	325	222	2349

2. Standardisierte Regressionskoeffizienten der multiplen Regressionsanalyse mit den einzelnen Bestandteilen des Modells

2.1 Ressourcen

	Formale Aktivität					Inhaltliche Aktivität				
	CDU	SPD	PDS	FDP	BGR	CDU	SPD	PDS	FDP	BGR
Bildung	.04	-.08	.07	.08	-.09	.06	-.07	.01	-.01	.04
Alter	.08	**.11**	**-.12**	**-.18**	-.02	.00	.08	**-.22**	-.13	.03
Geschlecht	-.07	**-.11**	.08	.06	-.03	.09	**.12**	**.24**	.13	.06
Berufstätigkeit	.04	.07	**-.15**	-.10	-.11	**.13**	.03	-.09	.00	.04
Schicht	.08	.00	.05	-.00	.14	**.11**	.01	.06	.04	.08
Varianzaufklärung insgesamt (R^2)	1,7	2,5	2,8	2,5	3,0	5,4	2,1	8,9	3,5	1,8

Signifikanzniveau: **p<0.05**   **p<0.01**   Rest nicht signifikant

2.2 Persönliches Umfeld

	Formale Aktivität					Inhaltliche Aktivität				
	CDU	SPD	PDS	FDP	BGR	CDU	SPD	PDS	FDP	BGR
Homogenität des persönlichen Umfelds	**.13**	.06	**.13**	**.22**	.06	**.18**	.07	-.01	**.18**	.14
Organisationsmitgliedschaft	**.17**	**.18**	**.25**	**.15**	.08	**.20**	**.18**	**.28**	.14	.12
Varianzaufklärung insgesamt (R^2)	4,8	3,8	7,8	8,2	1,3	7,3	3,8	7,9	5,9	4,1

Signifikanzniveau: **p<0.05**   **p<0.01**   Rest nicht signifikant

2.3 Intrinsische Motivationen

	Formale Aktivität					Inhaltliche Aktivität				
	CDU	SPD	PDS	FDP	BGR	CDU	SPD	PDS	FDP	BGR
Parteiverbundenheit	.19	.29	.28	.32	.24	.20	.29	.24	.24	.33
Eigenkompetenz	.10	.08	.20	.21	.04	.35	.28	.34	.33	.23
Reaktionsbereitschaft des pol. Systems	.03	.11	.02	.11	-.02	.01	.03	-.03	.10	-.05
Ideologische Differenz	.03	.04	-.03	.07	.03	.02	.03	-.03	.04	.07
Inhaltliche Differenz	-.10	-.04	-.06	-.06	.04	-.04	-.00	-.01	-.11	-.00
Varianzaufklärung insgesamt (R^2)	8,5	12,9	15,9	20,0	5,9	20,0	18,8	21,1	24,4	19,7

Signifikanzniveau: **p<0.05** **p<0.01** Rest nicht signifikant

2.4 Extrinsische Motivationen

	Formale Aktivität					Inhaltliche Aktivität				
	CDU	SPD	PDS	FDP	BGR	CDU	SPD	PDS	FDP	BGR
Zufriedenheit mit dem eigenen Ortsverband	.19	.12	.01	.20	-.15	.12	-.01	-.05	.14	-.05
Häufigkeit parteiinterner Informationen	.26	.17	.34	.22	.22	.20	.14	.20	.22	.28
Input-Orientierung	-.08	.04	.12	.07	.18	-.08	.05	.08	.02	.02
Output-Orientierung	-.03	.08	.01	-.02	-.05	-.04	.04	-.09	-.08	-.11
Zuweisung pos. Eigenschaften zur Partei	.02	.10	.06	-.09	.05	.00	.13	.03	-.06	.04
Stärke des Einflusses „einfacher" Mitglieder	.13	.10	.05	.23	.23	.14	.10	.23	.23	.20
Varianzaufklärung insgesamt (R^2)	17,1	11,1	16,1	16,0	15,6	10,3	6,3	13,5	13,4	14,4

Signifikanzniveau: **p<0.05** **p<0.01** Rest nicht signifikant

2.5 Kosten, Nutzen und Wirksamkeit

	Formale Aktivität					Inhaltliche Aktivität				
	CDU	SPD	PDS	FDP	BGR	CDU	SPD	PDS	FDP	BGR
Kosten	.04	-.04	-.07	**-.12**	.02	-.01	-.07	-.07	**-.20**	.01
Nutzen	**.20**	**.16**	**.22**	**.21**	**.23**	**.17**	**.17**	**.17**	**.20**	**.26**
Wirksamkeit formaler Aktivität	**.24**	**.32**	**.62**	.18	.21	-.12	-.05	.06	-.15	-.10
Wirksamkeit inhaltlicher Aktivität	-.05	-.07	**-.34**	-.05	.05	**.41**	**.33**	**.23**	**.28**	**.32**
Varianzaufklärung insgesamt (R^2)	9,6	13,9	30,4	10,6	14,9	16,6	15,4	12,8	15,2	16,9

Signifikanzniveau: **p<0.05**   **p<0.01**   Rest nicht signifikant

3. Tests für die Verbesserung des Modells durch einzelne Bestandteile (encompassing tests)

Im Folgenden sind die encompassing tests für alle Bestandteile des additiven Modells wiedergegeben. Die angegebenen Werte sind die standardisierten Regressionskoeffizienten für den jeweiligen Bestandteil, wenn er in die multiple Regressionsanalyse eingeführt wurde, nachdem bereits alle anderen Variablen enthalten waren. Das Signifikanzniveau und die Höhe des Koeffizienten gibt Aufschluss darüber, ob und wie stark der Bestandteil zur Verbesserung des Regressionsmodells in der Lage ist, wenn bereits alle anderen Variablen enthalten sind. Der Übersichtlichkeit halber sind nur die Koeffizienten der Bestandteile angegeben.

	Formale Aktivität					Inhaltliche Aktivität				
	CDU	SPD	PDS	FDP	BGR	CDU	SPD	PDS	FDP	BGR
Ressourcen	.06	**.10**	**.11**	.10	**.18**	.06	**.09**	**.16**	**.12**	.07
Persönliches Umfeld	**.11**	**.19**	**.12**	**.14**	.01	**.10**	**.14**	**.13**	.09	.02
Intrinsische Motivationen	.04	**.17**	**.14**	**.29**	.11	**.23**	**.28**	**.28**	**.33**	**.36**
Extrinsische Motivationen	**.35**	**.17**	**.19**	**.26**	**.38**	**.23**	.10	**.20**	**.20**	**.26**
Kosten, Nutzen und Wirksamkeit	**.25**	**.22**	**.41**	**.19**	.18	**.25**	**.23**	**.16**	**.20**	.18

Signifikanzniveau: $p<0.05$ $p<0.01$ Rest nicht signifikant

4. Ergebnisse der Pfadanalyse
4.1 Ergebnisse für die CDU
4.1.1 Abbildung

Die folgende Abbildung zeigt nur die besonders relevanten direkten Effekte (standardisierte Regressionskoeffizienten >0,195, multipliziert mit 100, p<0.01)

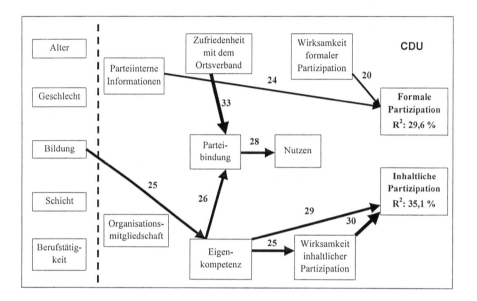

4.1.2 Regressionsgewichte

			Estimate	S.E.	C.R.	P
Parteiinterne Infos	→	Eigenkompetenz	0,048	0,031	1,514	0,130
Organisationsmitgliedschaft	→	Eigenkompetenz	0,233	0,069	3,382	0,001
Bildung	→	Eigenkompetenz	0,368	0,062	5,898	0,000
parteiinterne Infos	→	Zufriedenheit mit OV	0,046	0,021	2,180	0,029
Eigenkompetenz	→	Parteibindung	0,141	0,022	6,424	0,000
parteiinterne Infos	→	Parteibindung	0,058	0,016	3,595	0,000
Zufriedenheit mit OV	→	Parteibindung	0,285	0,034	8,399	0,000
Parteibindung	→	Nutzen	0,870	0,145	6,002	0,000
parteiinterne Infos	→	Nutzen	0,014	0,054	0,261	0,794
Organisationsmitgliedschaft	→	Nutzen	0,081	0,117	0,698	0,485
Eigenkompetenz	→	Nutzen	0,102	0,075	1,364	0,173
Zufriedenheit mit OV	→	Nutzen	0,324	0,120	2,707	0,007
Nutzen	→	Wirks. inh. Aktivität	0,177	0,085	2,089	0,037
Zufriedenheit mit OV	→	Wirks. form. Aktivität	0,104	0,145	0,715	0,474
Parteibindung	→	Wirks. form. Aktivität	0,538	0,182	2,964	0,003
Eigenkompetenz	→	Wirks. inh. Aktivität	0,767	0,141	5,444	0,000
Parteibindung	→	Wirks. inh. Aktivität	0,620	0,280	2,212	0,027
Nutzen	→	Wirks. form. Aktivität	0,113	0,055	2,060	0,039
parteiinterne Infos	→	Wirks. form. Aktivität	0,071	0,065	1,098	0,272
parteiinterne Infos	→	Wirks. inh. Aktivität	0,003	0,100	0,031	0,975
Organisationsmitgliedschaft	→	Wirks. form. Aktivität	0,129	0,141	0,915	0,360
Eigenkompetenz	→	Wirks. form. Aktivität	0,106	0,091	1,160	0,246
Zufriedenheit mit OV	→	Wirks. inh. Aktivität	0,064	0,224	0,286	0,775
Organisationsmitgliedschaft	→	Wirks. inh. Aktivität	0,225	0,217	1,034	0,301
Wirks. form. Aktivität	→	Form	0,036	0,009	3,835	0,000
Wirks. inh. Aktivität	→	Form	-0,005	0,006	-0,824	0,410
Nutzen	→	Inhalt	0,009	0,007	1,234	0,217
Wirks. inh. Aktivität	→	Inhalt	0,028	0,005	5,853	0,000
Nutzen	→	Form	0,029	0,011	2,577	0,010
Wirks. form. Aktivität	→	Inhalt	-0,013	0,006	-2,232	0,026
Parteibindung	→	Form	0,099	0,037	2,653	0,008
Parteibindung	→	Inhalt	0,045	0,024	1,865	0,062
Eigenkompetenz	→	Inhalt	0,081	0,015	5,569	0,000
Eigenkompetenz	→	Form	0,038	0,019	1,999	0,046
Zufriedenheit mit OV	→	Form	0,070	0,029	2,385	0,017
Organisationsmitgliedschaft	→	Inhalt	0,049	0,019	2,633	0,008
Organisationsmitgliedschaft	→	Form	0,089	0,029	3,078	0,002
parteiinterne Infos	→	Form	0,064	0,014	4,733	0,000
parteiinterne Infos	→	Inhalt	0,028	0,009	3,173	0,002
Zufriedenheit mit OV	→	Inhalt	0,065	0,020	3,298	0,001

4.1.3 Standardisierte direkte Effekte

EFFEKT VON ▶ AUF ▼	Bildung	Organisationsmitgliedschaft	parteiinterne Infos	Zufriedenheit mit OV	Eigenkompetenz	Parteibindung	Nutzen	Wirks. inh. Aktivität	Wirks. form. Aktivität
Zufriedenheit mit OV	0,000	0,000	0,095	0,000	0,000	0,000	0,000	0,000	0,000
Eigenkompetenz	0,252	0,143	0,064	0,000	0,000	0,000	0,000	0,000	0,000
Parteibindung	0,000	0,000	0,141	0,332	0,255	0,000	0,000	0,000	0,000
Nutzen	0,000	0,029	0,011	0,123	0,060	0,283	0,000	0,000	0,000
Wirks. inh. Aktivität	0,000	0,044	0,001	0,013	0,246	0,110	0,097	0,000	0,000
Wirks. form. Aktivität	0,000	0,040	0,049	0,034	0,054	0,152	0,098	0,000	0,000
Form. Partizipation	0,000	0,150	0,237	0,124	0,105	0,151	0,135	-0,042	0,195
Inh. Partizipation	0,000	0,107	0,132	0,147	0,285	0,087	0,053	0,300	-0,093

4.1.4 Standardisierte totale Effekte

EFFEKT VON ▶ AUF ▼	Bildung	Organisationsmitgliedschaft	parteiinterne Infos	Zufriedenheit mit OV	Eigenkompetenz	Parteibindung	Nutzen	Wirks. inh. Aktivität	Wirks. form. Aktivität
Zufriedenheit mit OV	0,017	0,000	0,095	0,000	0,000	0,000	0,000	0,000	0,000
Eigenkompetenz	0,252	0,143	0,064	0,000	0,000	0,000	0,000	0,000	0,000
Parteibindung	0,095	0,037	0,172	0,332	0,255	0,000	0,000	0,000	0,000
Nutzen	0,042	0,010	0,049	0,217	0,132	0,283	0,000	0,000	0,000
Wirks. inh. Aktivität	0,076	0,083	0,021	0,044	0,287	0,138	0,097	0,000	0,000
Wirks. form. Aktivität	0,041	0,053	0,083	0,106	0,106	0,180	0,098	0,000	0,000
Form. Partizipation	0,095	0,176	0,297	0,223	0,169	0,219	0,150	-0,042	0,195
Inh. Partizipation	0,127	0,170	0,162	0,191	0,390	0,127	0,073	0,300	-0,093

4.2. Ergebnisse für die SPD
4.2.1 Abbildung

Die folgende Abbildung zeigt nur die besonders relevanten direkten Effekte (standardisierte Regressionskoeffizienten >0,195, multipliziert mit 100, p<0.01)

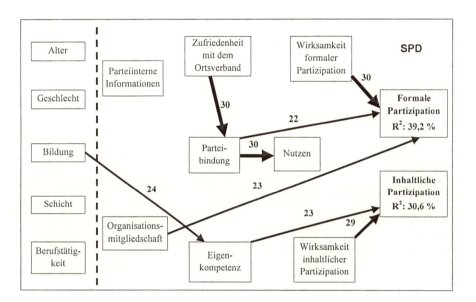

4.2.2 Regressionsgewichte

			Estimate	S.E.	C.R.	P
parteiinterne Infos	➔	Eigenkompetenz	0,036	0,027	1,363	0,173
Organisationsmitgliedschaft	➔	Eigenkompetenz	0,217	0,057	3,815	0,000
Bildung	➔	Eigenkompetenz	0,336	0,054	6,266	0,000
partei-interne Infos	➔	Zufriedenheit mit OV	0,040	0,017	2,374	0,018
Eigenkompetenz	➔	Parteibindung	0,067	0,019	3,491	0,000
parteiinterne Infos	➔	Parteibindung	0,019	0,013	1,406	0,160
Zufriedenheit mit OV	➔	Parteibindung	0,249	0,031	8,040	0,000
Parteibindung	➔	Nutzen	0,999	0,130	7,693	0,000
parteiinterne Infos	➔	Nutzen	0,081	0,045	1,826	0,068
Organisationsmitgliedschaft	➔	Nutzen	0,116	0,096	1,214	0,225
Eigenkompetenz	➔	Nutzen	0,226	0,064	3,513	0,000
Zufriedenheit mit OV	➔	Nutzen	0,310	0,109	2,852	0,004
Nutzen	➔	Wirks. inh. Aktivität	0,206	0,070	2,947	0,003
Zufriedenheit mit OV	➔	Wirks. form. Aktivität	0,316	0,125	2,517	0,012
Parteibindung	➔	Wirks. form. Aktivität	0,386	0,156	2,474	0,013
Eigenkompetenz	➔	Wirks. inh. Aktivität	0,562	0,115	4,905	0,000
Parteibindung	➔	Wirks. inh. Aktivität	0,691	0,239	2,898	0,004
Nutzen	➔	Wirks. form. Aktivität	0,212	0,046	4,652	0,000
parteiinterne Infos	➔	Wirks. form. Aktivität	0,084	0,051	1,636	0,102
parteiinterne Infos	➔	Wirks. inh. Aktivität	0,095	0,078	1,219	0,223
Organisationsmitgliedschaft	➔	Wirks. form. Aktivität	0,199	0,110	1,815	0,070
Eigenkompetenz	➔	Wirks. form. Aktivität	0,165	0,075	2,204	0,028
Zufriedenheit mit OV	➔	Wirks. inh. Aktivität	0,116	0,192	0,605	0,545
Organisationsmitgliedschaft	➔	Wirks. inh. Aktivität	0,376	0,168	2,242	0,025
Wirks. form. Aktivität	➔	Form. Partizipation	0,069	0,010	6,665	0,000
Wirks. inh. Aktivität	➔	Form. Partizipation	-0,016	0,006	-2,558	0,011
Nutzen	➔	Inh. Partizipation	0,017	0,007	2,507	0,012
Wirks. inh. Aktivität	➔	Inh. Partizipation	0,028	0,004	6,213	0,000
Nutzen	➔	Form. Partizipation	0,038	0,012	3,228	0,001
Wirks. form. Aktivität	➔	Inh. Partizipation	-0,013	0,006	-2,234	0,025
Parteibindung	➔	Form. Partizipation	0,193	0,040	4,800	0,000
Parteibindung	➔	Inh. Partizipation	0,095	0,024	3,988	0,000
Eigenkompetenz	➔	Inh. Partizipation	0,065	0,012	5,258	0,000
Eigenkompetenz	➔	Form. Partizipation	0,039	0,019	2,061	0,039
Zufriedenheit mit OV	➔	Form. Partizipation	0,082	0,031	2,624	0,009
Organisationsmitgliedschaft	➔	Inh. Partizipation	0,048	0,016	2,985	0,003
Organisationsmitgliedschaft	➔	Form. Partizipation	0,153	0,028	5,392	0,000
parteiinterne Infos	➔	Form. Partizipation	0,057	0,013	4,348	0,000
parteiinterne Infos	➔	Inh. Partizipation	0,020	0,007	2,692	0,007
Zufriedenheit mit OV	➔	Inh. Partizipation	0,015	0,018	0,845	0,398

4.2.3 Standardisierte direkte Effekte

EFFEKT VON ▶ AUF ▼	Bildung	Organi-sations-mitglied-schaft	partei-interne Infos	Zufrie-denheit mit OV	Eigen-kompe-tenz	Partei-bindung	Nutzen	Wirks. inh. Akti-vität	Wirks. form. Akti-vität
Zufrie-denheit mit OV	0,000	0,000	0,093	0,000	0,000	0,000	0,000	0,000	0,000
Eigen-kompe-tenz	0,238	0,144	0,051	0,000	0,000	0,000	0,000	0,000	0,000
Partei-bindung	0,000	0,000	0,052	0,298	0,130	0,000	0,000	0,000	0,000
Nutzen	0,000	0,044	0,067	0,110	0,131	0,297	0,000	0,000	0,000
Wirks. inh. Akti-vität	0,000	0,084	0,046	0,024	0,189	0,120	0,120	0,000	0,000
Wirks. form. Aktivität	0,000	0,068	0,061	0,100	0,085	0,102	0,188	0,000	0,000
Form. Partizi-pation	0,000	0,225	0,178	0,112	0,087	0,220	0,144	-0,108	0,298
Inh. Partizi-pation	0,000	0,113	0,101	0,033	0,231	0,174	0,103	0,293	-0,087

4.2.4 Standardisierte totale Effekte

EFFEKT VON ▶ AUF ▼	Bildung	Organisationsmitgliedschaft	parteiinterne Infos	Zufriedenheit mit OV	Eigenkompetenz	Parteibindung	Nutzen	Wirks. inh. Aktivität	Wirks. form. Aktivität
Zufriedenheit mit OV	0,005	0,000	0,093	0,000	0,000	0,000	0,000	0,000	0,000
Eigenkompetenz	0,238	0,144	0,051	0,000	0,000	0,000	0,000	0,000	0,000
Parteibindung	0,035	0,019	0,079	0,298	0,130	0,000	0,000	0,000	0,000
Nutzen	0,039	0,020	0,033	0,199	0,169	0,297	0,000	0,000	0,000
Wirks. inh. Aktivität	0,056	0,111	0,049	0,036	0,225	0,156	0,120	0,000	0,000
Wirks. form. Aktivität	0,035	0,078	0,072	0,168	0,130	0,158	0,188	0,000	0,000
Form. Partizipation	0,048	0,250	0,217	0,253	0,154	0,293	0,188	-0,108	0,298
Inh. Partizipation	0,084	0,173	0,122	0,101	0,326	0,236	0,122	0,293	-0,087

4.3 Ergebnisse für die PDS
4.3.1 Abbildung

Die folgende Abbildung zeigt nur die besonders relevanten direkten Effekte (standardisierte Regressionskoeffizienten >0,195, multipliziert mit 100, p<0.01)

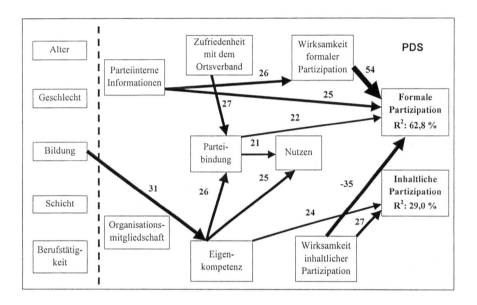

4.3.2 Regressionsgewichte

			Estimate	S.E.	C.R.	P
parteiinterne Infos	➔	Eigenkompetenz	0,110	0,025	4,500	0,000
Organisationsmitgliedschaft	➔	Eigenkompetenz	0,330	0,074	4,486	0,000
Bildung	➔	Eigenkompetenz	0,470	0,058	8,081	0,000
parteiinterne Infos	➔	Zufriedenheit mit OV	0,013	0,012	1,036	0,300
Eigenkompetenz	➔	Parteibindung	0,097	0,014	7,161	0,000
parteiinterne Infos	➔	Parteibindung	0,023	0,009	2,630	0,009
Zufriedenheit mit OV	➔	Parteibindung	0,209	0,028	7,411	0,000
Parteibindung	➔	Nutzen	0,931	0,176	5,281	0,000
parteiinterne Infos	➔	Nutzen	0,007	0,041	0,170	0,865
Organisationsmitgliedschaft	➔	Nutzen	0,158	0,122	1,301	0,193
Eigenkompetenz	➔	Nutzen	0,415	0,065	6,422	0,000
Zufriedenheit mit OV	➔	Nutzen	0,429	0,135	3,186	0,001
Nutzen	➔	Wirks. inh. Aktivität	0,208	0,090	2,319	0,020
Zufriedenheit mit OV	➔	Wirks. form. Aktivität	0,258	0,170	1,523	0,128
Parteibindung	➔	Wirks. form. Aktivität	0,716	0,224	3,189	0,001
Eigenkompetenz	➔	Wirks. inh. Aktivität	0,089	0,148	0,602	0,547
Parteibindung	➔	Wirks. inh. Aktivität	0,903	0,393	2,299	0,021
Nutzen	➔	Wirks. form. Aktivität	0,179	0,051	3,504	0,000
Parteiinterne Infos	➔	Wirks. form. Aktivität	0,373	0,051	7,376	0,000
Parteiinterne Infos	➔	Wirks. inh. Aktivität	0,432	0,088	4,881	0,000
Organisationsmitgliedschaft	➔	Wirks. form. Aktivität	0,685	0,151	4,541	0,000
Eigenkompetenz	➔	Wirks. form. Aktivität	0,099	0,085	1,166	0,244
Zufriedenheit mit OV	➔	Wirks. inh. Aktivität	0,183	0,297	0,616	0,538
Organisationsmitgliedschaft	➔	Wirks. inh. Aktivität	0,929	0,264	3,517	0,000
Wirks. form. Aktivität	➔	Form. Partizipation	0,142	0,010	13,560	0,000
Wirks. inh. Aktivität	➔	Form. Partizipation	-0,055	0,006	-9,811	0,000
Nutzen	➔	Inh. Partizipation	0,002	0,004	0,467	0,641
Wirks. inh. Aktivität	➔	Inh. Partizipation	0,011	0,002	5,475	0,000
Nutzen	➔	Form. Partizipation	0,038	0,012	3,115	0,002
Wirks. form. Aktivität	➔	Inh. Partizipation	0,000	0,003	0,142	0,887
Parteibindung	➔	Form. Partizipation	0,231	0,053	4,342	0,000
Parteibindung	➔	Inh. Partizipation	0,051	0,016	3,087	0,002
Eigenkompetenz	➔	Inh. Partizipation	0,035	0,007	4,949	0,000
Eigenkompetenz	➔	Form. Partizipation	0,074	0,020	3,764	0,000
Zufriedenheit mit OV	➔	Form. Partizipation	0,097	0,039	2,469	0,014
Organisationsmitgliedschaft	➔	Inh. Partizipation	0,044	0,012	3,741	0,000
Organisationsmitgliedschaft	➔	Form. Partizipation	0,103	0,036	2,868	0,004
parteiinterne Infos	➔	Form. Partizipation	0,092	0,013	7,140	0,000
parteiinterne Infos	➔	Inh. Partizipation	0,014	0,004	3,417	0,001
Zufriedenheit mit OV	➔	Inh. Partizipation	0,008	0,011	0,664	0,507

4.3.3 Standardisierte direkte Effekte

EFFEKT VON ▶ AUF ▼	Bildung	Organisationsmitgliedschaft	parteiinterne Infos	Zufriedenheit mit OV	Eigenkompetenz	Parteibindung	Nutzen	Wirks. inh. Aktivität	Wirks. form. Aktivität
Zufriedenheit mit OV	0,000	0,000	0,040	0,000	0,000	0,000	0,000	0,000	0,000
Eigenkompetenz	0,306	0,166	0,167	0,000	0,000	0,000	0,000	0,000	0,000
Parteibindung	0,000	0,000	0,093	0,266	0,261	0,000	0,000	0,000	0,000
Nutzen	0,000	0,048	0,006	0,122	0,248	0,208	0,000	0,000	0,000
Wirks. inh. Aktivität	0,000	0,132	0,182	0,025	0,025	0,095	0,098	0,000	0,000
Wirks. form. Aktivität	0,000	0,162	0,262	0,058	0,046	0,126	0,141	0,000	0,000
Form. Partizipation	0,000	0,093	0,245	0,083	0,133	0,154	0,112	-0,345	0,539
Inh. Partizipation	0,000	0,152	0,139	0,025	0,242	0,131	0,019	0,269	0,006

4.3.4 Standardisierte totale Effekte

EFFEKT VON ▶ AUF ▼	Bildung	Organisationsmitgliedschaft	parteiinterne Infos	Zufriedenheit mit OV	Eigenkompetenz	Parteibindung	Nutzen	Wirks. inh. Aktivität	Wirks. form. Aktivität
parteiinterne Infos	0,214	0,000	0,000	0,000	0,000	0,000	0,000	0,000	0,000
Zufriedenheit mit OV	0,009	0,000	0,040	0,000	0,000	0,000	0,000	0,000	0,000
Eigenkompetenz	0,306	0,166	0,167	0,000	0,000	0,000	0,000	0,000	0,000
Parteibindung	0,098	0,043	0,082	0,266	0,261	0,000	0,000	0,000	0,000
Nutzen	0,094	0,098	0,006	0,178	0,303	0,208	0,000	0,000	0,000
Wirks. inh. Aktivität	0,065	0,150	0,190	0,067	0,080	0,116	0,098	0,000	0,000
Wirks. form. Aktivität	0,095	0,189	0,271	0,116	0,122	0,155	0,141	0,000	0,000
Form. Partizipation	0,148	0,183	0,342	0,017	0,245	0,221	0,154	-0,345	0,539
Inh. Partizipation	0,137	0,241	0,204	0,032	0,304	0,167	0,046	0,269	0,006

4.4 Ergebnisse für die FDP
4.4.1 Abbildung

Die folgende Abbildung zeigt nur die besonders relevanten direkten Effekte
(standardisierte Regressionskoeffizienten >0,195, multipliziert mit 100, p<0.01)

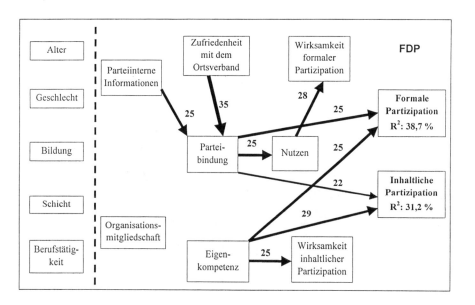

4.4.2 Regressionsgewichte

			Estimate	S.E.	C.R.	P
parteiinterne Infos	→	Eigenkompetenz	0,115	0,025	3,005	0,003
Organisationsmitgliedschaft	→	Eigenkompetenz	0,176	0,090	1,957	0,050
Bildung	→	Eigenkompetenz	0,200	0,083	2,397	0,017
parteiinterne Infos	→	Zufriedenheit mit OV	0,040	0,025	1,599	0,110
Eigenkompetenz	→	Parteibindung	0,102	0,030	3,432	0,001
parteiinterne Infos	→	Parteibindung	0,110	0,021	5,240	0,000
Zufriedenheit mit OV	→	Parteibindung	0,341	0,046	7,364	0,000
Parteibindung	→	Nutzen	0,740	0,173	4,290	0,000
parteiinterne Infos	→	Nutzen	0,085	0,070	1,223	0,221
Organisationsmitgliedschaft	→	Nutzen	0,498	0,157	3,179	0,001
Eigenkompetenz	→	Nutzen	0,338	0,096	3,532	0,000
Zufriedenheit mit OV	→	Nutzen	0,394	0,160	2,458	0,014
Nutzen	→	Wirks. inh. Aktivität	0,298	0,101	2,952	0,003
Zufriedenheit mit OV	→	Wirks. form. Aktivität	0,137	0,192	0,715	0,474
Parteibindung	→	Wirks. form. Aktivität	0,101	0,210	0,479	0,632
Eigenkompetenz	→	Wirks. inh. Aktivität	0,806	0,178	4,532	0,000
Parteibindung	→	Wirks. inh. Aktivität	0,677	0,320	2,114	0,035
Nutzen	→	Wirks. form. Aktivität	0,312	0,066	4,715	0,000
parteiinterne Infos	→	Wirks. form. Aktivität	0,171	0,083	2,068	0,039
parteiinterne Infos	→	Wirks. inh. Aktivität	0,120	0,126	0,952	0,341
Organisationsmitgliedschaft	→	Wirks. form. Aktivität	0,186	0,188	0,989	0,323
Eigenkompetenz	→	Wirks. form. Aktivität	0,220	0,117	1,879	0,060
Zufriedenheit mit OV	→	Wirks. inh. Aktivität	0,062	0,292	0,213	0,831
Organisationsmitgliedschaft	→	Wirks. inh. Aktivität	0,048	0,287	0,166	0,868
Wirks. form. Aktivität	→	Form. Partizipation	0,031	0,010	3,125	0,002
Wirks. inh. Aktivität	→	Form. Partizipation	-0,015	0,006	-2,313	0,021
Nutzen	→	Inh. Partizipation	0,006	0,008	0,771	0,441
Wirks. inh. Aktivität	→	Inh. Partizipation	0,013	0,005	2,857	0,004
Nutzen	→	Form. Partizipation	0,019	0,012	1,605	0,109
Wirks. form. Aktivität	→	Inh. Partizipation	-0,012	0,007	-1,809	0,070
Parteibindung	→	Form. Partizipation	0,150	0,038	3,988	0,000
Parteibindung	→	Inh. Partizipation	0,092	0,028	3,357	0,001
Eigenkompetenz	→	Inh. Partizipation	0,074	0,017	4,277	0,000
Eigenkompetenz	→	Form. Partizipation	0,091	0,022	4,166	0,000
Zufriedenheit mit OV	→	Form. Partizipation	0,107	0,034	3,184	0,001
Organisationsmitgliedschaft	→	Inh. Partizipation	0,047	0,023	2,056	0,040
Organisationsmitgliedschaft	→	Form. Partizipation	0,099	0,033	2,984	0,003
parteiinterne Infos	→	Form. Partizipation	0,039	0,015	2,690	0,007
parteiinterne Infos	→	Inh. Partizipation	0,015	0,010	1,567	0,117
Zufriedenheit mit OV	→	Inh. Partizipation	0,048	0,023	2,088	0,037

4.4.3 Standardisierte direkte Effekte

EFFEKT VON ▶ AUF ▼	Bildung	Organisationsmitgliedschaft	parteiinterne Infos	Zufriedenheit mit OV	Eigenkompetenz	Parteibindung	Nutzen	Wirks. inh. Aktivität	Wirks. form. Aktivität
Zufriedenheit mit OV	0,000	0,000	0,087	0,000	0,000	0,000	0,000	0,000	0,000
Eigenkompetenz	0,129	0,105	0,160	0,000	0,000	0,000	0,000	0,000	0,000
Parteibindung	0,000	0,000	0,247	0,353	0,165	0,000	0,000	0,000	0,000
Nutzen	0,000	0,159	0,063	0,135	0,181	0,245	0,000	0,000	0,000
Wirks. inh. Aktivität	0,000	0,009	0,051	0,012	0,245	0,127	0,169	0,000	0,000
Wirks. form. Aktivität	0,000	0,053	0,113	0,042	0,104	0,030	0,276	0,000	0,000
Form. Partizipation	0,000	0,159	0,147	0,186	0,245	0,252	0,098	-0,133	0,178
Inh. Partizipation	0,000	0,107	0,083	0,119	0,285	0,219	0,045	0,169	-0,099

4.4.4 Standardisierte totale Effekte

EFFEKT VON ▶ AUF ▼	Bildung	Organi- sations- mitglied- schaft	partei- interne Infos	Zufrie- denheit mit OV	Eigen- kompe- tenz	Partei- bindung	Nutzen	Wirks. inh. Akti- vität	Wirks. form. Akti- vität
Zufrie- denheit mit OV	0,010	0,000	0,087	0,000	0,000	0,000	0,000	0,000	0,000
Eigen- kompe- tenz	0,129	0,105	0,160	0,000	0,000	0,000	0,000	0,000	0,000
Partei- bindung	0,054	0,017	0,278	0,353	0,165	0,000	0,000	0,000	0,000
Nutzen	0,031	0,182	0,016	0,222	0,221	0,245	0,000	0,000	0,000
Wirks. inh. Akti- vität	0,050	0,068	0,088	0,070	0,304	0,169	0,169	0,000	0,000
Wirks. form. Aktivität	0,036	0,009	0,122	0,030	0,170	0,097	0,276	0,000	0,000
Form. Partizi- pation	0,068	0,200	0,245	0,292	0,298	0,270	0,124	-0,133	0,178
Inh. Partizi- pation	0,066	0,160	0,157	0,215	0,365	0,249	0,046	0,169	-0,099

4.5 Ergebnisse für Bündnis 90/Die Grünen
4.5.1 Abbildung

Die folgende Abbildung zeigt nur die besonders relevanten direkten Effekte (standardisierte Regressionskoeffizienten >0,195, multipliziert mit 100, p<0.01)

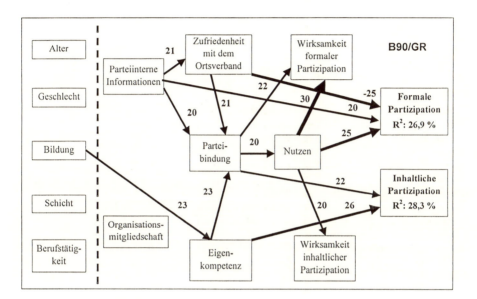

4.5.2 Regressionsgewichte

			Estimate	S.E.	C.R.	P
parteiinterne Infos	➔	Eigenkompetenz	0,138	0,046	2,974	0,003
Organisationsmitgliedschaft	➔	Eigenkompetenz	0,173	0,076	2,272	0,023
Bildung	➔	Eigenkompetenz	0,312	0,087	3,589	0,000
parteiinterne Infos	➔	Zufriedenheit mit OV	0,084	0,026	3,216	0,001
Eigenkompetenz	➔	Parteibindung	0,121	0,032	3,743	0,000
parteiinterne Infos	➔	Parteibindung	0,079	0,024	3,248	0,001
Zufriedenheit mit OV	➔	Parteibindung	0,200	0,061	3,285	0,001
Parteibindung	➔	Nutzen	0,678	0,238	2,850	0,004
parteiinterne Infos	➔	Nutzen	0,048	0,090	0,535	0,592
Organisationsmitgliedschaft	➔	Nutzen	0,075	0,139	0,537	0,591
Eigenkompetenz	➔	Nutzen	0,070	0,120	0,584	0,559
Zufriedenheit mit OV	➔	Nutzen	0,240	0,224	1,071	0,284
Nutzen	➔	Wirks. inh. Aktivität	0,325	0,107	3,030	0,002
Zufriedenheit mit OV	➔	Wirks. form. Aktivität	0,077	0,240	0,320	0,749
Parteibindung	➔	Wirks. form. Aktivität	0,845	0,259	3,258	0,001
Eigenkompetenz	➔	Wirks. inh. Aktivität	0,195	0,189	1,032	0,302
Parteibindung	➔	Wirks. inh. Aktivität	0,979	0,380	2,578	0,010
Nutzen	➔	Wirks. form. Aktivität	0,339	0,073	4,642	0,000
parteiinterne Infos	➔	Wirks. form. Aktivität	0,032	0,096	0,332	0,740
parteiinterne Infos	➔	Wirks. inh. Aktivität	0,164	0,140	1,169	0,242
Organisationsmitgliedschaft	➔	Wirks. form. Aktivität	0,034	0,149	0,229	0,819
Eigenkompetenz	➔	Wirks. form. Aktivität	0,173	0,129	1,347	0,178
Zufriedenheit mit OV	➔	Wirks. inh. Aktivität	0,099	0,352	0,280	0,780
Organisationsmitgliedschaft	➔	Wirks. inh. Aktivität	0,074	0,218	0,337	0,736
Wirks. form. Aktivität	➔	Form. Partizipation	0,030	0,015	1,970	0,049
Wirks. inh. Aktivität	➔	Form. Partizipation	0,006	0,010	0,578	0,563
Nutzen	➔	Inh. Partizipation	0,029	0,013	2,227	0,026
Wirks. inh. Aktivität	➔	Inh. Partizipation	0,019	0,008	2,359	0,018
Nutzen	➔	Form. Partizipation	0,054	0,018	2,944	0,003
Wirks. form. Aktivität	➔	Inh. Partizipation	-0,016	0,011	-1,400	0,161
Parteibindung	➔	Form. Partizipation	0,138	0,060	2,291	0,022
Parteibindung	➔	Inh. Partizipation	0,130	0,047	2,771	0,006
Eigenkompetenz	➔	Inh. Partizipation	0,080	0,024	3,366	0,001
Eigenkompetenz	➔	Form. Partizipation	0,004	0,027	0,162	0,871
Zufriedenheit mit OV	➔	Form. Partizipation	-0,176	0,056	-3,124	0,002
Organisationsmitgliedschaft	➔	Inh. Partizipation	0,005	0,024	0,202	0,840
Organisationsmitgliedschaft	➔	Form. Partizipation	0,009	0,032	0,284	0,776
parteiinterne Infos	➔	Form. Partizipation	0,056	0,022	2,554	0,011
parteiinterne Infos	➔	Inh. Partizipation	0,031	0,016	1,923	0,055
Zufriedenheit mit OV	➔	Inh. Partizipation	0,035	0,038	0,917	0,359

4.5.3 Standardisierte direkte Effekte

EFFEKT VON ▶ AUF ▼	Bildung	Organisationsmitgliedschaft	parteiinterne Infos	Zufriedenheit mit OV	Eigenkompetenz	Parteibindung	Nutzen	Wirks. inh. Aktivität	Wirks. form. Aktivität
Zufriedenheit mit OV	0,000	0,000	0,208	0,000	0,000	0,000	0,000	0,000	0,000
Eigenkompetenz	0,229	0,144	0,188	0,000	0,000	0,000	0,000	0,000	0,000
Parteibindung	0,000	0,000	0,201	0,205	0,228	0,000	0,000	0,000	0,000
Nutzen	0,000	0,035	0,036	0,073	0,039	0,202	0,000	0,000	0,000
Wirks. inh. Aktivität	0,000	0,022	0,077	0,019	0,068	0,181	0,202	0,000	0,000
Wirks. form. Aktivität	0,000	0,014	0,021	0,021	0,086	0,222	0,300	0,000	0,000
Form. Partizipation	0,000	0,020	0,195	-0,248	0,012	0,190	0,248	0,043	0,157
Inh. Partizipation	0,000	0,013	0,131	0,061	0,255	0,219	0,166	0,170	-0,100

4.5.4 Standardisierte totale Effekte

EFFEKT VON ▶ AUF ▼	Bildung	Organisations-mitgliedschaft	parteiinterne Infos	Zufriedenheit mit OV	Eigenkompetenz	Parteibindung	Nutzen	Wirks. inh. Aktivität	Wirks. form. Aktivität
Zufriedenheit mit OV	0,037	0,000	0,208	0,000	0,000	0,000	0,000	0,000	0,000
Eigenkompetenz	0,229	0,144	0,188	0,000	0,000	0,000	0,000	0,000	0,000
Parteibindung	0,095	0,033	0,244	0,205	0,228	0,000	0,000	0,000	0,000
Nutzen	0,037	0,048	0,101	0,114	0,086	0,202	0,000	0,000	0,000
Wirks. inh. Aktivität	0,053	0,004	0,138	0,042	0,127	0,222	0,202	0,000	0,000
Wirks. form. Aktivität	0,017	0,005	0,110	0,100	0,010	0,283	0,300	0,000	0,000
Form. Partizipation	0,055	0,035	0,238	-0,163	0,057	0,294	0,304	0,043	0,157
Inh. Partizipation	0,114	0,066	0,201	0,000	0,342	0,262	0,171	0,170	-0,100

5. Fragebogen

Der hier abgedruckte Fragebogen der Parteimitgliederbefragung ist derjenige für CDU-Mitglieder. Die Fragebögen aller Parteien sind gleich aufgebaut. Für die Mitglieder der anderen Parteien wurde lediglich das jeweilig andere Parteikürzel eingetragen. Mitglieder von SPD, PDS und Bündnis 90/Die Grünen wurden darüber hinaus nach ihrer Einstellung zum „Magdeburger Modell" gefragt.

FRIEDRICH-SCHILLER-UNIVERSITÄT JENA
INSTITUT FÜR POLITIKWISSENSCHAFT
Forschungsprojekt „Parteien in Thüringen"
Prof. Dr. Karl Schmitt
Dipl.-Pol. Andreas Hallermann

Befragung von CDU-Mitgliedern in Thüringen

Kreisverband: .... Ortsverband: ....

1. **Seit welchem Jahr gehören Sie der CDU an?** Seit ....

2. **Waren Sie früher einmal in einer anderen Partei?**
   ☐ nein   ☐ ja, Partei: .... von .... bis ....
              ☐ ja, Partei: .... von .... bis ....

3. **Gibt es in Ihrer engeren Familie weitere Parteimitglieder?**
   ☐ nein, niemand   ☐ ja, (Ehe-)Partner,   Partei: ....
                     ☐ ja, Eltern(teil),   Partei: ....
                     ☐ ja, Geschwister,   Partei: ....
                     ☐ ja, Kinder,   Partei: ....

4. **Würden Sie sagen, daß es in Ihrer Familie / in Ihrem Elternhaus so etwas wie eine politische Tradition gab / gibt?**
   ☐ nein   ☐ ja, eine christliche   ☐ ja, eine andere: ....
            ☐ ja, eine konservative

5. **Und wie ist es in Ihrem Freundeskreis: Neigen die meisten Ihrer Freunde der CDU zu, neigen sie einer anderen oder keiner Partei zu?**
   ☐ CDU   ☐ andere Partei   ☐ keiner Partei

6. **Wie wichtig waren die folgenden Motive für Ihren Parteibeitritt?**
   Bitte kreuzen Sie zu jeder Vorgabe die am besten passende Antwortvorgabe an!
   1 = sehr wichtig, 2 = eher wichtig, 3 = teils-teils, 4 = eher unwichtig, 5 = unwichtig

   1 2 3 4 5
   ☐ ☐ ☐ ☐ ☐ Ich wollte politisch gleichgesinnte Menschen treffen.
   ☐ ☐ ☐ ☐ ☐ Ich wollte mich aktiv politisch betätigen.
   ☐ ☐ ☐ ☐ ☐ Ich wollte daran mitwirken, politische Ziele durchzusetzen.
   ☐ ☐ ☐ ☐ ☐ Ich strebte die Erreichung eines politischen Amtes oder Mandats an.
   ☐ ☐ ☐ ☐ ☐ Ich wollte die Partei mit meinem regelmäßigen Mitgliedsbeitrag finanziell unterstützen.
   ☐ ☐ ☐ ☐ ☐ Eine Parteimitgliedschaft wurde von mir erwartet.
   ☐ ☐ ☐ ☐ ☐ Ich erwartete Orientierungshilfe in politischen Sachfragen.
   ☐ ☐ ☐ ☐ ☐ Ich erwartete durch die Parteimitgliedschaft berufliche Vorteile.
   ☐ ☐ ☐ ☐ ☐ Ich erwartete durch die Parteimitgliedschaft sonstige Vorteile.

7. **Wie kam es zu Ihrem Parteieintritt?**
   (Bitte geben Sie den wichtigsten Anlaß an!)

   ☐ Durch eine Werbeaktion der Partei

   ☐ Kollegen am Arbeitsplatz haben mich geworben.

   ☐ Bekannte, Verwandte oder Freunde, die bereits in der Partei waren, haben mich geworben.

   ☐ Ich habe mich selbst an die Partei gewandt.

   ☐ Ich kam über eine Bürgerinitiative oder einen Verband zur Partei.

   ☐ Ich war Gründungsmitglied.

   ☐ Daran kann ich mich nicht mehr erinnern.

8. **Wenn Sie die innerparteiliche Entwicklung der CDU in Thüringen seit 1990 betrachten, was würden Sie dann sagen:**

   ☐ Meine Erwartungen wurden voll erfüllt.

   ☐ Ich hatte mehr erwartet.

   ☐ Ich bin enttäuscht worden.

   Und was ist der wichtigste Grund dafür? ....

9. **Haben Sie schon einmal daran gedacht, Ihre Partei wieder zu verlassen?**

   ☐ nie   ☐ selten   ☐ manchmal   ☐ eher häufig   ☐ sehr häufig

10. **Wie stark fühlen Sie sich heute - alles in allem - Ihrer Partei verbunden?**

    ☐ sehr stark   ☐ stark   ☐ mittelmäßig   ☐ eher schwach   ☐ sehr schwach

11. **Alles in allem: Für wie aktiv halten Sie Ihren Ortsverband?**

    sehr aktiv   ☐ ☐ ☐ ☐ ☐   sehr passiv

12. **Geben Sie bitte an, wie sehr die folgenden Eigenschaften auf Ihren Ortsverband zutreffen!**
    1 = trifft sehr zu, 2 = trifft eher zu, 3 = teils-teils, 4 = trifft weniger zu, 5 = trifft nicht zu

    1 2 3 4 5
    ☐ ☐ ☐ ☐ ☐ Unsere Versammlungen finden zu selten statt.
    ☐ ☐ ☐ ☐ ☐ Zu wenige Mitglieder arbeiten aktiv mit.
    ☐ ☐ ☐ ☐ ☐ Wenige einflußreiche Mitglieder bestimmen das gesamte Geschehen, so daß die anderen kaum Einflußmöglichkeiten haben.
    ☐ ☐ ☐ ☐ ☐ Es gibt zu viele unterschiedliche Strömungen in unserem Ortsverband.
    ☐ ☐ ☐ ☐ ☐ Es gibt zu wenig innerparteiliche Auseinandersetzungen.
    ☐ ☐ ☐ ☐ ☐ Unser Ortsverband kümmert sich nicht hinreichend um die Probleme unserer Bürger.
    ☐ ☐ ☐ ☐ ☐ In unserem Ortsverband gibt es Spannungen zwischen älteren und jüngeren Mitgliedern.
    ☐ ☐ ☐ ☐ ☐ In unserem Ortsverband gibt es Spannungen zwischen Alt- und Neumitgliedern.

13. **Wie oft erhalten Sie Informationsmaterialien der unten angegebenen Parteigliederungen?**
    1 = *etwa monatlich*, 2 = *etwa vierteljährlich*, 3 = *etwa halbjährlich*, 4 = *seltener / nie*

    1 2 3 4   1 2 3 4
    ☐ ☐ ☐ ☐ Bundesverband   ☐ ☐ ☐ ☐ Kreisverband
    ☐ ☐ ☐ ☐ Landesverband   ☐ ☐ ☐ ☐ Ortsverband

14. **Wie zufrieden sind Sie, alles in allem, mit der Arbeit Ihres Ortsverbands?**

    sehr zufrieden ☐ ☐ ☐ ☐ ☐ sehr unzufrieden

    Warum ist das so? ....

15. **Welche Parteiämter bzw. Wahlmandate üben Sie derzeit aus?**
    ☐ Mitglied im Europaparlament   ☐ Dezernent
    ☐ Mitglied im Bundestag   ☐ Amt in einer Arbeitsgemeinschaft
    ☐ Mitglied im Landtag   ☐ Mitglied im Landes-/Bundesvorstand
    ☐ Landrat   ☐ Mitglied im Kreisvorstand
    ☐ Mitglied im Kreistag/Stadt-/Gemeinderat ☐ Mitglied im Ortsvorstand
    ☐ Bürgermeister   ☐ Sonstiges: ....

    Falls Sie derzeit kein Amt oder Wahlmandat ausüben, wären Sie grundsätzlich bereit, eines zu übernehmen? ☐ ja ☐ nein

16. **Wie häufig besuchen Sie - so alles zusammengenommen - Veranstaltungen der CDU?**
    ☐ etwa 1 mal in der Woche   ☐ etwa 1 mal im Jahr
    ☐ etwa alle 14 Tage   ☐ seltener als 1 mal im Jahr
    ☐ etwa 1 mal im Monat   ☐ nie, fast nie
    ☐ etwa alle 2-3 Monate

17. **Wieviel Zeit wenden Sie im Durchschnitt pro Monat für Ihre Partei auf?**

    .... Stunden pro Monat

    Und wenn Sie an die Zukunft denken: Wollen Sie künftig ...
    ☐ mehr ☐ gleich viel ☐ weniger ☐ gar keine **Zeit für Ihre Partei aufwenden?**

18. **Welcher der folgenden Vereinigungen/Sonderorganisationen Ihrer Partei gehören Sie an?**
    ☐ Junge Union   ☐ Evangelischer Arbeitskreis
    ☐ Seniorenunion   ☐ Mittelstandsvereinigung
    ☐ CDA   ☐ Kommunalpolitische Vereinigung
    ☐ Frauenunion   ☐ Union der Vertriebenen
    ☐ Arbeitskreis Polizei   ☐ Arbeitskreis christlich-demokratischer Juristen
    ☐ Sonstige: ....

19. **Wie häufig haben Sie in den letzten 12 Monaten folgende Aufgaben für Ihre Partei übernommen?**
    Bitte kreuzen Sie zu jeder Vorgabe die am besten passende Antwortvorgabe an!
    1 = sehr häufig, 2 = eher häufig, 3 = manchmal, 4 = eher selten, 5 = sehr selten / nie

    1 2 3 4 5
    ☐ ☐ ☐ ☐ ☐ Neue Mitglieder für die Partei werben.
    ☐ ☐ ☐ ☐ ☐ Handzettel verteilen, Plakate kleben, Infostände betreuen.
    ☐ ☐ ☐ ☐ ☐ Organisatorische Aufgaben übernehmen.
    ☐ ☐ ☐ ☐ ☐ Sich aktiv an Diskussionen über kommunalpolitische Themen beteiligen.
    ☐ ☐ ☐ ☐ ☐ Sich aktiv an Diskussionen über landespolitische Themen beteiligen.
    ☐ ☐ ☐ ☐ ☐ Sich aktiv an Diskussionen über bundespolitische Themen beteiligen.
    ☐ ☐ ☐ ☐ ☐ In Vereinigungen / Sonderorganisationen der Partei mitarbeiten.
    ☐ ☐ ☐ ☐ ☐ Bei Bedarf zusätzlich Geld spenden.
    ☐ ☐ ☐ ☐ ☐ Bei sozialen Aktionen der Partei mitmachen (z.B. Seniorenbetreuung, Hausbesuche alter/kranker Mitglieder).
    ☐ ☐ ☐ ☐ ☐ Sich an Diskussionen über Personalfragen beteiligen.
    ☐ ☐ ☐ ☐ ☐ Für ein Amt oder Mandat kandidieren.

20. **Man kann geteilter Meinung sein, wie wirksam diese Aktivitäten und Aufgaben für eine erfolgreiche Arbeit der CDU sind. Was denken Sie?**
    1 = sehr wirksam, 5 = unwirksam
    (Mit den Werten dazwischen können Sie Ihre Meinung abstufen!)

    1 2 3 4 5
    ☐ ☐ ☐ ☐ ☐ Neue Mitglieder für die Partei werben.
    ☐ ☐ ☐ ☐ ☐ Handzettel verteilen, Plakate kleben, Infostände betreuen.
    ☐ ☐ ☐ ☐ ☐ Organisatorische Aufgaben übernehmen.
    ☐ ☐ ☐ ☐ ☐ Sich aktiv an Diskussionen über kommunalpolitische Themen beteiligen.
    ☐ ☐ ☐ ☐ ☐ Sich aktiv an Diskussionen über landespolitische Themen beteiligen.
    ☐ ☐ ☐ ☐ ☐ Sich aktiv an Diskussionen über bundespolitische Themen beteiligen.
    ☐ ☐ ☐ ☐ ☐ In Vereinigungen / Sonderorganisationen der Partei mitarbeiten.
    ☐ ☐ ☐ ☐ ☐ Bei Bedarf zusätzlich Geld spenden.
    ☐ ☐ ☐ ☐ ☐ Bei sozialen Aktionen der Partei mitmachen (z.B. Seniorenbetreuung, Hausbesuche alter/kranker Mitglieder).
    ☐ ☐ ☐ ☐ ☐ Sich an Diskussionen über Personalfragen beteiligen.
    ☐ ☐ ☐ ☐ ☐ Für ein Amt oder Mandat kandidieren.

21. **In welchen weiteren Organisationen, außer Ihrer Partei, sind Sie Mitglied?**

    ☐ in einer Gewerkschaft　　　　　☐ in einem Sport-/Jugend-/Freizeitverein
    ☐ in einem Berufsverband　　　　☐ in einem Wohlfahrtsverband
    ☐ in einem Betriebs-/Personalrat　☐ in einer Bürgerinitiative
    ☐ in einer kirchlichen Gruppe　　☐ in der Freiwilligen Feuerwehr
    ☐ in einem Umweltverband　　　　☐ in einer anderen Organisation

22. **Mit wem in Ihrer Partei hatten Sie im letzten halben Jahr Kontakt?**
☐ Kreisvorstand ☐ Landesvorstand ☐ Bundesvorstand
☐ Kreisgeschäftsstelle ☐ Landesgeschäftsstelle ☐ Parteizentrale

23. **Für wie wichtig halten Sie in der Praxis die folgenden Eigenschaften für jemanden, der in Ihrem Ortsverband Einfluß gewinnen möchte?**
Bitte kreuzen Sie zu jeder Vorgabe die am besten passende Antwortvorgabe an!
1 = sehr wichtig, 2 = eher wichtig, 3 = teils-teils, 4 = eher unwichtig, 5 = unwichtig

1 2 3 4 5
☐ ☐ ☐ ☐ ☐ Aktive Teilnahme an der Tätigkeit des Ortsverbands.
☐ ☐ ☐ ☐ ☐ Unterstützung durch Vorstandsmitglieder auf der lokalen Ebene.
☐ ☐ ☐ ☐ ☐ Gute Beziehungen zu Funktionsträgern auf höheren Ebenen.
☐ ☐ ☐ ☐ ☐ Langjährige Parteimitgliedschaft.
☐ ☐ ☐ ☐ ☐ Wahrung von Parteidisziplin.
☐ ☐ ☐ ☐ ☐ Konfliktbereitschaft.
☐ ☐ ☐ ☐ ☐ Talent zum Reden und Argumentieren.
☐ ☐ ☐ ☐ ☐ Aktive Teilnahme am Vereinsleben der Gemeinde / Stadt.
☐ ☐ ☐ ☐ ☐ Ansehen im Ort / in der Stadt.
☐ ☐ ☐ ☐ ☐ Gute Qualifikation / Ausbildung.

24. **Wie groß ist der Einfluß einzelner Personen oder Gruppen auf politische Entscheidungen in Ihrem Ortsverband?**
1 = sehr groß, 2 = eher groß, 3 = teils-teils, 4 = eher gering, 5 = sehr gering

1 2 3 4 5
☐ ☐ ☐ ☐ ☐ Der/Die Ortsvorsitzende
☐ ☐ ☐ ☐ ☐ Ortsvorstand
☐ ☐ ☐ ☐ ☐ Mitglieder des Kreisvorstands
☐ ☐ ☐ ☐ ☐ Mitglieder der Bundestags-/Landtagsfraktion
☐ ☐ ☐ ☐ ☐ Kommunale Mandatsträger
☐ ☐ ☐ ☐ ☐ Parteimitglieder ohne Amt
☐ ☐ ☐ ☐ ☐ Vereinigungen / Sonderorganisationen
☐ ☐ ☐ ☐ ☐ Sonstige: ....

25. **Wie würden Sie bei den folgenden Vorgängen die Einflußmöglichkeiten eines „einfachen Parteimitglieds" einschätzen?**
1 = sehr groß, 2 = eher groß, 3 = teils-teils, 4 = eher gering, 5 = sehr gering

1 2 3 4 5
☐ ☐ ☐ ☐ ☐ Aufstellung von Kandidaten auf kommunaler Ebene.
☐ ☐ ☐ ☐ ☐ Aufstellung von Kandidaten auf Landes- oder Bundesebene.
☐ ☐ ☐ ☐ ☐ Erarbeitung von politischen Positionen auf kommunaler Ebene.
☐ ☐ ☐ ☐ ☐ Erarbeitung von politischen Positionen auf Landes- oder Bundesebene.

26. Wie groß ist Ihr persönlicher Einfluß auf Ihren Ortsverband?

☐ sehr groß ☐ eher groß ☐ mittelmäßig ☐ eher gering ☐ sehr gering

27. Wenn Sie nun Ihre eigene politische Einstellung knapp zusammenfassen: Wo auf dieser Skala etwa würden Sie sich selbst einstufen?

links ☐☐☐☐☐☐ rechts

28. Bitte stufen Sie nun die <u>thüringischen</u> Parteien auf dieser Skala ein!

CDU: links ☐☐☐☐☐☐ rechts
SPD: links ☐☐☐☐☐☐ rechts
PDS: links ☐☐☐☐☐☐ rechts
FDP: links ☐☐☐☐☐☐ rechts
Bündnis 90/Die Grünen: links ☐☐☐☐☐☐ rechts

29. Wir haben hier eine Liste mit verschiedenen gesellschaftlichen Zielen. Natürlich sind alle diese Ziele bedeutsam. Wir würden nun gerne wissen, welche für Sie persönlich die wichtigsten und welche die weniger wichtigen sind. Bitte bringen Sie sie in eine Rangfolge, wobei 1 für das wichtigste Ziel steht, 2 für das zweitwichtigste usw.

Bitte tragen Sie die Nummern der Rangfolge in die Kästchen ein!

☐ materieller Wohlstand
☐ demokratische Mitbestimmung
☐ soziale Sicherheit
☐ individuelle Freiheit
☐ soziale Gleichheit

30. Inwieweit sind Ihres Erachtens diese Ziele in Deutschland verwirklicht?

	weitgehend	teilweise	wenig
materieller Wohlstand	☐	☐	☐
demokratische Mitbestimmung	☐	☐	☐
soziale Sicherheit	☐	☐	☐
individuelle Freiheit	☐	☐	☐
soziale Gleichheit	☐	☐	☐

31. **Hier auf dieser Liste stehen einige Aussagen, zu denen man unterschiedliche Meinungen haben kann. Bitte teilen Sie uns zu jeder Aussage mit, wieweit Sie ihr persönlich zustimmen.**
1 = stimme völlig zu   5 = stimme überhaupt nicht zu
(Mit den Werten dazwischen können Sie Ihre Meinung abstufen!)

1 2 3 4 5

☐ ☐ ☐ ☐ ☐ Es ist an der Zeit, daß man aufhört, sich mit der DDR-Vergangenheit zu beschäftigen. Statt dessen sollte man sich voll auf die Lösung der gegenwärtigen Probleme konzentrieren.

☐ ☐ ☐ ☐ ☐ Wir sollten dankbar sein für führende Köpfe, die uns genau sagen können, was wir tun sollen und wie.

☐ ☐ ☐ ☐ ☐ Der Sozialismus ist eine gute Idee, die bisher nur schlecht ausgeführt wurde.

☐ ☐ ☐ ☐ ☐ Die Bundesrepublik ist durch die vielen Ausländer in einem gefährlichen Maß überfremdet.

☐ ☐ ☐ ☐ ☐ In der Bundesrepublik hat jeder eine faire Chance, sozial aufzusteigen.

☐ ☐ ☐ ☐ ☐ Das DDR-System hatte mehr gute als schlechte Seiten.

☐ ☐ ☐ ☐ ☐ Es sollten mehr Wirtschaftsunternehmen verstaatlicht werden.

☐ ☐ ☐ ☐ ☐ Jeder Mensch sollte, solange er keine Gesetze verletzt, tun und lassen können was er will.

☐ ☐ ☐ ☐ ☐ In den Parlamenten wird zuviel geredet und zuwenig gearbeitet.

☐ ☐ ☐ ☐ ☐ Wir sollten endlich wieder Mut zu einem starken Nationalgefühl haben.

☐ ☐ ☐ ☐ ☐ Unter bestimmten Umständen ist eine Diktatur die bessere Staatsform.

☐ ☐ ☐ ☐ ☐ Die Chance der Opposition, die Regierung abzulösen, ist wichtiger als Stabilität und Kontinuität der politischen Führung.

☐ ☐ ☐ ☐ ☐ Wichtige politische Fragen sollten häufiger durch Volksentscheid entschieden werden.

☐ ☐ ☐ ☐ ☐ Die Auseinandersetzungen zwischen verschiedenen Interessengruppen in unserer Gesellschaft schaden dem Allgemeinwohl.

☐ ☐ ☐ ☐ ☐ Meinungs- und Diskussionsfreiheit müssen dort ihre Grenzen haben, wo elementare moralische Überzeugungen und sittliche Grundwerte berührt werden.

☐ ☐ ☐ ☐ ☐ Echte Demokratie braucht keine Parlamente.

☐ ☐ ☐ ☐ ☐ Der Nationalsozialismus hatte auch seine guten Seiten.

32. **Wenn Sie in einer für Sie wichtigen Sache politischen Einfluß nehmen und Ihren Standpunkt zur Geltung bringen wollten, welche der folgenden Dinge würden Sie dann tun?**
1=bestimmt   5=bestimmt nicht
(Mit den Werten dazwischen können Sie Ihre Meinung abstufen!)

1 2 3 4 5   Um politischen Einfluß zu nehmen würde ich ...

☐ ☐ ☐ ☐ ☐ bei einer Unterschriftensammlung mitmachen.

☐ ☐ ☐ ☐ ☐ in einer Bürgerinitiative mitarbeiten.

☐ ☐ ☐ ☐ ☐ an einer genehmigten Demonstration teilnehmen.

☐ ☐ ☐ ☐ ☐ an einer Demonstration teilnehmen, auch wenn mit Gewalt gerechnet werden muß.

☐ ☐ ☐ ☐ ☐ für meine Ziele kämpfen, auch wenn dazu Gewalt notwendig ist.

33. Zu den folgenden Aussagen gibt es sehr verschiedene Meinungen. Welche Position auf der Skala entspricht am ehesten Ihrer persönlichen Meinung?

Um eine möglichst hohe Beschäftigung in den neuen Bundesländern zu sichern, sollte der Staat ...

auf die Kräfte des ☐ ☐ ☐ ☐ ☐ ☐ umfassend
freien Marktes setzen. eingreifen.

Das Asylrecht sollte ...

in keiner Weise ☐ ☐ ☐ ☐ ☐ ☐ stark
eingeschränkt werden. eingeschränkt werden.

Schwangerschaftsabbrüche sollten ...

generell unter ☐ ☐ ☐ ☐ ☐ ☐ ausschließlich in der freien
Strafe stehen. Entscheidung der Frauen stehen.

Die Kernenergie sollte ...

weiter ausgebaut ☐ ☐ ☐ ☐ ☐ ☐ sofort abgeschaltet
werden. werden.

Im Verkehrskonzept für Thüringen sollte der Autobahnneubau...

eindeutigen ☐ ☐ ☐ ☐ ☐ ☐ nicht berücksichtigt
Vorrang haben. werden.

Und nun zur Position Ihrer Partei: Welche Position vertritt Ihrer Meinung nach die CDU zu diesen Aussagen?

Um eine möglichst hohe Beschäftigung in den neuen Bundesländern zu sichern, sollte der Staat ...

auf die Kräfte des ☐ ☐ ☐ ☐ ☐ ☐ umfassend
freien Marktes setzen. eingreifen.

Das Asylrecht sollte ...

in keiner Weise ☐ ☐ ☐ ☐ ☐ ☐ stark
eingeschränkt werden. eingeschränkt werden.

Schwangerschaftsabbrüche sollten ...

generell unter ☐ ☐ ☐ ☐ ☐ ☐ ausschließlich in der freien
Strafe stehen. Entscheidung der Frauen stehen.

Die Kernenergie sollte ...

weiter ausgebaut ☐ ☐ ☐ ☐ ☐ ☐ sofort abgeschaltet
werden. werden.

Im Verkehrskonzept für Thüringen sollte der Autobahnneubau...

eindeutigen ☐ ☐ ☐ ☐ ☐ ☐ nicht berücksichtigt
Vorrang haben. werden.

34. Sagen Sie uns bitte, wie sehr die folgenden Aussagen auf die CDU in Thüringen zutreffen.

1 = sehr stark, 2 = eher stark, 3 = teils - teils 4 = eher wenig, 5 = gar nicht

1 2 3 4 5   Die CDU in Thüringen ...
☐ ☐ ☐ ☐ ☐ ist offen für neue Ideen.
☐ ☐ ☐ ☐ ☐ verfolgt eine klare politische Linie.
☐ ☐ ☐ ☐ ☐ kann Probleme der Zukunft lösen.
☐ ☐ ☐ ☐ ☐ hat eine entschlossene politische Führung.
☐ ☐ ☐ ☐ ☐ versteht es, auch in der Bundespartei ihren Einfluß geltend zu machen.

35. Sagen Sie uns bitte, wie sehr Sie persönlich diesen Aussagen darüber, wie die CDU als Partei sein sollte, zustimmen.

1=stimme völlig zu   5=stimme überhaupt nicht zu
(Mit den Werten dazwischen können Sie Ihre Meinung abstufen!)

1 2 3 4 5
☐ ☐ ☐ ☐ ☐ Die CDU sollte möglichst viele, auch widerstrebende Interessen in sich aufnehmen.
☐ ☐ ☐ ☐ ☐ Wenn zu umstrittenen politischen Problemen Parteitagsbeschlüsse vorliegen, müssen sich alle Parteimitglieder, auch die Abgeordneten, danach richten.
☐ ☐ ☐ ☐ ☐ Die innerparteiliche Diskussion in der CDU sollte niemals so intensiv geführt werden, daß die Geschlossenheit der Partei gefährdet wird.
☐ ☐ ☐ ☐ ☐ Obwohl geschlossenes Auftreten für die Partei sehr notwendig ist, müssen innerparteiliche Oppositionsgruppen immer das Recht haben, ihre Meinung öffentlich außerhalb der Partei zu vertreten.
☐ ☐ ☐ ☐ ☐ Die Politik der CDU sollte sich stärker an den Meinungen der Parteimitglieder als an den Meinungen der Wähler orientieren.
☐ ☐ ☐ ☐ ☐ Die Mitglieder müssen der von ihnen gewählten Parteiführung Vertrauen entgegenbringen und ihr weitgehende Handlungsfreiheit gewähren.
☐ ☐ ☐ ☐ ☐ Es sollte für die CDU wichtiger sein, konkrete Probleme zu lösen, als an ihren Programmpositionen festzuhalten.

36. Hier ist eine Liste mit Gruppen und Organisationen. Sagen Sie uns bitte anhand dieser Liste für jede davon, ob sie Ihre Interessen vertritt oder Ihren Interessen entgegensteht.

1= vertritt meine Interessen vollständig
5= steht meinen Interessen vollständig entgegen
(Mit den Werten dazwischen können Sie Ihre Meinung abstufen!)

1 2 3 4 5   Wie ist das mit den/der ...
☐ ☐ ☐ ☐ ☐ Gewerkschaften?
☐ ☐ ☐ ☐ ☐ Wirtschafts- und Arbeitgeberverbänden?
☐ ☐ ☐ ☐ ☐ Umweltschutzgruppen?
☐ ☐ ☐ ☐ ☐ evangelischen Kirche?
☐ ☐ ☐ ☐ ☐ katholischen Kirche?

37. Welche dieser Gruppen/Organisationen ist für Sie persönlich am wichtigsten?
(Bitte kreuzen Sie nur eine Gruppe an!)

- [ ] Gewerkschaften
- [ ] Wirtschafts- und Arbeitgeberverbände
- [ ] Umweltschutzgruppen
- [ ] evangelische Kirche
- [ ] katholische Kirche

38. Was meinen Sie, welcher Partei stehen diese Organisationen in Thüringen insgesamt am nächsten?
(Bitte geben Sie jeweils nur eine Partei an!)

	CDU	SPD	PDS	FDP	Bündnis90/ Die Grünen	keiner Partei	weiß nicht
Gewerkschaften	☐	☐	☐	☐	☐	☐	☐
Wirtschafts- und Arbeitgeberverbände	☐	☐	☐	☐	☐	☐	☐
Umweltschutzgruppen	☐	☐	☐	☐	☐	☐	☐
evangelische Kirche	☐	☐	☐	☐	☐	☐	☐
katholische Kirche	☐	☐	☐	☐	☐	☐	☐

39. Wir haben hier eine Reihe von Aussagen über die Rolle von Parteimitgliedern zusammengestellt. Bitte sagen Sie uns zu jeder Aussage, wieweit Sie ihr persönlich zustimmen.

1 = stimme völlig zu   5 = stimme überhaupt nicht zu

1 2 3 4 5

☐ ☐ ☐ ☐ ☐ Wer sich in einer Partei engagiert, kann mit Achtung und Anerkennung rechnen.

☐ ☐ ☐ ☐ ☐ Nach einem langen Arbeitstag auf Parteiveranstaltungen zu gehen, kann sehr ermüdend sein.

☐ ☐ ☐ ☐ ☐ Für die Partei zu arbeiten kann manchmal sehr langweilig sein.

☐ ☐ ☐ ☐ ☐ Das Engagement in der Partei läßt häufig zu wenig Zeit für Freunde und Familie.

☐ ☐ ☐ ☐ ☐ Ich könnte mir vorstellen, daß Leute wie ich in unserem Stadt- oder Gemeinderat gute Arbeit leisten würden.

☐ ☐ ☐ ☐ ☐ Als aktives Parteimitglied kann man interessante Leute kennenlernen.

☐ ☐ ☐ ☐ ☐ Nur wenn man als Parteimitglied auch aktiv ist,, kann man für politische Fragen Sachverstand entwickeln.

☐ ☐ ☐ ☐ ☐ Es macht Spaß, sich im Wahlkampf zu engagieren.

☐ ☐ ☐ ☐ ☐ Ich traue mir zu, in einer Gruppe, die sich mit politischen Fragen befaßt, eine aktive Rolle zu übernehmen.

☐ ☐ ☐ ☐ ☐ Die Bundestagsabgeordneten bemühen sich um einen engen Kontakt zur Bevölkerung.

☐ ☐ ☐ ☐ ☐ Die Parteien wollen nur die Stimmen der Wähler, ihre Ansichten interessieren sie nicht.

☐ ☐ ☐ ☐ ☐ Wichtige politische Fragen kann ich gut verstehen und einschätzen.

40. **Die verschiedenen Ebenen, auf denen Parteien aktiv sind, können für jeden Einzelnen unterschiedliche Bedeutung haben. An welche Ebene denken Sie zuerst, wenn Sie an Ihre Partei denken?** *(Bitte nur eine Nennung!)*
   ☐ an die Partei auf Bundesebene
   ☐ an die Partei in Thüringen
   ☐ an die Partei in meiner Stadt / Gemeinde

41. **Nehmen wir einmal an, nach den nächsten Landtagswahlen in Thüringen wären CDU, SPD, PDS, FDP und Bündnis90/Die Grünen im Landtag vertreten, ohne daß sich klare Mehrheiten abzeichnen. Mit welcher dieser Parteien würden Sie sich eine formelle Koalition sehr wünschen, mit welcher wäre eine Koalition akzeptabel und mit wem sollte die CDU auf keinen Fall eine Koalition eingehen?**

	Koalition würde ich mir sehr wünschen	Koalition wäre akzeptabel	Koalition auf keinen Fall
SPD	☐	☐	☐
PDS	☐	☐	☐
FDP	☐	☐	☐
Bündnis90/Die Grünen	☐	☐	☐

42. **Wir möchten nun gerne von Ihnen wissen, wie Sie diese aktuellen politischen Probleme einschätzen.**
   Bitte kreuzen Sie zu jeder Vorgabe die am besten passende Antwortvorgabe an!
   1 = stimme völlig zu   5 = stimme überhaupt nicht zu

   1 2 3 4 5
   ☐ ☐ ☐ ☐ ☐ Auf eine einheitliche europäische Währung sollte man verzichten.
   ☐ ☐ ☐ ☐ ☐ Die politische Vereinigung Europas sollte schneller vorangetrieben werden.
   ☐ ☐ ☐ ☐ ☐ Zur besseren Verbrechensbekämpfung müssen die Gesetze verschärft werden.
   ☐ ☐ ☐ ☐ ☐ Von Kriminellen und Verbrechern fühle ich mich persönlich heute mehr bedroht als vor fünf Jahren.

Und nun noch einige Angaben für Vergleichszwecke:

Geschlecht: ☐ männlich   ☐ weiblich

Geburtsjahr: ....

Welchen höchsten Bildungsabschluß haben Sie?
   ☐ POS/Hauptschule   ☐ Fachschulabschluß
   ☐ EOS/Abitur   ☐ Hochschulabschluß

Sind Sie zur Zeit berufstätig?
- ☐ ja, Vollzeit
- ☐ ja, Teilzeit
- ☐ in Ausbildung, Wehr-/Zivildienst
- ☐ Rentner
- ☐ z.Zt. arbeitslos
- ☐ Hausfrau/-mann

Falls Sie derzeit berufstätig sind oder früher berufstätig waren, welcher dieser Berufsgruppen gehör(t)en Sie an?
- ☐ (Fach-)Arbeiter
- ☐ Lehrberufe
- ☐ einfache/mittlere Angestellte
- ☐ höhere/leitende Angestellte
- ☐ Beamte im einfachen/mittleren Dienst
- ☐ Beamte im höheren/gehobenen Dienst
- ☐ Landwirte
- ☐ selbständige Handwerker/Unternehmer
- ☐ freie Berufe
- ☐ nicht berufstätig

Sind Sie im öffentlichen Dienst beschäftigt? ☐ ja ☐ nein

Wieviele Personen leben ständig in Ihrem Haushalt? .... (Personen)

Wie hoch ist das monatliche Nettoeinkommen, das Ihnen in Ihrem Haushalt zur Verfügung steht?
- ☐ bis 2.000,- DM
- ☐ 2.000,- DM bis 4.000,- DM
- ☐ über 4.000,- DM

Wie würden Sie den Ort beschreiben, in dem Sie jetzt wohnen?
- ☐ Dorf in ländlicher Umgebung
- ☐ Dorf in städtischer Umgebung
- ☐ Kleinstadt
- ☐ Mittlere Stadt
- ☐ Großstadt: Vorort
- ☐ Großstadt: Stadtzentrum

Waren Sie vor dem 7.10.1989 Bürger(in) der DDR? ☐ ja ☐ nein

Gehören Sie einer Religionsgemeinschaft an?
☐ evangelisch ☐ katholisch ☐ andere ☐ keine

Wie oft gehen Sie im allgemeinen in die Kirche?
- ☐ einmal in der Woche
- ☐ 1 bis 3 mal im Monat
- ☐ mehrmals im Jahr
- ☐ einmal im Jahr
- ☐ seltener / nie

Um die Stellung einer Person in der Gesellschaft zu charakterisieren, benutzt man immer wieder Begriffe wie Oberschicht, Mittelschicht, Unterschicht. Wie würden Sie im großen und ganzen die soziale Schicht kennzeichnen, der Sie angehören?

Unterschicht ☐ ☐ ☐ ☐ ☐ Oberschicht

Vielen Dank für Ihre Mitarbeit!